GAOXIAO JIAOXUE YU ZHILI DE
TANSUO SHIJIAN

高校教学与治理的
探索实践

周烈 ◎ 著

北京·旅游教育出版社

策　　划：丁海秀　李荣强
责任编辑：何　玲

图书在版编目（CIP）数据

高校教学与治理的探索实践 / 周烈著. -- 北京：旅游教育出版社，2021.5
　　ISBN 978-7-5637-4239-4

Ⅰ. ①高… Ⅱ. ①周… Ⅲ. ①高等学校－教学管理－文集 Ⅳ. ①G642.0-53

中国版本图书馆CIP数据核字(2021)第074543号

高校教学与治理的探索实践

周烈　著

出版单位	旅游教育出版社
地　　址	北京市朝阳区定福庄南里1号
邮　　编	100024
发行电话	（010）65778403　65728372　65767462（传真）
本社网址	www.tepcb.com
E - mail	tepfx@163.com
排版单位	北京旅教文化传播有限公司
印刷单位	唐山玺诚印务有限公司
经销单位	新华书店
开　　本	787毫米×1092毫米　1/16
印　　张	13.5
字　　数	212千字
版　　次	2021年5月第1版
印　　次	2021年5月第1次印刷
定　　价	58.00元

（图书如有装订差错请与发行部联系）

序

自1979年留校任教至2017年退休，我一直在北京外国语大学和北京第二外国语学院工作。除了作为一名外语教师应从事的教学与科研，也有大量时间是在从事学校的行政工作。这期间，无论是对外语教学，还是对行政工作都在做一些探索和实践，虽未获理想的成效，却也有过些许体会、认识、看法和感悟。

任职北京第二外国语学院校长，使我有机会和可能将自己的一些想法付诸实践，运用在日常的教学和行政工作之中，且得到了二外师生员工的认可和接受。中国社会科学院哲学所研究员、北京第二外国语学院著名教授王柯平先生曾诚挚地希望我能把这些理念和想法留存下来。由于忙于日常杂事，由于内心更偏重于产出专业研究的成果，也由于觉得这些理念和想法不是十分成熟，一直没有将此事付诸实施。

退休以后，有时间再次去翻看这些记录着曾经的感悟的文字，觉得其中的内容似乎并没有过时，如能整理出版，或许能对高校的教学，尤其是外语教学以及高校的治理工作起到一点参考和借鉴作用。这也是促使我最后下决心出版此书的缘由。

此书包括高校的教学和治理两个方面的内容，故分为教学篇和治理篇两部分。其中选录了我在不同的时间段拟就的三十余篇拙文，大多曾在不同的媒体发表。鉴于社会的发展和形势的变化，近期对其中有些内容做了删改、补充和调整。在文章撰写的过程中，我曾参阅过许多前辈、后生的作品，也引用过其中的一些内容，在此致以诚挚的谢意和敬意。

在此书即将付梓之际，我要感谢北京外国语大学和北京第二外国语学院为我提供了得以在教学、管理领域进行探索实践的条件和机会，衷心感谢这两所我终身热爱的大学对我的培育和呵护，感谢两校师生员工在我从事教学和行政工作期间给予我的信任、理解和支持！

最后，谨向旅游教育出版社领导和为本书的策划与编辑付出辛劳的各位同人致以衷心的感谢！

周　烈

2020年12月于杭州

目录

教学篇

中国的阿拉伯语教学与研究……………………………………3
外语教学改革与国际化战略……………………………………11
中国学术"走出去"与当下外语院校发展战略………………20
关于外语教学的几点思考………………………………………28
关于语言教学中的文化导入……………………………………34
外语教学与言语交际的得体性…………………………………41
语言学习中的文化启迪…………………………………………50
课堂教学的关注重点……………………………………………53
青年教师如何做科研……………………………………………59
立德树人　责任为先……………………………………………68
国际化人才培养对大学生的要求………………………………73
如何不虚度大学时光……………………………………………81

治理篇

高校必须践行科学发展…………………………………………93
构建和谐校园　促进改革发展…………………………………99
坚持稳中求进　促进内涵发展…………………………………105
全球化背景下外语院校的国际化发展…………………………113
推动学校发展的重要因素………………………………………118
提高高等教育质量的路径选择…………………………………124

高等教育质量提升与大学教师的专业性……………………………129
以立德树人为导向　建设高素质教师队伍……………………138
抓师德师能建设　促高校健康发展………………………………142
芝加哥大学教师队伍建设的启示…………………………………147
澳大利亚大学的办学理念和文化建设——以悉尼大学为例……152
管与育的理念之差…………………………………………………159
办学理念是大学发展的灵魂——北京第二外国语学院的办学理念……162
创新与坚守——互联网时代的教育国际化………………………168
大学治理中的创新与艺术…………………………………………173
论高校领导干部素质与高校的发展………………………………177
关于高校处级干部聘用培养的思考………………………………182
高校干部应该增强的几种意识……………………………………188
传承人文精神　营造幸福校园……………………………………197
以创新精神加强高校党建工作……………………………………202

教学篇

中国的阿拉伯语教学与研究

阿拉伯语是一种古老的语言，标准阿拉伯语是所有阿拉伯国家的通用语言，是联合国的六种工作语言之一。在伊斯兰教产生后，阿拉伯语成了《古兰经》和《圣训》的语言，从而成为全世界穆斯林共同的宗教用语。千百年来，阿拉伯语体现着阿拉伯民族的存在，反映着阿拉伯民族的个性，展示着阿拉伯民族的特点，记录着阿拉伯民族的历史。它包容着阿拉伯民族的文明，伴随着阿拉伯民族在科学、文化、艺术、立法、哲学等领域的发展，保证着这些文化遗产得以代代相传。因此，阿拉伯语教学不仅被阿拉伯国家高度重视，被广大穆斯林重视，也被各国政府和世界上许多教学研究机构重视。中国的阿拉伯语教学不仅历史悠久，而且范围广泛，形式多样，很值得学界做更多更深入的总结与研究。

一、中国历史上的阿拉伯语教学

中国与阿拉伯世界的交往源远流长，早在两千多年前的汉代，中华民族与阿拉伯民族的交往就已开始。汉武帝刘彻曾两次派张骞出使西域，远达伊拉克、叙利亚等阿拉伯地区。东汉时期，甘英也曾奉命出使大秦，到达海湾、埃及等地。唐宋时期，中国与阿拉伯地区的交往更加频繁，不仅有使节的往来，更有大批的商人穿梭在"丝绸之路"之上，有许多阿拉伯商人甚至长期定居在中国。与此同时，伊斯兰教也随之传入中国。使节的往来，商贸的进行，宗教的传播是离不开语言的。可以肯定，在这些交往过程中，作为阿拉伯人通用语言和伊斯兰教语言的阿拉伯语已经被我们的先辈了解、学习和掌握。

中国的阿拉伯语教学自古分为官方办学和民间办学两支。汉唐时期的阿拉伯语教学，虽无官方办学的文字记载，但大规模的政治、文化、商贸往来，没有语言沟通是不能进行的。阿拉伯语的教和学、说与译不可能不受到汉唐帝皇的重视。到了元代，为了适应频繁的中阿交往的需要，元朝政府于1289年设立了专门培训"译史"的高级官学——回回国子学，用于教授阿拉伯语和波斯语。到了明清，由于西方殖民主义的入侵和两个封建王朝均推行闭关自守的政策，致使中国和阿拉伯国家的交往日趋萎缩，阿拉伯语在官方层面上的需求也就逐渐弱化。直到新中国成立前夕，才有从埃及艾资哈尔大学学成归国的纳忠先生于1943年3月开始在中央大学教授阿拉伯语。1946年，也是从埃及艾资哈尔大学学成而归的马坚先生在北京大学东方语言系创建了阿拉伯语专业。

然而，中国历史上真正意义的阿拉伯语教学是在中国的穆斯林民间进行的。为了正确理解经文、圣训，为了更好更准确地履行宗教义务和从事宗教仪式，穆斯林们常常在清真寺教授阿拉伯语并传授各种宗教及科学文化知识。人们把这种在清真寺进行的教学叫"经堂教育"。自从伊斯兰教随着阿拉伯商人传入中国后，中国的经堂教学也随之开始。经堂教学不仅为我国回族社会文化的传承培养了一代又一代的经师和宗教学者，也在事实上开创了我国最早形式的较为系统的阿拉伯语教学与研究。

使中国穆斯林民间的经堂教学规范化系统化的是陕西穆斯林教育家胡登洲（1522—1597年）。16世纪中叶，胡登洲为了伊斯兰文化传承的需要，以清真寺为教育中心，将阿拉伯传统意义上的清真寺教学模式与中国传统意义上的私塾教学方式相结合，广招弟子，布道授业，积极发展民族教育，这种教学模式不仅使伊斯兰文化得以传承，而且也大大提高了中国穆斯林子弟的综合素质和文化水平。以胡登洲为榜样，我国宁夏、云南、北京、山东等地的穆斯林有识之士也积极兴办经堂教学，从而形成了一种我国穆斯林聚居区特有的民间外语教学景观。

经堂教学的宗旨是传授宗教知识，为清真寺培养经师、阿訇。经堂教学招收的学生分为初、高两级。初级阶段主要学习阿拉伯语基础知识、伊斯兰教基本知识和《古兰经》经文。高级阶段主要学习阿拉伯语、语法学、修辞学、逻辑学、经注学、圣训学、教法学、教义学等。学生完成学业后，经讲学阿訇认定许可，可以到各地清真寺应聘任职，也可以开学授课从事教育。事实上，在伊斯兰世界，只要有清真寺，就必定会有经堂教学；只要有经堂教学，就必定会有阿拉伯语教学活动。我国穆斯林民间的经堂教学自胡登洲先生至今已有四百多年，历经明、清、近现代，始终占据我国穆斯林民族教育的重要地位。这种教学模式为我国伊斯兰宗教文化的传承，为穆斯林子弟文化水平的提高，为我国的阿拉伯语教学与研究等都做出了重要的贡献。

二、中华人民共和国成立后的阿拉伯语教学

中华人民共和国成立后，中国的外语教学开始了一个新的纪元。为了满足祖国建设和对外交往的需要，党和政府克服重重困难，积极发展外语教学，阿拉伯语教学也在真正意义上由传统的经堂转入高等学府。继1943年3月纳忠先生在重庆中央大学开始教授阿拉伯语和1946年马坚先生在北大创建阿拉伯语专业后，国家于20世纪50年代和60年代，先后批准对外贸易学院（1954年）、外交学院（1958年成立，于1962

年并入北京外国语学院)、上海外国语学院（1960年）、北京外国语学院（1961年）、北京第二外国语学院（1964年）、北京语言学院（1964年）及解放军洛阳外国语学院等多所高等院校开设阿拉伯语专业。

在周恩来总理的指示下，新中国于1955年派出了第一批赴阿拉伯国家的留学生。这些学生学成回国后，成为新中国第一代阿拉伯语翻译。

1964年10月，高等教育部等部门根据中共中央和周恩来总理的指示，制定了《外语教育七年规划纲要》（以下简称《纲要》）。《纲要》在关于外语教育的方针中明确指出："大力调整高等学校和中等学校开设外语课的语种比例。学习英语人数要大量增加，学习法语、西班牙语、阿拉伯语、日语和德语的人数也要适当增加，学习其他非通用语种的人数也要占一定的比例。"这一方针进一步确立了阿拉伯语教学在我国外语教学的地位。随着我国与阿拉伯国家陆续建立外交关系，中阿联系日益密切，交往日益频繁，阿拉伯语专业几乎成为这段时期的一个热门专业。业界更是将周恩来总理"阿拉伯语虽然难学，但非学不可"的指示作为教授和学习阿拉伯语的强大动力。

1964年10月22日，时任国务院副总理兼外交部部长的陈毅元帅，在北京第二外国语学院做了关于外语院校办学方针的重要讲话。陈毅副总理在讲话中指出："我们的目的，就是培养一批政治上很坚强、业务上很高超的外语人才，作为革命的接班人；就是培养一批政治立场坚定的外语人才，使他们能够讲很好的英文、俄文、法文、西班牙文、阿拉伯文或其他语言，使他们能够写，能够说，能够翻译，能够利用外语做各项学科的研究，把外国有用的经验介绍进来，把毛泽东思想的各种经验介绍出去，来为社会主义、为中国人民、为国际无产阶级、为反对帝国主义的事业服务，就是把中国社会主义建设好，把中国建设成为世界上第一流的强国。"陈毅副总理的讲话阐明了外语教学的目的，阐明了政治与业务的关系。事实上把世界介绍给中国，把中国介绍给世界至今仍然是外语院校的重要任务和使命。

中华人民共和国成立后的阿拉伯语教学，就像全国的外语教学一样，正是在第一代党和国家领导人的亲切关怀和具体指导下进行发展的。在马坚、刘麟瑞、纳忠、林仲明、马宏毅等一大批穆斯林学者的开拓带领下，我国高校的阿拉伯语教师们，以高昂的工作热情和严谨认真的治学精神投身于新中国高校阿拉伯语教学事业中。他们艰苦创业、默默奉献，一切从零开始，一切从头做起，逐渐摸索出了听说领先，读写跟上，精讲多练，听、说、读、写、译全面发展的教学方法。不仅闯出了一些新的教学路子，产生了一批高质量的教材、辞书等教学成果，更重要的是为国家培养了一批批急需的阿拉伯语人才。

与此同时，我国穆斯林民间的阿拉伯语教学也在稳步发展。由于我国回族人口的自然增长和分布的广泛性，清真寺的数量有所增长，阿拉伯语教学的点也随之增长。不仅如此，有些清真寺还在经堂教学的基础上，创办了集传统经堂教学体系与现代教学体系于一体的阿拉伯语学校。这些学校在课程设置、教育方法上大胆吸收了北京大学、北京外国语大学等高等院校的经验，甚至直接采用这些院校编写的一些阿拉伯语教学教材。这使我国穆斯林民间阿拉伯语教学更趋规范、科学、实用。

值得一提的还有：1955年，经国家批准，北京成立了中国伊斯兰教经学院。其课程设置分为伊斯兰教专业课和大学文科基础两大类，阿拉伯语在教学内容中占有较大的比例。伊斯兰教经学院是我国研究伊斯兰教的最高学府。它不仅为研究伊斯兰教经学做出了重要贡献，也为我国的阿拉伯语教学做出了不可磨灭的贡献。

1966年6月，"文化大革命"爆发，教育战线受到了极大的破坏。外语院校陆续"停课闹革命"。各高校的阿语专业自然难以幸免，老师们受到批评，教学处于停顿状态。1970年11月，周总理在和北京大学、北京外国语学院等师生代表的座谈中提出"要打好政治思想、语言本身、文化知识三个基本功"。周总理提出的这三个基本功，一直是我国外语教学的基本目标和要求。1971年10月，我国在联合国的合法席位得到恢复。1972年，美国总统尼克松访华。外交形势的快速变化将培养外语干部的任务提上议事日程。1971—1972年，在周总理的关怀下，外语院校陆续恢复招生。各院校阿拉伯语专业也随之恢复招收学员。这一时期的阿拉伯语教学尽管仍受到种种干扰，但广大师生十分珍惜这来之不易的教学机会，以高度的责任心和强烈的求知欲投身到各项教学活动之中，从而使其最终仍然取得了较为理想的成绩。这一时期的阿拉伯语教学不仅及时为我国的外交事业输送了人才，也为我国的阿拉伯语教学研究事业提供了后继人才。

三、中国改革开放后的阿拉伯语教学

1978年我国开始实施改革开放的国策，当时我国的外语教育领域面临无大纲、无计划、无教材的局面。在这种情况下，教育部于同年8月在北京召开全国外语教育座谈会，研究外语如何为实现新时期总任务做贡献的问题。出席会议的有高等学校外语院系和中小学的代表以及教育行政部门领导，共两百多人。这是一次十分重要的拨乱反正的外语教育会议，明确了一些政策性的问题，强调加快外语教育的发展。此次会议和会议所形成的文件《加强外语教育的几点意见》大大推动了我国外语教育的发展。

在这样的大背景下，我国的阿拉伯语教学也得到了飞速发展。80年代后，随着招生规模的逐步扩大，为了适应新形势下阿拉伯语教育发展的需要，各主要高校的阿拉伯语专业纷纷独立建系。这是教学管理体制改革的重大步伐，对于专业发展具有十分重要的意义。1977年恢复高考后，各高校阿拉伯语专业基本上都是沿用先前的本科五年制。为适应快速发展的时代要求，节省教学的时间和经济成本，各校陆续将学制改为四年制。在调整学制的同时，各学校一方面科学地调整原有的语言、文学方面的课程，一方面拓宽专业方向，相继增设了经贸、外交、新闻、国际政治、对象国研究等方向的课程，同时还强化了第二外语教学，以拓宽学生的知识结构，更好地适应形势发展，特别是对外交往的需要。

在此期间，全国恢复了研究生教育，北京外国语大学阿拉伯语专业被批准为我国第一个阿拉伯语专业硕士学位授予单位。1982年，该校招收了第一批阿拉伯语专业硕士。此后，北京大学、上海外国语大学、北京第二外国语学院、北京语言大学等高校的阿拉伯语专业也开始招收硕士研究生。1986年，北京外国语大学阿拉伯语系又率先成为我国第一个阿拉伯语专业博士学位授予单位。此后，北京大学和上海外国语大学也相继成为阿拉伯语专业博士学位授予单位。1992年，北京外国语大学阿拉伯语系还被批准为可以接受培养阿拉伯语博士后的单位。各校研究生研究的领域从刚开始的语言文学，逐步扩展到经贸、翻译、历史、文化、中东问题等。开设的主要课程有：阿拉伯语语言学、阿拉伯文学选读、阿拉伯文学史、阿拉伯—伊斯兰文化史、伊斯兰哲学、中东政治、中阿关系、翻译理论与实践等。我国的阿拉伯语研究生教育，不仅为我国阿拉伯语教学的师资队伍建设做出了功不可没的贡献，也为我国对阿拉伯世界的研究和与其的交往工作提供了高素质、高水平的人才。

在这一阶段，我国阿拉伯语教学中还有一件值得一提的事就是开展了多层次的阿拉伯语教学。80年代以后，各高校阿拉伯语专业在不断加强本科和研究生教育的同时，还开展了专科、成人、函授、夜大、培训等多种形式的阿拉伯语教学活动。北京外国语大学的阿拉伯语函授生曾经达到几千人，遍及全国各地，特别是穆斯林聚居地。这种形式多样、范围广泛的阿拉伯语教学活动大大满足了广大自学者的学习需要，满足了某些单位对外工作的需要，也大大推动了我国的阿拉伯语教学。

20世纪80年代以后，我国阿拉伯语教学的学术交流和协作也开创了新的局面。这种协作和交流分为国内和国际两个层面。国内的协作和交流已经有具体化固定化的组织和形式。为了更好地落实全国外语教育座谈会精神，教育部和外语教育界于1978年11月在青岛召开了全国高校外语专业教材编审委员会成立大会。王佐良教授任第一届编审委员会主任。1992年，国家教委将外语专业教材审编委员会改为外语专业教学指导委员会，在其下设的分委员会中就有阿拉伯语专业教学指导委员会。外语教学指导委员会是具有半官方性质的组织，人员由各学校推荐，教育部任命，并在教育部的指导下开展工作。不仅有定期的会议，而且有诸如大纲制定，教材编写，专业规范的制定，四、八级考试的组织实施等具体工作和任务。

1981年5月24日至30日，中国外语教学研究会在杭州举行成立大会，季羡林教授被选举为中国外语教学研究会第一任会长。中国外语教学研究会下设10个分会。中国阿拉伯语教学研究会是其中之一。中国外语教学研究会是个民间组织。研究会除了配合指导委员会完成教育部指令完成的工作和任务之外，还主动地开展一些教师培训，举办学术研讨会，组织各校参与的演讲、作文、翻译、书法等比赛及其他一些活动。阿拉伯语教学指导委员会和阿拉伯语教学研究会这两个学术机构每年都召开一次联席会议，相互配合、相互协作，促进和推动外语教学和科研的发展。教学大纲的制定、教材的编写和评审、学术活动的举办、统一测试的组织、教学调研工作的进行往往都是由两个组织机构联合完成的。

国际交流和合作是高等学校工作的重要组成部分，它直接服务于学校的教学和科研工作。我国高校的各阿拉伯语院系国际合作和交流的形式一般是和阿拉伯国家相应院校或其他教学、科研机构签订合作协议，建立校际关系。合作和交流的主要内容包括互派教师、交换留学生、合作进行科学研究、参加学术会议、交换图书资料等。此外各高校还与阿拉伯国家驻我国的使领馆保持良好的关系，取得阿拉伯使团对我国阿拉伯语教学和研究的帮助和支持。改革开放以后，随着我国与阿拉伯各国友好关系的不断发展，我国高校阿拉伯语院系师生参与国际合作交流的频率不断提高。我国从事阿拉伯语教学的教师几乎都有一次甚至多次出国留学、进修、工作的经历。学生赴阿拉伯国家深造的机会也不断增加。出国讲学，从事对外汉语教学，参加国际学术会议，出国访问，聘请外籍教师，聘请知名学者来访，举行阿拉伯国家文化节，文化周等活动大大推动和促进了我国的阿拉伯语教学，使我国的阿拉伯语教学规模、层次、水平都有了新的提高。目前，除了北京大学、北京外国语大学、对外经济贸易大学、上海外国语大学、北京语言大学、北京第二外国语学院、解放军外国语学院、中国伊斯兰教经学院这八所院校设有阿拉伯语专业外，又有天津外国语学院、黑龙江大学、大连外国语大学、四川外国语学院、西安外国语大学、扬州大学、广东外语外贸大学、南京大学金陵学院、浙江越秀外国语学院等院校开设了阿拉伯语专业。据不完全统计，我国开设阿拉伯语专业的院校已达24所。

四、中国的阿拉伯语学术研究

我国高校的阿拉伯语教师在从事繁重教学任务的基础上，始终在从事着形式不同的学术研究工作。特别是改革开放后这三十年，我国的阿拉伯语学术研究更是取得了丰硕的成果，编著出版了大量的教材、专著、论文、译作和辞书。

主要的教材有：北京外国语大学出版的《阿拉伯语》10册、《基础阿拉伯语》4册、《阿拉伯语实用口语》、《阿拉伯语基础语法》4册、《实用阿拉伯语语法》2册、《阿拉伯语阅读》2册、《阿拉伯语听说教程》2册、《经贸阿拉伯语》2册、《阿拉伯政治外交与中阿关系》2册、《新编阿拉伯语》6册（已出版4册）；北京大学出版的《阿拉伯语教程》5册、《阿拉伯语三百句》；上海外国语大学出版的《阿拉伯语汉语翻译教程》、《现代阿拉伯文学选读》、《阿拉伯语应用文》、《阿拉伯语汉语口译教程》、《新编阿拉伯语教程》；北京第二外国语学院出版的《阿拉伯语报刊阅读》、《阿拉伯语常用句型》；新东方阿拉伯语培训中心出版的《大学阿拉伯语》等。

主要的专著有：北京外国语大学出版的《阿拉伯语修辞学》、《阿拉伯语语言学》、《阿拉伯语词汇学》、《阿拉伯语篇章语言学》、《阿拉伯语与阿拉伯文化》、《传承与交融：阿拉伯文化》、《阿拉伯通史》、《阿拉伯——伊斯兰文化研究》；北京大学出版的《现代伊斯兰思潮》、《伊斯兰文化史纲》；上海外国语大学出版的《阿拉伯文学史》、《阿拉伯语发展史》、《阿拉伯语语体学》、《阿拉伯简史》、《灿烂的阿拔斯文化》；北京第二外国语学院出版的《马哈福兹小说语言风格研究》；北京语言大学出版的《汉语阿拉伯语语言文化比较研究》、《阿拉伯语语用学专题研究》等。

主要的辞书有：北京大学出版的《阿拉伯语汉语词典》、《汉语阿拉伯语词典》、《阿拉伯语常用词分类辞典》、《中国成语辞典》；北京语言大学出版的《汉语阿拉伯语简略词典》；对外经济贸易大学出版的《阿拉伯语汉语经济贸易词典》、《阿拉伯语汉语成语谚语辞典》；上海外国语大学出版的《阿拉伯文学词典》、《阿拉伯语汉语袖珍词典》、《简明汉阿词典》等。

主要的译作有：《古兰经》、《阿拉伯通史》、《一千零一夜》、《卡里莱和迪木乃》、《纪伯伦全集》、《伊本·白图泰游记》、《阿拉伯古代诗选》、《阿拉伯古代诗文选》、塔哈·侯赛因的《日子》、纳吉布马哈福慈的三部曲——《宫间街》、《思宫街》、《甘露街》及《自传的回声》、《阿多尼斯诗选》、艾哈迈德·阿明的阿拉伯伊斯兰文化史《黎明时期》、《近午时期》、《正午时期》、邵基·戴伊夫的《阿拉伯埃及近现代文学史》、陶菲克·哈基姆的《乡村检察官日记》等。

需要指出的是我国学者发表的大量的阿拉伯语学术研究论文和我国从事阿拉伯语教学的许多后起的穆斯林学者的学术成果，因统计的原因和本人掌握的信息的局限性没有在此一一列举。

此外，在阿拉伯语教学指导委员会的指导下，编写出版了中国《高等学校阿拉伯语教学大纲》和《高等学校阿拉伯语教学大纲词汇表》。这两份学术成果为我国的阿拉伯语教学提供了可靠的依据，对各高校的阿拉伯语教学、测试等工作起到了很好的指导作用。

在我们回顾我国的阿拉伯语教学和研究之时,我们有必要提及上海外国语大学出版的《阿拉伯世界》杂志。这份创刊于1980年9月的中国国内唯一的阿拉伯学术刊物,为我国从事阿拉伯语教学、研究、翻译等工作的学者提供了一个很好的发表和交流学术成果的平台,从而为我国的阿拉伯语教学与研究做出了无可替代的贡献。

我国的阿拉伯语教学自古至今,历经几百年,在曲折中前进,在前进中发展,取得了人所共知的骄人成绩。在庆祝新中国成立六十周年之际,我们对其进行回顾和总结,使我们自信地面对过去,冷静地面对未来。前面的路依然很长,困难和问题仍然很多,但一代代从事阿拉伯语教学的人们一定会孜孜不倦、默默奉献,以开拓创新的精神,不断把我国的阿拉伯语教学推向新的水平。

参考文献:

[1] 李传松. 新中国外语教育史 [M]. 北京:旅游教育出版社,2009.

[2] 丁俊. 中国阿拉伯语教育史纲 [M]. 北京:中国社会科学出版社,2006.

[3] 张宏. 中国的阿拉伯语教学 [EB/OL]. [2009-10-28] http://baik.baidu.com/view/2076618.html.

[4] 金忠杰. 阿拉伯语教学在宁夏的历史沿革及其民间特点 [J]. 西北第二民族学院学报,2007(3).

[5] 胡文仲. 新中国六十年外语教育的成就与缺失 [J]. 外语战略动态,2009(3).

外语教学改革与国际化战略

在经济全球化和知识经济迅速扩张的时代,传统意义上相对封闭的大学外部发展环境已不能满足大学发展的需求,大学的边界由相对封闭逐步走向全面开放,不同的文化体验、政治制度、经济关系、技术需要相互交汇和碰撞,包含国际元素的知识和文化成为大学外语教学改革的价值取向。在这种新形势下,在我们回顾、总结新中国外语教学60年的经验和成就之际,如何推进外语教学改革与国际化战略,如何进一步抓好外语教学,培养一批适应国际市场竞争、富于开拓精神的高素质创新型人才,更是值得我们关注和重视的主题。

一、高等教育国际化背景下外语教学改革的价值取向

在当代社会高度开放、发达的今天,任何一个国家或社会团体都不可能在自我封闭中获得发展,大学作为人类社会先进思想文化的前沿阵地,更不可能在与世隔绝的环境中从事各种教育教学活动,必须抓住机遇对教育教学进行改革和创新,必须及时、广泛地把各种新知识、新理念传授给大学生群体。经济和社会的全球化使得中国的大学不但要敢于直面竞争而且必须参与国际竞争,必须站在全球的高度来审视我们的课程设置和教学模式,以开放和包容的姿态尽快与国际接轨、交融。全球化的进程丰富了大学外语教育的思维空间,为大学外语教学引入了新鲜的思想和素材,同时也对外语教学提出了新的更高的要求。在这种多元化背景下,教学国际化顺理成章地成为大学推进外语教学改革的方向标。外语教学国际化实质上是跨文化的学习、交流、融合和竞争,课堂教学作为各种新文化和新思潮相互交融的重要场所,它为各种思想的交流以及跨文化学习提供了互动平台。掌握经济全球化、知识经济和可持续发展方面的知识成为21世纪大学生所必须具备的综合素质和综合能力。

(1)唱响时代主旋律:以海纳百川、兼容并包的气魄吸纳各国优秀文化成果,培养具有国际竞争能力的创新型人才。扩大教育的全面对外开放,引进国外先进的教育思想、教学模式、教学方法,是我国经济社会发展对人才培养提出的新要求,是我国高等教育科学发展、全面提升教育质量和管理水平的重要路径。在人类文化激荡交融

的历史进程中,大学要积极营造尊重差异、包容多样的成长环境,倡导鼓励创新、容忍失败的良好氛围,并尽可能把这种良好的精神氛围淋漓尽致地融入外语教学中,引导广大教师推动教学和学术研究国际化,以开放的心胸、全球化的眼光学习外国国情和文化,从理念和实践层面潜心探讨如何"在差异中求和谐、在多样中求统一"的外语教学问题。"海纳百川、兼容并包"的大学精神同样也是推动教学方法和教学模式变革的重要力量。大学要鼓励和支持教师大胆进行有利于提高教学质量和教学效率的教改尝试,倡导教学思想上的百花齐放、百家争鸣。在这种"海纳百川、兼容并包"精神的鼓舞和熏陶下,教师应着眼于国际化视野积极投身于教学改革,用科学发展观指导和推动外语教学的国际化步伐。"海纳百川、兼容并包"的大学精神鼓励学生对异质文化进行体验、反思和探究,对新鲜事物进行学习、理解和接纳,并凝铸和内化为他们职业生涯中的一种永不泯灭的求索精神:唯有坚持开放视野和博大胸怀,才可以与来自不同信仰、不同制度、不同宗教、不同国度、不同种族、不同地域、不同文化背景的人和谐对话;兼容并包的气度使其能把握"求同存异、和平共处"这一对外交往艺术的精髓和实质,在融合互补中迸发出激情和活力。在高等教育大众化趋势下,大学要认清形势,适应转变,抓住重点,以高度的责任感和使命感,以海纳百川的心胸和兼容并包的态度,全力以赴为国家和区域经济社会发展培养数以万计的具有丰富涉外知识,熟知公关、谈判以及运用现代技术处理信息能力的复合型外语人才。

(2)保持与时俱进:将反映时代要求的育人理念融入人才培养体系中,构建在知识、能力、素质等方面协调发展的外语人才培养体系。在经济全球化背景下,各国教育领域的交流与合作更加频繁,外语教学改革需要在更加广阔的国际视野下有序推进。人才培养方案的设计思路,缘于我们对世界知识发展的认识和对教育目标的理解。人才培养质量的高低很大程度上取决于人才培养方案是否融入了时代对人才的诉求。外语教学应以复合知识、丰富阅历、开阔视野、增长见识为目标,不断加大创新型人才培养模式的效能,充分发挥学科门类齐全、教学资源丰富、学科力量雄厚优势的同时,将人文素质、科学素质、国际知识贯穿于人才培养的全过程,充分利用多学科交叉集成的教育资源,培养德、智、体、美全面发展,具有创业、创新精神和良好职业道德的杰出人才。外语院校要努力探索适应社会发展要求和符合办学定位的人才培养模式,一个基本点就是突破过于狭隘的语言"工具化"模式的束缚,探索创设面向新世纪的现代大学教育教学体系,构建体现外语特色的科学有效的创新型人才培养体系,真正使人才培养能够适应人类进步、民族振兴和知识发展的要求,适应外语院校创建世界知名大学的要求。要着力深化对经济社会发展和知识经济发展的全面理解与对人才成长规律、高等教育发展规律的理性认识,着眼于挖掘未来创新型栋梁之材的内在潜质。

抓紧并持之以恒地培养造就创新型人才是提高自主创新能力、建设创新型国家的必然要求，也是实现国家发展目标、实现中华民族伟大复兴的必然要求。我国大学毫无疑问应该勇于承担起这一光荣而伟大的历史使命。大学有责任为受教育者生存和发展提供优质的教育服务，以使之走出校门后在各个领域中都能够成为相应行业的精英人士和领军人物。

（3）开展国际比较研究：深入推进跨学科、跨领域、跨文化的外语教学研究，为深化大学外语教学改革提供丰富的理论支撑。世界多元文化共存与互动、交融与竞争的新形势对外语教学提出了新的挑战和要求，与此同时人们对跨文化沟通、跨学科理解、跨国界交流以及多方合作能力的要求也日渐提高。培养受教育者自觉的跨文化意识以及对不同文化的敏感性和洞察力，使学习者成为具有跨文化交际能力的高素质人才，已成为新世纪外语教学改革的主要目标。为此，我们应从东西方文化比较的高度驾驭外语教学改革，研究外国文化和语言取得的优秀成果，掌握国外外语教学改革的前沿动态，实现东西方学者外语教学研究的相互对接，服务于我国大学外语教学国际化整体发展战略。20世纪90年代以来，国际比较研究一直方兴未艾，尤其是文化研究已成为一个跨学科、跨地域的交叉研究的重要领域。外语教学中的文化和语言教学在观念、内容、目标、方法等方面都发生了新的变化，教学策略和学习策略不断推陈出新，大学教师只有在理论和实践两个方面不断探索和创新，着力优化外语课堂教学模式，才能应对和适应新世纪日益发展的跨学科、跨领域、跨文化教学的挑战和需要。在理论研究方面，要加强对外语教学改革与国际化互动关系的研究，系统地对国内外外语教学改革的发展特点、路径选择、模式创新等进行综合分析，尤其是要加强对外语教学改革发展的不同阶段所需的条件、基本特征、改革模式和促进措施的研究，挖掘大学外语教学改革未来的发展前景，凝练改革重点和具体目标，保持外语教学改革的前瞻性和战略性。同时，要充分发挥外语院校人才高地的引领作用，邀请国内外知名专家学者参与有关外语教学改革的学术研讨会，努力推出一批外语教学改革的精品力作，为外语教学国际化改革提供科学的理论指导。

二、外语教学国际化的表现形式

21世纪头20年是中国高等教育必须紧紧抓住并且可以大有作为的重要战略机遇期。如何准确地认识和把握这些挑战与机遇，是中国高等教育能否不失时机地回应挑战并获得突破性进展的首要问题。人才竞争是高等教育国际化竞争的核心要素，谁拥有质量更优、数量更多、创新能力突出的优秀人才，谁就能处于竞争的优势地位。大学要想培养出具有"世界眼光的通才"，就必须以打破常规的思路变革传统的外语教学模式，在教学过程中加强全球伦理环境、道德责任、环境保护、种族平等、全球福祉、社会和谐、可持续发展以及多元文化的理解等国际理念教育。外语教学国际化主要表现为以下三个方面：

（1）教育观念国际化。21世纪高等教育的重要职责是培养具有全球意识的复合型人才。在思想与观念上培养学生的国际意识、多元意识和主体意识，主要是培养学生在国际交流与合作事务中能够从国际社会和全球化的广阔视野出发判断事物，在思考和分析问题时不局限于一种思维方式、一个行业领域、一个国家视角、一种文化范畴，而是站在全球的高度和广度去剖析、质疑和探究。大学要想全方位地实现国际化，首先就需要大学所有成员树立国际化的思想观念，而教学上的国际化则需要大学教师具有先进的国际教学理念、知识结构、教学方法、教学手段以及开展国际知识教学所不可或缺的语言工具，需要教学管理人员具备国际化管理的才能与素质，在管理思想、管理制度、激励措施、管理手段、管理方法等各个方面，实现国际化管理与国际化教师的有效承接。从这个意义上说，外语教学国际化主要表现在以下几个方面：观念目标的国际化，即能够以国际的、跨文化的、全球的观念运作大学各方面工作；教学研究的国际化，即能够具有被国际认可的课程结构体系、教学思想、教学手段、教学方法与教学管理水平，所培养出来的人才具有高适应性与国际竞争力。

（2）人才标准国际化。高等教育的基本任务之一就是为国家科技进步、经济建设和文化繁荣培养和储备更多的合格人才。随着经济全球化和高等教育国际化的不断深入，传统的人才标准已不合时宜，急需按照适度超前的原则做出必要的调整，尽快与国际标准和市场要求实现接轨。人才标准国际化的基本内涵就是要培养具有国际思想观念、国际合作意识、国际交往能力、国际竞争能力和国际理解能力的高规格人才，具备在全球范围内就业的高适应性人才。1996年，世界21世纪教育委员会就对21世纪人才素质提出了七条标准：积极进取开拓的精神；崇高的道德品质和对人类的责任感；在急剧变化的竞争中有较强的适应能力和创造能力；有宽厚扎实的基础知识，有广泛联系实际、解决实际问题的能力；有终身学习的本领，适应科学技术综合化的发展趋势；有丰富多彩的健康个性；具有与他人协调和进行国际交往的能力。外语院校作为培养涉外专门人才的摇篮和阵地，要根据国际形势的需要培养出一批高素质的国际化复合型人才，服务于国家的经济建设和社会发展这一永恒主题。

（3）人才培养国际化。课程国际化是实现人才培养国际化的主要过程载体。一所大学的课程是指该大学实施教育所制定并开设的所有课程。任何大学的课程都不是随意开设和取消的，而是大学根据本国不同发展阶段的人才需求、教育观念与目标以及自身办学实力等多种因素综合作用的一种必然结果。一所大学开设课程的能力主要取决于两个要素：其一，大学历史传统与现实发展所形成的学科专业结构；其二，围绕这种学科专业结构而形成的师资队伍的知识结构。因此，一所大学的学科专业结构和师资队伍知识结构，决定了其固有的课程结构体系。大学要想实现课程国际化，就必须着手做好两个方面的事情：其一，调整或更新已有的课程体系，探索构建与国际接轨的新型课程模式；其二，拓宽、改变现有师资队伍的知识结构和素质结构，或根据新的课程结构引进一批知识、素质和能力与之匹配的师资力量。此外，学校要加强和引导非外语专业充分利用学校的外语教学资源和多元文化环境以及与国外大学之间的交流合作项目，培养学生突出的外语能力和对外交往素质，系统学习掌握并基本精通必要的国际知识，增强学生未来参与国际商务、政务、文宣的工作能力和职业能力，积极探索在外语院校中办好非外语专业的有效路径，把培育非外语专业学生突出的外语能力作为提升学校竞争力的重要方面进行着力打造。

三、外语教学国际化的实证分析——以北京第二外国语学院为例

作为一所在周恩来总理亲切关怀下创建的具有45年（截止到本文写作的2009年）办学历史的高等学府，北京第二外国语学院以其高质量的人才培养和鲜明的办学特色享誉全国。随着中国高等教育国际化趋势日益明显，我校为适应中国高等教育发展的大趋势，为培养具有远见卓识和务实精神的拔尖创新人才，提出了"国际化"的办学目标和人才培养思路。近年来，我校从思想解放和观念更新入手，着眼于体制机制创新，在重点领域和关键环节大胆探索，率先突破，走出了一条有别于传统教学模式的国际化办学的新路子。

（1）坚持国际导向的办学风格，把培养具有"复合基础、国际视野、创新精神和实践能力"的高素质应用型人才作为学校长期坚守的办学追求。这种改革的意义在于超越外语专业单一知识结构的局限，超越单一外语专业培养结构的局限，培养跨学科复合型人才。自建校伊始，我校就秉持国际化的办学特色，并把国际化发展战略作为学校的一项重大任务列入学校战略规划范畴。国际性是指能够掌握一门以上国际语言，熟悉国际规则，了解国际背景，能够在不同领域、不同层次参与国际交流。应用型，一方面是指具有高素质、高适应度，另一方面是指所学的知识、所掌握的技能符合社会需求。这种"国际性"办学风格主要体现在：第一，要求所有专业的学生都要具有良好的外语素养，熟悉别国文化和国际知识，精通国际规则和惯例，具有宽广的国际视野和全面看问题的能力。第二，大部分非外语专业都注重拓宽专业口径和基础，发展和实践"专业+外语"的人才培养特色，如国际文化贸易、新闻学（国际新闻）、法学（国际经济法）等专业扩大了学校培养涉外人才的外延和内涵，在学校整个学科专

业结构中非外语专业依托外语专业优势提升了学生的就业竞争力,同时又为外语专业学生拓宽视野及跨学科培养提供了通识课程支持,构成了非外语专业与外语专业有机共存、相互关联、彼此支撑、协调发展的学科专业体系。

（2）推行专业复合的办学特色,培养学生容纳不同文化的宽广胸怀,增强学生应对全球化挑战的能力。学校为各专业学生搭建了"跨专业、跨学科、跨学位、跨国家"培养的平台,为每个专业的学生提供了根据自身发展的目标、兴趣、条件、潜质进行选择的机会,形成了各类教育多平台选择的培养机制。"跨专业、跨学科、跨学位"的培养模式凸显了学校的外语优势,使各个专业的学生都能接受优质的外语教育,为外语专业的学生拓展知识结构提供了制度保障,实现了具有明显外语特色、多学科知识的融通渗透,满足了复合型人才培养的需求。我校的专业复合主要采取两种方式：一是外语专业在注重语言技能培养的同时,开设国情、历史、文学、文化、经济、社会等专业方向课程,通过公共选修课、跨系（院）选课和辅修专业等多种措施并举,引导和鼓励学生根据个人兴趣和对未来发展的预期,积极主动地拓宽专业领域。二是非外语专业利用学校外语教学资源优势,通过开设外语技能训练课、双语课和聘请外籍教师开设专业课等多种手段并用,使学生在学好专业理论和专业知识的同时,努力提高自己的语言技能,培育自己的外语特长。"跨国家培养"即实行与国（境）外大学双向交流培养模式,拓宽学生的国际视野,提高学生的国际竞争力。近年来,我校将本科生的跨国家交流作为国际交流工作的重点,与国（境）外100多所大学签订了相关的意向书、框架性协议或具体执行协议,建立了"2+2"、"3+1"、"2+1+1"双学位、共同培养博士研究生和交换生项目等人才培养模式。

（3）加强国际化课程建设,构建多元化的通识教育课程体系,培养和造就适应社会发展需求的见多识广的国际化外语人才。美国耶鲁大学校长理查德·莱文认为,21世纪的大学教育不仅需要培养学生的批判性思维品质和独立思考能力,还需要使学生了解不同文化背景的人们的思维和行动方式的能力。美国研究型大学把了解外国文化和价值作为学位课程的一个组成部分,致力于培养未来领导人和公民获得较强的全球性意识。国际课程建设是显示一所大学国际化办学程度的重要标志,也是体现教学国际化的关键环节。我校鼓励系（院）和教师与国外大学广泛开展合作,积极引进海外合作大学的资金、经验和力量,开设全英语授课、适合于留学生学习的新型国际课程。同时,一方面,学校强调国际课程必须作为校内教学资源的一部分面向全体学生开放,这一措施大大增加了我校学生和海外学生直接交流的机会。另一方面,国际课程也是我校教师汲取国外同行的先进教学经验与理念的重要窗口形式,对提高我校教师的国际化素质与水平,建设一支具有国际竞争力的师资队伍具有很好的促进作用。经过多年的探索和积累，我校的国际课程建设已经形成了一定规模，开设具有特色的"海外优秀学者授课"项目，设立专项基金，邀请高水平的境外专家、学者来校授课，使我校师生能够及时接触和了解国际上最新、最高水平的学术前沿动态，有了与异域文化亲身体验的经历，师生员工不仅会变得更加得心应手，而且会使他们对于国际及外交政策问题的分析思考更加灵敏、深邃和智慧。

四、关于进一步提高我国大学外语教学国际化水平的对策建议

为了满足国家社会经济发展的现实和长远需要，特别是进一步深化改革开放和扩大对外交往的需要，我国大学外语教育的人才培养模式亟须调整和变化，与之相适应的课堂教学模式同样要随之变迁。在课堂教学上必须全面贯彻人才培养的原则，从教学内容到教学方法都应该顺应时代的呼声，努力培养21世纪大学生的多元文化视野，以增进大学生的民族自尊心和国际理解能力。

（1）正确处理好外语教学改革中本土化发展和国际化的关系。在改革开放的大背景下，我国高等教育已初步形成了全方位、多层次、宽领域国际交流与合作的开放格局，为国内各类教育的教学改革提供了强有力的支持。无论是课程改革抑或教学方法的改革，都带有浓厚的国际教育发展背景。但是，教育国际化并不意味着民族国家本土教育及其自有教育体系的瓦解和消亡，教育深深地根植于它所服务的国家文化、区域文化或民族文化的土壤之中。具有适应本国社会发展的、先进的大学教育思想与办学理念，是大学办学的特色与灵魂。国际化与本土化是相互联系、协调互动和互为发展的一体化格局，我们在大力提倡和推动外语教学国际化的同时，也不可忽视外语教学的本土化或民族化，要致力于建立与我国高等教育相适应的现代外语教学体系，力争实现国际化与本土化在外语教学中的完美结合。我国大学外语教学国际化是在适应经济全球化和高等教育国际化的情况下，向国外外语教育在内容和方法、思想和手段等方面的学习、吸收、引进、创新过程。外语教学的本土化不是单向度的谋求封闭式发展，而是在与国际化相互促动过程中的持续提升，是现代教育思想、课程理念、教学内容、教学方法和手段等在我国高等教育领域的应用和检验。大学教育要走国际化发展道路，首先就要坚持民族化、本土化、个性化特色，任何一所大学只有在正确认识、理解大学办学特色的本土化内涵的基础上，吸取国际上优秀大学的先进经验，走国际化、特色化发展之路，才能实现我国高校的快速健康持续发展。

（2）实施推动外语教学国际化的政策支持和激励措施。联合国教科文组织的大学联合会提出：大学国际化是把跨国界和跨文化的观点和氛围与大学的教学工作、科研工作和社会服务等主要功能相结合的过程，而且是一个包罗万象的变化过程。实现外

语教学国际化不能一蹴而就,不能刻舟求剑,是一项逐步推进、分步实施的系统工程,离不开政府、学校政策上有力的支持和激励。我国大学外语教学国际化程度偏低乃是有目共睹的事实,双语教学在深度和广度上还存在很大的拓展空间。世界很多国家都划拨专门经费用于资助本国学生到海外求学,旨在培养具有东西方文化底蕴,熟谙多国国情,知识、能力和素质全面发展的外语研究型人才。大学教师是实施外语教学国际化的主体,没有国际化视野和进行跨文化教学能力的教师,教学国际化无异于纸上谈兵。因此,大学必须始终不渝地实施人才强校战略,借助国家和地方政府有关"人才强教"的资助计划,把教师队伍的培养置于跨国界、跨民族、跨文化的国际大背景之下,走国际化提高之路,实现教师队伍在思维方式、价值观念、知识背景等方面的多元化、复合化,并最终提高他们分析国际问题和解决国际问题的能力。同时,大学管理层要加强对外语教学改革的组织、协调和政策引导,将外语院校聚集的学科优势转变为推动国际化发展的内在优势;加大对大学外语教学改革创新平台的引导和支持,形成一批推动外语教学改革的优秀研究力量;有效发挥外语院校校园国际文化辐射源头和国际合作与交流窗口的作用,为外语教学改革营造良好的文化氛围。

(3)大力推进外语人才培养的国际化。外语教学国际化的一个重要目标就是培养和造就适应经济全球化的、有国际意识、国际交往和国际竞争能力的涉外人才。我国大学外语教育的培养目标,除了完成目前相关专业颁布的培养目标的内容以外,更应该强调其适应经济全球化,突出其国际意识、国际交往能力和国际竞争能力。从近期看,重点应加大新一轮紧缺人才的培养力度,并对人才素质、能力、知识和规格做出新的调整,使其素质、知识、能力有新的内涵和新的提升。外语类人才不仅要在数量和规模上具有优势,更应该在国际市场竞争中体现出高度的适应能力和突出的竞争能力。外语人才培养模式的改革应侧重于强化学生的"两个能力"和"两种意识",即竞争能力、创新能力和开放合作意识、终身教育意识。教材和课程的国际化是培养国际化人才的重要支撑,教材和课程的质量直接体现着大学教育和科学研究的发展水平,影响着人才培养的质量与特色。随着学科专业布局结构的调整和优化,必须加快教材建设和更新换代。世界上不少国家都以国际化人才培养为追求,着手修订高等教育人才培养目标,比如美国在《2000年教育目标法》中,提出了采用"面貌新、与众不同的方法,使每个学校的每个学生都能达到知识的世界级的标准"的目标,强调要通过国际交流,努力提高学生的"全球意识"和"国际化观念"。因此,外语教育要以提高国际化教学的程度来提升人才培养质量,把有关国际化的知识与教学要求列入大学外语教学的重要内容,积极吸收借鉴国外课程理论及其实践中的有益成分,并结合我国高校的实际进行有机融通,探索实施与国外著名大学联合培养学生的多种新模式,培养和提升学生的可持续学习能力和发展潜力。

对于身处日益国际化环境中的大学而言，实施外语教学国际化改革已经成为世界各国大学不可回避的现实选择。我国大学外语教学同样要面向世界、面向未来，大学原有的外语教学模式亟待变革，需要根据国际人才市场的供需状况来设置专业、调整课程结构，启动适应经济全球化发展趋势的教育观念、教学内容、教学方法、教学手段等方面的改革，培养具有深厚人文底蕴、宽广国际视野、适应经济全球化环境的国家栋梁和社会精英。

参考文献：

［1］王红阳，陶燕妍.知识经济和经济全球化的外语教学［J］.宁波大学学报，2005（12）.

［2］许红，张素.新形势下高校外语教学的发展与改革对策［J］.中国成人教育，2005（12）.

［3］王根顺，王辉.研究型大学人才培养国际化的探索与实践［J］.国家教育行政学院学报，2009（4）.

［4］杨凡.对外语高校培养国际化人才的几点思考［J］.外语界，2003（2）.

［5］林娟娟.跨文化教学策略研究［J］.外语与外语教学，2006（4）.

［6］彭拥军.高等教育的国际化与本土化［J］.大学教育科学，2004（4）.

［7］林伟连，许为民."入世"后推进中国高等教育国际化的四个重要环节［J］.中国高教研究，2003（6）.

中国学术"走出去"与当下外语院校发展战略

实施学术"走出去"战略是实现科学发展的客观要求。在新形势下坚定不移地实施学术"走出去"战略，有助于我国学术研究在世界学术体系中脱颖而出。外语院校拥有得天独厚的外语优势、竞争优势、人力资源优势和对外交流优势，理应成为"把中国介绍给世界"的排头兵和先行者。因此，外语院校要充分挖掘和拓展外语学科领域和外语资源，汇聚优势人才智力资源，全力推动实施我国学术"走出去"战略，并继而带动大学自身的跨越式发展。

一、全球化背景下中国学术"走出去"的必要性分析

在经济全球化和文化全球化迅速扩张的时代，世界各国不同文化类型之间相互交流与冲击、渗透与融合、碰撞与竞争，在互动中借鉴、集成、提高和发展，文化软实力在提升国家综合实力方面的作用愈加突出。学术"走出去"是我国文化"走出去"战略的一项重要内容，实施学术"走出去"战略，让世界更深刻地了解我国学术取得的发展和成果，提升我国学术的国际话语权和国际声望，已成为中国转型期实现跨越式发展的重要战略抉择。

首先，学术"走出去"是中国高等教育发展和竞争的现实需要。全球化的推进首先触发了社会科学理论探索空间视野的位移，为我国学术走向世界提供了一个更加开放的多维空间。一方面，经济全球化造就了一个让国家、企业、大学和个人都难以逃避的高度竞争环境。为了在这个变动不居的洪流中保持一个相对优势的位置，近年来许多发展中国家和地区的高等教育特别重视学术的追求，各国推进学术改革的新思维初露端倪。高等教育的国际化使得全球和区域学术交往方兴未艾，通过比较和借鉴大大缩短了我国学术发展与国际水准的差距。在这样的国际环境下，要增强我国学术界的国际竞争力，让中国学术成果在世界遍地开花，推动中国学术走向世界的意义非常深远。我们要认清并抓住这个难得的历史机遇，在竞争比较中取长补短，在求同存异中共同发展，使我国成为其他国家学者所向往的学术高地，成为学术思想自由驰骋的广阔天地。另一方面，经济全球化拓宽了我国学术发展的视野和学术生存的空间，有

利于促进学术繁荣、理论创新和知识积累，从而使我们能够站在"面向现代化、面向世界、面向未来"的时代高度来审视我国的学术创新体系。同时，经过三十年的改革、开放和发展，中华文化走向世界的能力不断提高，学术大国的意识不断上升，富有中国特色的传统哲学、历史研究等社科类成果开始进入世界学术界的视野。实施中国学术"走出去"战略，既是扩大我国话语权的现实需要，同时也是我国高等教育走向世界的必然诉求。

其次，学术"走出去"是增强我国文化安全、实现文化自立的根本需要。经济全球化背景下文化与经济、政治已经融为一体，彼此之间相互影响、相互交融、相互竞争，文化竞争力在综合国力竞争中的地位和作用越发凸显，传统意义上的"硬实力"竞争逐渐让位于具有隐性特征的文化"软实力"竞争。正是基于文化本身所具有的潜移默化的扩张特性，世界大国越来越重视增强本国的文化影响力和竞争力，大国的文化安全也就成了不可回避的现实问题。许多发达国家都把文化作为一种产业来经营，积极参与国际教育服务市场的开发。从2004年开始，我国在借鉴世界一些国家在传播本民族语言方面的一些经验的基础上，积极探索了一套适合我国国情、有中国特色的汉语国际传播的办学模式——孔子学院。截止到2008年底，全世界已有81个国家建立了256所孔子学院和58所孔子课堂。2007年，韩国也宣布将在全球一百个地区开办"世宗学院"，日本在全球大规模增设"日语学习中心"，而印度也强调21世纪将是"印度的世纪"，大力加强文化输出。在这样的大背景下，站在中国文化安全的高度探讨中国学术"走出去"战略，其历史性和时代性的战略意义自然是不言而喻。我们一定要把中国学术"走出去"作为一种国家意志和国家行为，作为提高国家软实力、建设创新型国家的根本措施，由国家着眼于战略层面进行统筹规划。

最后，学术"走出去"是提升我国学术声誉和竞争力的迫切需要。长期以来，西方学术都是我国学术界模仿的成功样板，经过三十年波澜壮阔的改革开放的伟大实践，我国已经成为世界第三大经济体，但我国的学术生产体系与经济大国的地位仍相去甚远。伴随着"西学东渐"而成长起来的中国学术一开始就缺乏自主发展的环境与传统，或者说我国学术界的发展演进依附或从属于西方学术界的发展，研究视野大都锁定在对西方学术成就的全盘移植上，严重忽视了对中国问题本身的深度研究和理论关切，这也是我国之所以难以涌现高质量原创性学术成果的根源之一。改革开放三十年来，我们对西方的影响主要还停留在一般的政经层面和民众层面，而无力对西方乃至世界学术产生重大的影响。从SSCI收录的来源期刊情况的统计中可以看出，中国哲学社会科学的发展成就还远未被西方学术界所认识，在世界学术谱系中很难看到中国学术的身影。改革开放30年是一个学术反思的30年，我们在放眼世界学习和借鉴国际上学术发展经验，吸收世界上一切优秀文化成果为我所用的同时，还要勇于突破他人的理论框架和话语体系，始终不渝地立足于当下中国的实践，致力于对我国经济社会发展问题做出科学的观照和解答，探讨人类社会和科学发展的前沿问题，借此来充分表达我们的学术传统与学术理念。

二、外语院校在中国学术"走出去"战略中的重要作用

在"文化兴国"战略前提下，中国正不可逆转地走向世界，走向富强，走向前沿。以国家政策层面支持学术创新，并将其最终指向中国整体国际影响力，是中国学术着眼长远发展的必然考虑。在中国学术体系朝着前瞻、动态、开放的创新发展的过程中，外语院校要充分发挥其窗口作用、人才培养作用、学术使者作用以及交流平台作用，努力使我国学术传播在范围、深度和层次上实现跨越式提升。

（1）外语院校作为多国语言和文化的集散地，成为中国学术传向世界的重要窗口。外语院校具有其他高校无法比拟的人力资源优势，教育科研工作者可以即时了解和掌握世界哲学社会科学的发展态势和研究前沿，全面把握社会科学学术研究脉络，从丰富的学术资源中获取学术创新的支撑点，从不同的角度和层面进行阐发、评价和质疑，催生出有价值、有意义、有影响的学术成果，提高我国学术的创新力和生命力。外语院校凭借独特的语言优势和优秀的创新团队，应该把我国优秀的传统文化和涌现出来的高质量创新成果推向世界，让世界听到中国学术的声音。外语院校的科研创新团队可以直接与国外科研人员联合开展重大课题攻关，在资源共享中创造出更多优秀的创新成果。外语院校要进一步加强与国外大学、科研机构的国际合作，探讨建立稳定的交流与合作机制，努力推出一批具有较大价值的学术成果，在合作中扩展中国学术的影响力，并逐步使我国学术成为引领世界学术发展的一支重要力量，从而完成中国学术发展由吸收引进到扩散创新的转型。

（2）外语院校为中国学术发展培养和输送了大批懂外语的创新型人才，有效发挥了外语人才在我国学术发展过程中的人力资本效应。外语院校的重要特色和优势之一就是它能够把国际化知识创新与高水平的人才培养有机结合起来，它既能把国外最新的研究成果应用于教学，同时培养的学生也有更多机会到国外从事学习和研究，为他们提供了更加广阔的国际化学习实践平台，有利于培养出具有世界眼光、拥有最新人文社科知识、有一定语言技能的复合型人才。每年从外语院校毕业一批研究生以上学历的高素质人才，其中相当一部分毕业后在高校及科研院所工作。同时，海外留学人员回国工作的人数大幅度攀升，一部分人员充实到中国学术队伍之中，他们既有一种世界眼光和全球视野，同时还兼顾本土情怀和民族学术独立立场，有利于提升我国学

术队伍的国际视野和创新力，为我国学术发展保持生机活力、促进学术传播奠定了发展后劲。

（3）外语院校浓厚的校园国际文化为中国学术文化培育提供了丰裕的土壤，有利于促进中国学术文化的茁壮成长。外语院校在建校伊始就致力于培养高级外语人才，外语文化积淀深厚，国际化氛围浓厚。外语院校与国外众多大学签署了校际交流协议，开展了内容丰富、形式多样的交流与合作，合作的广度和深度向更广层面延伸。在校园文化建设上，积极创造校园国际化文化环境，通过国际交流与合作、国际教育与服务，努力推进教师、学生、课程、管理的国际化，实现人才培养质量、学术水平以及管理与服务水平的国际化。这种致力于追求国际化文化的精神一直都应该是保持中国学术文化创造活力的重要元素。外语院校的校园文化承载着新的国际创新内涵，将中华的优秀文化与现代创新意识有机融合起来，逐步营造出一个开放、共享、动态的创新机制和学术创新体系。

（4）外语院校的国际交流为中国学术走出去提供了重要契机，有利于提升中国学术队伍的国际视野。外语院校作为培养外语人才和进行外语教学的主要基地，开展国际交流与合作是培养具有国际视野的创新人才、建设国际化大学的重要内容。外语院校与国外开展交流合作，能够引进较好的创新项目、创新理念和科研方法，同时也为我国优秀的学术成果走向世界提供了桥梁，使我国学术体系的创新机制、创新模式以及创新成果尽快与世界接轨与融合，实现协同演进和发展，提升了我国学术队伍的学术视野，创造了创新发展的契机和平台。例如，全国外语院校每年都主办或承办了一系列高层次国际、国内学术会议和行业峰会，有力地促进了我国学术界与世界学术界的广泛交流，提高了我国学术的国际声望和影响力。

三、中国学术"走出去"的基本模式

管理学上有一个重要原则就是"没有最佳的组织方式"。西方发达国家大学学术的发展模式也不是一种普适性的统一模式，而是各具特色、各有千秋。具体到我们的大学，不同的高校也要相应地根据本校的历史传统、学科结构、校园文化等特定情况进行探索、选择适合本校特点的学术"走出去"模式。结合我国大学学术发展当下的实际情况，本文尝试性地提出以下三种模式：

（1）战略型"走出去"模式，即从过去的学习型成长走向战略性发展。中国的经济社会发展正在进入一个崭新的伟大时代，我国学术发展模式也必须相应地进行转变，从学习型成长条件下的以"西学东渐"为导向的发展模式过渡到战略性发展条件下的以"东学西渐"为导向的发展模式。美国学术之所以能够长期独占鳌头，这固然得益

于美国大学具有宽松活跃的学术氛围，更为重要的是政府在整个资源配置和政策体系上给予了大力扶植，培育了一个相对成熟、完整的学术生态环境。我国学术要想成功走向世界，同样需要创设一个孕育自由严谨的大学文化，需要政府、学术机构树立大视野、大思维，确立走出去的理论思维和战略配置，构建起完善的政策扶持体系，形成一种"丛林效应"，而不是某一个机构或某一所高校的个别运作。外语院校要积极组织优势学科走出国门，探索并建立海外研究机构，通过组建国际化学术团队，联合建立研究中心，把中国学术研究成果推广到目标国家腹地，大力拓展我国学术界在境外的声名和威望。

（2）发展型"走出去"模式，即瞄准学术研究领先于我国的发达国家。西方发达国家大学大都拥有上百年的学术及文化积淀，拥有完善的学术创新和学术传播体系，学术创造遥遥领先于发展中国家。我国学术界作为一个后来者，必须要以自己的优势和特色推陈出新，方能与具有强势话语权的西方学术界分庭抗礼，形成我国独特的学术创新模式。高校作为我国学术界的中坚力量，作为我国学术创新发展的主体和依托，要坚持不懈地探寻中华民族学术振兴之路。要致力于打造一个全方位、多层次、宽领域的对外交流合作格局，鼓励科研部门和研究院（所）积极参与国际学术计划，分享全球知识和信息积累的成果；积极加入具有重要影响力的国际组织，遴选中国籍的知名学者和科研管理人员，支持他们参加重要的国际和区域学术计划和活动，提高我国学术界的国际影响力；积极与世界知名大学建立各种协作关系。及时跟踪国际学术最新动态，吸取国外先进的研究理论和管理经验，更好地服务于我国学术走向世界。

（3）合作型"走出去"模式，即面向学术研究具有独特优势的发展中国家。当前，印度、巴西等发展中国家随着综合国力的上升日益成为全球的一支重要力量，这些国家无论是在科学技术方面，抑或在哲学社会科学方面都取得了长足进步，进一步加深与这些国家的学术交流和学术合作，可以大大缩短发展中国家学术走向世界的时限。发展中国家大学之间积极开展学术层面深层次的合作和交流，有利于维护和促进两国的共同利益，有利于推动发展中国家在学术创新领域实现大突破、大跨越、大发展。中国与印度、巴西等国家属于同一层次的创新群体，都需要通过政策措施来引导国内学术创新，相互间的经验交流可以避开发达国家所出现的失误和所走过的弯路，有利于把潜在的后发优势快速转化为现实优势，在较短的时间内跻身于世界学术体系的先进行列。

为保障我国学术能够顺利地走出去，还必须建立配套的政策措施，创设一个适宜于学术生长与发展的宽松的学术生态环境，如改善政策环境，为学术走出去提供法律保障；完善符合国际惯例的扶持体系，如管理协调机制、知识产权保护机制、人才培养机制等。总的来说，我国政府必须在其中发挥引导、协调、服务功能，从而指导着学术有步骤地走出去，为建设创新型国家做出积极贡献。

四、外语院校推动中国学术"走出去"的对策建议

在当今激烈的国际竞争环境中，要使中国学术屹立于世界先进学术之林，我们一定要致力于建设能够代表中华民族发展特色和水平的中国学派。我们要清醒地认识到现实存在的差距和不足，无论是学术创新体系建设，还是管理体制机制改革，都与承担推动学术"走出去"存在较大距离。外语院校需要进一步加强体制和机制建设，协调和整合校内外各种资源服务于学术"走出去"战略。

（1）政府要加强对外语院校的组织、协调和政策引导，充分发挥外语院校学科的聚集优势，推进中国学术快速融入世界。政府要从政策上明确外语院校在促进学术传播方面的使命和任务，制定分阶段的战略重点和对策措施，打造和不断提升外语院校推动学术走向世界的服务能力；加强外语院校资源整合，加大对外语院校高级翻译研究基地和创新平台的支持力度，努力建设多个全方位、多语种的翻译服务系统；有效发挥外语院校国际合作与交流窗口的作用，把外语院校作为我国学术走向世界的试验田，为我国学术走向世界累积宝贵经验。外语院校科研工作者处于我国对外开放的前沿阵地，要坚持引进、翻译和创造同时并进，用世界的眼光潜心研究、挖掘体现时代性的中华传统文化精髓，努力造就一批蜚声中外的学术精品力作。当前，一个不容置疑的事实是一股研究中国现象的热潮在国内外悄然兴起，把中国介绍给世界是外语院校科研工作者责无旁贷的责任，科研工作者要努力增强自身的造血功能，站在我国对外开放事业和学术发展战略的高度，力求生产出具有推进中华民族复兴这一本土价值意义的学术成果，使我国成为社会科学学术生产的大国和强国。

（2）制订好学校中长期教育改革和发展规划，把推动我国学术走向世界纳入学校整体规划之中。我国正在研究制定《国家中长期教育改革和发展规划纲要》，它将明确到2020年我国教育改革发展的指导思想、总体目标、发展思路和基本政策取向。毋庸置疑，外语院校也将制订本校的中长期教育改革和发展规划，我们要把学术"走出去"贯穿于规划制订的全过程，分步骤、分阶段地推进我国学术走向世界。就近期而言，首先是要做好相关配套政策的制定，为中国学术"走出去"创设必要条件，重点是把已经形成的中国优秀文化典籍论著，以及中国已有的西方学术界不得不认同的强势学科，比如文化研究、艺术研究等通过翻译的方式推向世界。外语院校要积极与国外高水平大学合作创办文化研究中心，比如南京大学与美国霍普金斯大学联合创办的教学与研究机构——中美文化研究中心，这种开放式合作办学模式加速了南京大学学术研

究走向世界的步伐,同时也有利于承接和开展各类国际合作项目,彰显学校雄厚的科研实力。此外,还可以考虑设立"中国哲学社会科学高级培训班",招收外语语种学生专门从事传统文化典籍和中国哲学社会科学的对外翻译和交流事务的人才培养工作,通过打造专业化的学术传播队伍,把我国优秀的学术成果传播给世界各国。

(3)打造国际学术对话平台,实现中国学术与世界同步发展。国际学术交往已经成为当代学术发展的一项重要内容,没有交往就没有学术的与时俱进。当代学术交流的基本任务并不仅仅是一种简单的单向度的阐述,而且是在一个共有的学术平台上进行探讨、辨析、批评和建构。外语院校要积极探索建立国际学术论坛的长效机制,打造开放性、高规格的学术对话平台,可以充分彰显本土原创学术特色,让人们在国际学术舞台上听到中国学者的声音,扩大中国在世界学术格局中的话语权,同时也可以使学校科研人员更快地立足前沿,以一种更加自信、开放的姿态与世界对话。在扩大学者交流的同时,还要注重把学生推向世界,创造各种机会让学生参与国际交流活动。国际学术对话平台还可以成为中外学者互相了解人文学科发展的一个窗口、联结中外学术交流的一座桥梁。外语院校要充分借助语言优势在世界范围内举办不同形式的学术交流活动,吸引全球各个国家从事哲学社会科学工作的专家学者参与其中,平等对话并宣传各自学术成果,对我国学术"走出去"必将起到积极的推动作用。要把举办国际学术会议的成果编辑成参会方语言的论文集,切实增强我国学术研究与国际前沿学术发展的联系,吸引世界学术界对中国的聚焦。

(4)拓宽对外学术交流渠道,加速推进孔子学院建设步伐。中国大学参与建设孔子学院既是提高自身素质和能力、加快推进教育国际化进程的重要途径,同时也成为我国学术步入世界学术界视野的新窗口。近年来,孔子学院已经发展成为传播中国文化和推广汉语教学的全球品牌,外语院校包括部分综合性大学都与国外大学合作建立了孔子学院,孔子学院俨然成为推动我国大学国际化进程的有效载体。孔子学院作为我国文化对外交流的重要平台之一,其功能不仅仅局限于对外汉语教学的传播,而是可以进一步拓展到包括人才培养、学科建设、学术交流、基础设施等众多领域,在更大范围内与国外大学开展深入合作,通过开展具有广泛影响、有特色的学术活动,可以有效提高中国学术在当地学界的地位和影响力。积极与共建大学和当地学界建立友好的合作关系,主动开展与汉语专业、汉学研究等学术机构的教学合作、师资共享与学生交流工作,并逐步扩大到整个人文社会科学学科范畴。外语院校要充分发挥双语教学的优势,协调整合校内各项资源,把孔子学院作为提高学校美誉度和竞争力的重要抓手,全力推进孔子学院建设工作。

(5)成立由外教和专业教师组成的论文编辑委员会,提高我国学术论文发表的命中率。改革开放三十年来，中国的学术发展取得了许多重要成果和宝贵经验，一批学术成果受到国内外学术界的广泛关注。但是我们必须清醒地认识到，与国外发达国家相比，我国在自主创新研究和原创性成果上还存在很大差距。在我国高校学术论文中，社会科学类论文在国际核心期刊发表的数量明显不足，结果造成国外学者对我国高校取得的学术研究成果了解得十分有限。这样不但使我国哲学社会科学领域发出的优秀学术声音无法被世界听见，而且也降低了我国在国际上的学术地位。造成中国学术成果难以与西方学术界并驾齐驱的根由是多方面的，一是受急功近利思想的影响使得研究成果缺乏创新性；二是西方发达国家一般都用自己的学术评价标准来审视我国的学术论文，因学术立场不同其结果必然有所偏差；三是中国学者直接用英文创作学术论文，他们在语言内涵和表达方式上与西方学者难免会存在或多或少的差异，因英文翻译偏差导致不少学术成果被拒之门外的现象屡见不鲜。因此，有必要成立由外教和外语专业人士组成的论文编辑委员会，经过专业人士进行语言润色，避免中国人习惯思维和文化背景等造成英文行文不符合国外学术论文基本要求，保证我国更多高质量的学术成果受到世界同行的瞩目。

让世界听见中国学术的声音是我国学术界多年来的夙愿和追求。从全球经济一体化的角度看，中国学术不可能孤立于世界体系之外，走出去是大势所趋。中国学术走向世界是一个具有复杂性、系统性和长期性的战略工程，是一个不断探索、不断跨越的漫长过程。外语院校科研工作者要坚守治学的正直和诚实，磨砺不断进取的锐气，扶助中国学术界突破语言瓶颈，把我国取得的原创性学术成果推向世界，提高我国学术界在国际学术界的对话能力，使我国学术跃居世界学术的主流和中心。

参考文献：

[1] 戴晓霞，等. 高等教育市场化［M］. 北京：北京大学出版社，2004.

[2] 郭为藩. 转变中的大学：传统、议题与前景［M］. 北京：北京大学出版社，2006.

[3] 李素敏. 高等教育国际化对中国高等教育发展的影响［J］. 高等教育研究，2009（04）.

[4] 袁贵仁. 大力推进理论创新，繁荣发展教育科学［J］. 教育研究，2008（07）.

[5] 赵凌云. 当代西方社会科学转型与中国社会科学的中国化［J］. 河北学刊，2004（06）.

[6] 沈洪波. 经济全球化对国家的文化安全的影响［J］. 山东经济，2004（07）.

关于外语教学的几点思考

经过几代人几十年的努力，北京外国语大学的外语教学建立了完善的体系，积累了丰富的经验，培养了许多优秀外语人才，为学校的发展、为祖国的外事工作做出了应有的贡献。

但是，随着我国现代化建设的飞速发展，为了适应 21 世纪教育事业的需要，为了更好地为国家培养杰出的外事工作人才，还应以求真务实、开拓创新的精神，不断探索外语教学的新思路、新途径和新经验。

一、关于教学目标

多年来，北京外国语大学的外语教学一直有明确的教学目标。特别是听说领先，读写跟上，听、说、读、写、译全面发展的观念深入教师们的心中。但是，随着知识经济、数字经济时代的到来，随着科学技术发展综合化趋势的显现，随着高等教育改革的不断深化和社会对人才要求的不断提高，在教学目标的确定上，也应有新的思路。

正确的教学目标的确立，关键在于教育观念的创新。教育思想观念的转变是教育改革的先导。教育观念的创新首先是要打破保守封闭的樊篱，以开放的心态，结合教育改革发展的实际，提出或吸收采用新的教育观念。在传统教育观中，有很多内容与今天强调个性教育、素质教育、创新教育的思想已不合拍。某些灌输型的教育观已经不能适应培养现代人才的需要。这样说既不意味着否定历史，也不意味着背叛过去。与此相反，北京外国语大学外语教学中大量优秀宝贵的经验，体现北外特色的东西，一定要继承发扬代代相传。但这并不妨碍我们在新形势下有所开拓，有所创新。不可否认，在我们的教学过程中，存在着专业狭窄、模式单一、以教师为中心的现象。虽然，我们对这些现象已经有所认识，并进行了多次研讨，采取了一些针对性的措施，但由于教育观念有待于进一步转变及教育体制等方面的原因，离彻底改变仍有一定的距离。

新的发展型教育观念强调对学生内在潜能资源的挖掘；强调以智能为中心的全面发展，包括情感、意志、个性等多方面的心理品质的发展；强调能力、创新思维、思辨能力的培养,强调教学过程既是认识过程,也是人的发展过程。因为高等学校教师的基本职能在于使学生掌握系统的文化科学基础知识和基本技能,培养学生正确的世界观、道德观、审美观、劳动观及相应的行为方式,从而使学生的身心得到健康发展。新的教育观念要求高等教育的培养目标实现四个转变:

从培育知识型人才向培育学习型人才转变;从培育职业型人才向培育创业型人才转变;从培育专业型人才向培育复合型人才转变;从培育业务型人才向培育人格型人才转变。这些崭新的教育理念也对我们外语教学的目标提出了新的要求。我们在教会学生一门外语的同时更应教会学生如何学习、如何做人、如何创新。我们不仅要注重语言技能的教学,更应注重人文教育、个性化教育,必须明确地意识到现在的大学已由终结性教育转变为终身教育的一环。因为我们既不可能在几年内教会学生一门外语的全部知识,更不能让学生预知因这门语言的发展而产生的新知识。因此,我们应该把培养学习能力、培养创新能力、重视人文教育纳入我们的教学目标之中,并将其贯穿在整个外语教学的过程之中,从而使我们培养的外语人才符合时代的需要,符合现代教育的目标。

二、关于教学内容

教学目标的调整必然会影响到教学内容,因为教学目标是通过教学内容的实施来实现的。多年来,经过全校师生的不懈努力,北京外国语大学出版了大量优秀的外语教材。这些教材不仅为本校的外语教学做出了贡献,而且深受兄弟院校师生的欢迎。《许国璋英语》更是受全中国英语学习者所喜爱。但是随着时代的进步和社会的发展,我们的外语教学内容也有不断更新的需要。由于种种客观和主观的原因,北京外国语大学的外语教材,特别是小语种的外语教材,使用十年以上的不在少数。

关于教学内容的调整,首先需要观念的改变,要有这方面的意识和紧迫感。一些旧的教学内容,不仅知识老化、结构陈旧,而且过于专门化、细化,不利于现代教学目标的实现和新型外语人才的培养。因此,要不断纳入和融入新的外语教学内容。新的教学内容要求适应社会发展和科技进步的灵活性和创造性;要求拓宽外语教学的知识面,形成灵活充实的外语教学内容;要求处理好通识教育和专业教育、科学教育和人文教育的关系。具体可从以下几方面加以考虑。

(1)外语教学内容的覆盖面要加宽,不仅要满足学习者接触广泛的外语学科知识,而且也要接触新的综合性知识以及新知识领域的要求。

(2)要经常对一些外语学科的内容进行筛选,将陈旧内容去掉,增加具有前沿性的新内容,并注意广度和深度的结合。

（3）要尽可能地利用多学科、相关学科、交叉学科的知识，并注意做好学科内容之间的协调统合。

（4）要充分利用现代化的手段，根据实际需要，对外语教学内容做一些临时性、针对性的增补，同时提倡开发、创立新的外语教学内容。

在论述外语教学内容调整的同时，还想特别强调一下在外语教学中导入文化内涵的问题。语言是文化的载体。任何一种语言的背后都隐含着使用这种语言的民族在长期历史发展过程中沉淀下来的文化底蕴。只有深入了解这种语言背后的文化内涵，才能还语言的血肉之躯，使人感受到它是活生生的语言，是在一定的社会环境中载负着具体文化的语言，才能使我们准确深刻地理解这种语言，恰当得体地运用这种语言。因此，我们必须从跨文化教育的角度对外语教学进行深入思考。

事实上，综合运用外语能力的低下和对异国文化缺乏了解，是目前外语教学中存在的两个主要问题。由于对异国文化，特别是对象国文化缺乏了解，因而对中国文化和对象国文化之间的差异缺乏洞察力、识辨力和敏感性。导致的结果是：一方面，对具有文化内涵的语言现象理解不准确、不深刻，甚至产生误解；另一方面，在运用这些语言进行跨文化交际时，往往按照中文的意思进行表达，从而造成运用不恰当、不得体，甚至出现语用失误，使交流受阻，影响沟通与合作。一个外语说得很流利的人，往往背后隐藏着一种文化假象，使人误认为他同时也具有这种语言的文化背景和价值观念，他的语用失误，有时令人怀疑是一种故意的言语行为，故而导致交际失败、冲突发生的潜在的危险性也最大。

因此，为了培养学生对不同的文化持积极理解的态度，从而做到客观地把握各自的文化特性；为了培养学生在跨文化接触时的适应能力；为了培养学生进行跨文化交际的技能，我们必须注重在外语教学中导入文化内涵，引导学生注意影响语义的文化因素和影响语用的文化因素；注重有关世界观、价值观方面的文化内涵，注重言语行为的文化特性；注重非语言交际方面的特点，使他们真正知道"会说什么"，更知道"怎么说"和"不该说什么"，从而顺利实现跨文化交际这一外语教学的根本目的。

三、关于教学方法

教学方法是为完成一定的教学任务，师生在教学过程的共同活动中采用的途径和手段。它是培养人才的不可缺少的重要构成，也是深化教学改革的重要内容，对提高教学质量有着十分重要的意义。在长期的教学过程中，北京外国语大学的广大教师摸索和总结了诸如听说领先法、句型教学法、情境教育法等许多行之有效、深受学生欢迎的外语教学方法。但是，随着社会的发展和教学改革的不断深入，教学方法过于死板，教学手段过于落后的局面依然显现在我们的外语教学过程之中。教学内容和课程体系的逐步优化，要求我们必须加大改革教学方法和教学手段的力度；现代教育技术的快速发展，也推动着我们加速教学方法和手段的改革。

在教学方法的改革中，必须体现以学生为中心的原则。目前的外语教学，在很大程度上仍沿袭"以教师为中心"的教学模式，教师是课堂的主角，课堂教学以讲授为中心，学生处于被动接受的地位，主动性得不到很好的发挥。为改变这一现状，提高教学效果，我们必须在课堂教学中体现"以学生为中心"的原则，体现学生的主体地位。从根本上讲，学生的发展无论是知识的获取、能力的形成，还是素质的提高，都要通过学生自己的积极思考和主观努力才能实现。其他人既不能代替也不能强制，只能是引导、帮助和促进。因此，在教学活动中要求我们积极探索能充分调动学生积极性和主动性的方法，从而使学生由被动接受知识的客体转变为主动索取知识、不断提高学习与实践能力的主体。

在教学方法的改革中，必须体现让学生学会学习的原则。强调以学生为中心，绝不是不要教师的指导，而是要求教师更好地发挥主导作用，帮助学生选择有价值的课程，对学生的学习进行指导、监控和评估，指导学生分析问题和解决问题。同时，把培养学生的学习兴趣、态度和自信心放在外语教学的首位；把学生的学习策略、良好的学习习惯作为学习的重要目标；要求学生学会学习，学会自我监控，从而形成自主发展的学习习惯和策略，为终生学习打下良好的基础。

在教学方法的改革中，必须体现注重交际、着力培养创新能力和实践能力的原则。外语教学不仅是传授语言知识，更重要的是要培养学生的交际能力，培养他们应用外语进行跨文化交际的能力。从教学理论的角度看，教学的实质是交际，是师生之间、学生之间的交际。因此，在外语教学的过程中，教师必须精心设计讲课程序，周密组织课堂活动。课堂形式的科学性、合理性和多样化有利于调动学生的学习积极性和主动性，从而使学生积极参与师生之间、学生之间的交际活动，从中提高自己的语言水平、交际能力和自信心。

注重学生创新能力和实践能力的培养，是现代科技和社会高速发展的需要。在科教兴国的大背景下，我们培养的外语人才必须具备创新能力和实践能力。对学生的学习而言，其创造性不在于创造新的学说，发现前所未有的新知识、新见解，而在于能在学习上举一反三，灵活运用知识；有丰富的想象力，喜欢解难题；爱标新立异，发表与众不同的观点等。因此，我们要在外语教学的过程中，注意启迪学生的思维，激发学生的兴趣，及时了解和分析学生的需求，积极鼓励学生发表自己的见解和思想，欢迎学生大胆质疑，真正使我们的外语教学的注意力集中在培养学生综合运用各种知识与技能、发现问题和创造性地解决问题的能力上，集中在培养有创新能力和实践能力的外语人才上。

在教学方法的改革中，也应体现教学与科研相结合的原则。高等学校的教学，要求大学生在学习知识的同时，发展科学研究的能力，掌握科学研究的方法，培养科学精神、科学态度与科学道德。高校的科研除了服务于社会外，其另一重要功能就是培养具有科研能力和创新精神的人才。这一精神不仅应体现在研究生教学中，也应体现在本科生教学中。本科教学不应是简单的信息传递，而应是教师指导下的以发现为基础的过程，学生不仅是知识的接受者，而且是科学的探索者。

国外有的大学不仅在本科一年级第二学期就安排学生参加为期半年的社会实践，而且要求学生在一年级到四年级的整个学习过程中都要定期提交学习报告和论文。把科学研究引入教学过程是大学教学有别于普通教学的重要特征之一。因此，我们要在外语教学的过程中，注意教学与科研结合，根据实际情况，尽可能地组织一些形式不一、难易不等、重过程甚于重效果的科研活动，为学生科研能力、创新能力的培养创造条件、提供机会。

四、关于考试

考试是外语教学过程中十分重要的环节，是教学评价的一种重要手段。它不仅可以对学生的学习情况进行检验，还可以评价教师的教学效果与水平，诊断教学中存在的问题，反馈教与学过程中的各种信息。这是考试的监控作用。此外，考试还可以对学生的学习和教师的教学进行潜在的引导。所谓的"应试教学"就是对此的最好例证。这是考试的导向作用。考试的这两大作用要求考试本身应该是合理的、科学的、公正的。多年来，北京外国语大学外语教学过程中的考试，为推动学校外语教学事业的发展，为激励学生的学习热情，为调动广大教师的工作积极性，起到了很好的作用。

但是，从培养创新人才的角度反思，我们传统的考试模式，还是存在着值得改进的地方。首先是考试方式单一，往往是期末或水平测试的一次口笔试决定学生的升留级，甚至能否毕业。其次是考试内容偏窄，且记忆性成分所占比重过大。另外，由于考教不分离等原因，也存在不够公正的现象。这些情况不仅影响学生学和教师教的积极性，而且影响学生综合运用知识的能力和创新能力的培养，不利于学生的全面发展，不利于教师采用合理的教学内容和方法。

为了让外语教学中的考试充分发挥正确的监控和导向作用，有利于调动教师和学生的积极性，有利于创新人才的培养，对考试模式做一些适当的改革和调整是有必要的。要深化考试改革，首先要树立现代教育观、人才观和考试观，转变那种妨碍学生创新精神和创新能力发展的考试观念和模式，以及以考试分数作为衡量教学效果的唯一标准的教学制度，建立科学公正的监控评价体系，让考试为启迪学生的创造性思维，鼓励学生的创新精神，培养学生健全的人格服务。

外语教学过程中的考试应该可以采用多种方式，允许和鼓励教师与学生根据课程的性质特点采用不同的模式，包括闭卷、开卷、口试、笔试、小论文、读书报告、调查报告、文献综述、翻译作品等。特别是要突出多样性、针对性和生动性，使考试成为一种激励机制而不是惩罚手段。

外语教学过程中的考试应该使其内容科学、合理。我们的考试往往侧重语言本身，而对语言情景、社会文化环境以及语篇的重视不够。把相互关联的语言体系分离成为孤立的语言项目。实际上，孤立的语言项目不能检测学生的语言能力，更不能预示学生的交际能力。因此，在设计考试内容时应着眼于对学生语言能力的测试，特别是要突出基础性、创新性和实践性，使考试真正能够对学生的语言知识、运用能力、综合素质进行全面的测试评价。

外语教学过程中的考试应该体现公平、公正、合理，特别是要突出公正性、客观性和规范性。为此，要进一步完善健全科学的考评体系。要完善题库，尽可能地实现考教分离；关键性的考试成绩应结合平时成绩、课堂表现、课后作业、期末论文统一考虑，使学生把学习的着眼点放在整个学期，而不是为应付考试的几周突击。考试还应对优秀率和不及格率有一定的比例规定。这是因为教师出题时难易程度不易完全把握，有时出现一门课的考试成绩整体过高，优秀率过高；有时考试内容又过难，整体成绩偏差，不及格率过高。不同的院系、不同的教师的严格程度是不同的。成绩过高和过低都容易造成对教师教学质量的评价变质，也会使学生对学习的评价不准确，从而影响教和学的积极性，影响教学质量的提高。

以培养创新人才为目的的外语考试改革应当促进教师教学方法的改革，促进学生学习方式的改变，促进整体外语教学水平的提高，使外语教学课堂真正成为一个生动活泼的语言和思想的交流场所，使教师的教和学生的学都成为一个愉快的生活过程。

北京外国语大学被誉为全国外语教学的排头兵和领头羊。如果学校能在外语教学的探索和改革中不断有所突破、有所创新，积极总结和探求外语教学的新经验、新途径，那将是对本校的外语教学，也是对全国外语教学的贡献。

关于语言教学中的文化导入

语言是文化的载体,但语言又是文化的一部分,是文化的镜像折射。语言作为文化的组成部分既是文化的一种表征形式,又是一种社会文化现象,它不是孤立于社会环境之外的。从本质上讲,任何一种语言交际的主要目的都是这种或那种文化信息的传递、沟通或分享,无文化要素的语言交际实际上是不存在的。本文就是想从语言与文化、语言与社会的角度出发,粗浅地探讨一下语言教学中文化导入的问题。

一、为什么要在语言教学中导入文化内涵

世界上的每一种语言都是独一无二的,都以独特的方式折射着人类历史和文化。在论及语言与文化的关系时,人们都承认语言是文化的载体。语言与文化存有互为影响、互为补充、互为依附的密切关系,因此语言教学离不开文化的传授。任何一种语言的背后都隐含着使用这种语言的民族在长期历史发展过程中沉淀下来的文化底蕴。只有深入了解这种语言背后的文化内涵,才能还语言的血肉之躯,使人感受到它是活生生的语言,是在一定的社会环境中载负着具体文化的语言,才能使学习者准确深刻地理解这种语言,恰当得体地运用这种语言。所以文化导入必须贯穿语言教学的始终。

文化教育有利于培养人们对不同的文化持积极理解的态度。中华民族的文化有着光辉灿烂的历史,为人类社会的发展做出过巨大的贡献。几千年来,汉语体现着中华民族的存在,反映着中华民族的个性,展示着中华民族的特点,记录着中华民族的历史。在汉语的教学中加强中华民族文化内涵的导入,有利于汉语学习者更全面正确地了解和理解中华民族文化,使学生体会到汉语的学习为自己打开了了解一个全新的世界的大门,从而激发对汉语学习的积极性、自觉性和主动性。

语言学习不仅要注重语言的形式,更应注重语言的内涵。在现代外语教学中,文化干扰是公认的教学难题之一。这与语言教学中,重语言形式、轻文化导入的现象不无关系。长期以来,在外语教学领域中,社会文化因素一直没有得到应有的重视。我本人在阿拉伯语教学中也一样,语言的词法、句法规则讲得比较多,而语言的使用规则、深层意义、文化内涵讲得较少。我们一直强调的是听、说、读、写、译,强调的

是语言基本功和熟练程度。这主要是因为外语教学的发展在很大程度上受到理论语言学发展的制约。不管是传统语言学、结构主义语言学还是转换生成语言学,都认为语言学研究的对象是语言本身。因此,教师在教学中往往没有把教授语言知识和文化知识放在同等重要的地位。

事实上,综合运用外语能力的低下和对异国文化缺乏了解,是目前外语教学中存在的两个主要问题。由于对异国文化,特别是对象国文化缺乏了解,因而对中国文化和对象国文化之间的差异缺乏洞察力、识辨力和敏感性。导致的结果是:对具有文化内涵的语言现象理解不准确、不深刻,甚至产生误解。在许多情况下,学生学的是外语,但是思想内涵却还是中国文化,语言和文化不能很好地结合在一起,讲出来或写出来的句子有明显的生造硬译的痕迹。这种现象也肯定存在于少数民族的汉语教学和对外汉语教学中。对于母语非汉语的学生来说,汉语教学就是外语教学。

外语教学专家把交际错误分为语言错误和文化错误,并认为后者的性质比前者的性质更为严重。文化知识和文化适应能力是交际能力的重要组成部分。很难想象一个不具备中华文化背景知识的人能与中国人顺利进行语言交际。我本人在与阿拉伯人交谈时发现,他们对于我们在语音和语法方面的错误往往比较宽容,与此相比,违反说话规则则认为是不够礼貌的,因为我们的谈话对象不大可能认识到彼此间存在着文化差异。一个外语说得很流利的人,往往背后隐藏着一种文化假象,使人误认为他同时也具有这种语言的文化背景和价值观念,他的语用失误,有时令人怀疑是一种故意的言语行为。

因此,为了培养学生对不同的文化持积极理解的态度,从而做到客观地把握各自的文化特性;为了让学生不仅理解语言的形式,更理解语言的文化内涵,正确无误地使用语言;为了培养学生在跨文化接触时的适应能力;为了培养学生进行跨文化交际的技能,我们必须注重在语言教学中导入文化内涵,引导学生注意影响语义的文化因素和影响语用的文化因素;注重有关世界观、价值观方面的文化内涵,注重语言行为的文化特性;注重非语言交际方面的特点,使学生真正知道"会说什么",更知道"怎么说"和"不该说什么",从而顺利实现交际这一语言教学的根本目的。

二、语言学习中的文化启迪

语言的一个重要属性是它的文化属性。语言的文化属性的一个基本特征是文化对语言的制约。从另一个层面上来看,语言是文化的载体,是文化的表现形式。也因此说,有什么样的文化属性,就会有什么样的语言形式。语言学习中的文化启迪,首先是指文化因素对语言学习的促进。会同一种语言的人,他们的语言水平往往是不一致的，有时甚至有很大的差别。这种差别更多的是在于文化因素。一个人的语言水平是由他对这门语言的结构知识和他对操这门语言的民族的社会知识构成的。一位没有受过多少教育的中国农民在与人交往中，不会有太多的困难，而在其国内学了好几年汉语的美国人来到中国后，发现与中国人打交道还是有许多问题。这是因为那位中国农民比那位美国人懂得更多的社会文化知识。他懂得中国人的信仰、喜好、风俗，懂得许许多多诸如称呼、问候、拜访、道歉、致谢等行为规范和语言使用规则。而这一切对于那位美国人来说，却不是能在课堂上学到的。所以语言学习一定要与文化知识结合起来，让文化知识来启迪语言学习，让文化因素来促进语言学习兴趣的增长和水平的提高。

语言学习中的文化启迪的第二层含义，就是语言学习过程中对文化知识的了解，也即语言对文化的启迪作用。学习一门语言等于打开了了解一个未知世界的大门。这是因为语言承载着文化，没有语言就没有文化。可以说语言反映一种文化的全貌，反映一个民族的特征。它不仅包含着该民族的历史和文化背景，而且蕴藏着该民族的道德标准、价值观念、思维方式和生活方式等。对一门语言的学习过程，就是对操这门语言的民族的了解过程，也就是学习社会文化、了解民族特征的过程。

这是一件无比美好的事情，有时甚至是一种享受。语言的词语、句子、篇章无不具体、生动地反映着文化，就连语音也体现着复杂的文化含义。就阿拉伯语音而言，据我个人的体会，凡美好的事物与情感都用较为轻柔、悦耳的语音来表达；而粗野、生硬的事物与情感则常用粗混、生硬的语音来表达。

总之，语言学习和教学都必须重视文化对应原则。文化对应原则指的就是文化范式和语言系统的对应关系。不同的文化范式决定了不同的语言系统的结构，同样不同的文化圈有自己的言语行为方式。所以脱离文化的语言学习和教学是不可能成功的。文化知识促进语言学习，语言学习增进文化知识的了解。

三、应在语言教学中导入哪些文化内涵

在语言教学中导入什么样的文化内涵，与对文化的理解有关。人们对文化有不同侧面的认知。从外语教学的角度出发，学者们对文化导入的内容有相似的两种理解。一种认为文化导入可分为两部分内容：词语文化和话语文化。[①] 另一种认为语言教学中的文化背景知识按功能划分为两种：知识文化和交际文化。[②] 本文则想从语言教学的具体内容出发，从以下几个方面来论述在教学中应导入的文化内涵。

---

① 陈菁．单语学习词典与外语教学［EB/OL］．［2004-10-05］．http//bilex.gdufs.edu.cn．
② 杨国燕．关于外语教学中文化导入的思考［EB/OL］．［2004-11-03］．http//www.obv.cn．

1. 词语的文化内涵

词语在长期使用过程中积累了丰富的文化内涵，如果对此不了解，势必产生误解，所以在教学中要注意对词语的文化意义的介绍，以防学生单纯从词汇本身做出主观评价。汉语有许多概念是其他语言中没有的，如：阴、阳、节气、某些称谓，对于这些词语，不仅要讲清它们的表面意义，更要讲清它们的文化内涵。我夫人的侄女婿是个刚果人，已在中国待了多年，现在是中国人民大学的博士生，他在制作一部片子时，就把丈夫的父母叫成了岳父岳母。

词语除了反映社会生活、社会现实和社会发展外，还具有文化伴随意义。如中国人给老虎以勇敢、强大、威严的文化伴随意义，给老鼠以胆小的文化伴随意义，给狗以忠诚的伴随意义。对于穆斯林来说"左手"这个词具有明显的文化伴随意义。穆斯林的习惯，是用左手来做大小净。所以，对于穆斯林来说，用左手拿吃的东西或送礼品给别人是不礼貌的。

2. 句子的文化内涵

句子是用词和词组构成的、能够表达完整的意思的语言单位。因此，句子体现的文化内涵比词语更广泛、更丰富。其实我们天天在说的"你吃了吗？"这句话，就有文化内涵，它其实已成为中国人之间的问候语。阿拉伯人的问候语"你好！"的实际意义并不是"你好！"而是"你像亲人一样来到我们身边，来到平坦的草原！"。游牧民族均为散居，不仅人口稀少，而且流动性大，在广阔的沙漠及绿洲中碰到一个人，就像见到亲人一样是十分令人高兴的。阿拉伯半岛上的居民们的生活环境大多是沙漠和荒山，平坦的草原自然是最美好的地方。阿拉伯语中"再见！"之意其实也是"一路平安！"。中国人要使自己处于主动地位时说"掌握主动权"，这是基于中国人对权的理解。阿拉伯人在这种时候则说"握住马缰绳"，对于马背上的民族来说，握住了马缰绳就是使自己处在了主动的地位。

从阿汉句子的词序差异，也可看出阿汉两种文化间思维模式的差异。阿拉伯人的思维是从小到大、从近到远、从内到外，而我们中国人的思维是从大到小、从远到近、从外到内。这在时间、地点、位置、组织关系等的表达顺序上均有大量例证。在句子中有多项定语逐个修饰时，亦是如此。

阿拉伯语是靠词形变化组句的，汉语则凭词序表述词在句中的作用及句子的意思。阿拉伯语句子的形合反映了阿拉伯人重细节分析及个体成分的独立作用、强调形式和规则的制约的思维方式，汉语句子的意合则体现了汉语文化重整体综合，轻形式分析和逻辑推理的思维方式，我们中国人强调的是"悟"。

另外，在描述中，阿拉伯语往往是先表态，后叙事，叙原因、理由；而汉语则是先交代事情，说明原因、理由，然后再表态。这说明阿拉伯人是以主体为中心，强调主观对客观的判断和态度，而我们汉民族则偏向主客体融合，即从客观出发，得出主观结论。早期的阿拉伯人是马背上的民族，他们永远只能以自己为中心。汉民族是农耕民族，讲天人合一，更注重宏观态势。

3. 篇章的文化内涵

篇章是由许多句子遵循一定的规律组成的语言单位。篇章是一个语义上的统一体，它的特性不在于它的长短，而在于它的完整性，在于它能起的交际作用。因此，篇章所体现的文化内涵自然比句子更广泛、丰富得多。对于篇章中蕴含的文化含义，教师在教学过程中必须予以充分的导入。

4. 与交际环境有关的文化内涵

《京华时报》2004年12月5日发表了署名徐静的题为《表示亲热》的小文章。主要内容是，妈妈在家叫爸爸"大胖猪"，小女儿认为叫别人外号不好。妈妈则认为是"表示亲热"。后来女儿也跟着叫爸爸"大胖猪"。有一次女儿跟爸爸、妈妈去参加一个聚会，一位爸爸的胖同事问女孩，"你还认识我吗？"女孩回答："你是大胖猪叔叔"。结果闹得大家都很尴尬。我们从交际环境这个角度来看这篇文章，就不难发现，造成这种尴尬场面的原因有两点：一是小女孩说话的语境变了，此时是在公众场合，而不是在自己家里，二是小女孩说话的对象变了，原来的对象是自己的爸爸，而现在的对象则是别人。所以说小女孩在文化上犯了忌，语用不当，不得体。从这篇小文章可以看出，与交际环境有关的文化内涵，也是我们在语言教学中应导入的重要内容。各民族在价值观念、思维方式、道德标准、社交礼仪、风土人情、传统习惯、生活方式等诸多方面都存在着一定的差异。这些差异在语言的运用过程中，起着一种规约的作用。如果我们在学习和交际中不注意这些规约，总是自动地、不假思索地按自己的方式说话，按自己的理念理解对方的话语，就会出现语用失误使交际受阻。因此，我们在语言教学中要注意与交际环境有关的文化内涵的导入，特别要注意招呼、问候、致谢、致歉、告别、打电话、请求、邀请等用语的规范、话题的选择；注意禁忌语、委婉语的使用；注意人们对个人隐私、关怀、赞扬等的态度。另外像手势、体态、衣饰、对时间和空间的不同观念等与非语言交际有关的文化内涵也要注意适时导入。

四、如何在语言教学中导入文化内涵

语言教学不仅涉及语音、语法、词汇，更涉及历史、地理、宗教、习俗及风土人情、生活方式、文学艺术、行为规范、价值观念等，其文化内涵是相当丰富的。在教学中导入这些文化内涵的方法不应是死板的、单一的，而应是灵活的、多变的。最关

键的是教师对于文化导入有责任意识和义务意识。对于教学过程中的文化导入不是随意而为，而是有意而为，有目的有计划地为之。在进行文化导入的过程中要注意实用性、相关性和渐进性三原则。

实用性原则指的是文化导入要注重有利于对词语、句子、篇章的理解，有利于日常交际的正常进行，有利于对所学语言所反映的文化的正确了解。

相关性原则指的是导入的文化内容应该与教材的内容相关，但导入的内容和方法要适度，教师对文化内容的讲解要有选择。

渐进性原则指的是文化导入要循序渐进，根据学生的语言水平、接受能力，由浅入深，由简单到复杂，由现象到本质地逐步扩展进行。

在语言教学中导入文化内涵的具体方法可从以下三个方面加以探讨：

1. **课堂讲解**

在课堂教学的过程中，加强文化背景知识的教学并不会冲淡或影响学生对语言知识的训练。只要处理得当，可以使二者同时加强，相得益彰。在教学过程中可以通过各种途径把文化背景知识的传授与语言技巧的训练有机地结合起来，具体可以尝试下列做法：

（1）课前讲解。结合课堂教学的内容，利用课前几分钟，简要介绍相关的文化背景知识，以利于学生对课文的正确了解。

（2）课堂穿插。结合词语、句子、篇章的讲解，适时地穿插讲解一些与此有关的文化背景知识，这不仅有利于学生的理解记忆，更有利于提高学生的学习兴趣。

（3）结合训练。结合教学内容，由教师设计问题，启发学生思考，引导学生回答或讨论，让学生以对话、讲解等形式进行角色扮演，使学生身临其境地感受语言和文化。

（4）进行比较。比较是进行文化导入的一种行之有效的方法。通过教师、学生共同参与的对不同文化差异的比较，使学生对这种差异有较深刻的认识，从而加深对它的领悟。

2. **专题讲解**

专题讲解是指对某一民族文化的专题性介绍。文化讲座是专题讲解的重要形式。定期、限时、有的放矢地进行文化讲座有利于系统地向学生介绍民族文化，让学生对该文化有个较全面的了解。另外结合某一文化现象，组织学生观看电影、电视、录像和图片、照片也是一种专题性介绍的好方法。

3. **堂外补充**

文化的内容是包罗万象的，对于一个民族的文化的了解，单靠教师在课堂上介绍是远远不够的。文化的学习不应只局限于课堂内，课堂外的文化教育是一种很好的延续和补充。具体做法可以从以下几方面予以考虑：

（1）指导学生阅读一些有代表性的文学作品和历史书籍，以加强学生对该文化更深入的了解。

（2）编写系统地介绍文化知识的阅读教材，通过大量的阅读，以加强学生对该文化更全面的了解。

（3）指导学生收看电视，收听广播、查询网站等，在语言文化资料的大量接触过程中，让学生在不知不觉中增加知识文化含量。

（4）组织丰富多彩的实践活动，通过访问教师、朋友，组织与联欢；充当大型国际性活动的志愿者等活动，直接了解和体现民族文化，以及其中文化的差异。

一位匠人和一位艺术大师的区别在于他们的作品中文化含量的多少。一位教书匠与一位语言大师的区别也在于他们的教学过程中文化含量的多少。在语言教学中加强文化的导入，对从事语言教学的教师提出了更高的要求。教师不仅要能找到这些文化点，更要有能力对这些文化点进行介绍和说明。因此，教师不仅要有扎实的语言功底，还应有较高的文化修养。其实我们这些老师过去、现在一直都在做着这方面的工作，只要我们有意识地、更自觉地去做，就一定会做得更好，我们的语言教学质量就会有更进一步的提高。

外语教学与言语交际的得体性

外语教学的目的是为了培养能熟练运用外语进行交际的人才。得体性则是言语交际的最高境界,是衡量外语教学效果的最高标准。因此,外语教学与言语交际有密切的联系,言语交际的得体性应是外语教学必须予以高度重视和认真研究的课题。

一、言语得体是交际的根本原则

言语得体、衣着得体、行为得体是待人接物、人生处世的重要原则。它贯穿于我们每个人的一生。在这"三得体"中,言语得体是放在第一位的,可见言语得体是何等的重要。得体,就是言语要适景切情,就是根据具体的语言环境恰当地使用语言,即用语能根据表达的目的、对象、场合、方式的差异来调整,与语言环境保持和谐一致、分寸得当。

俗话说,好话一句三冬暖。在交际过程中,一言一行,一举一动,都体现了一个人的形象、品德、学识、气质和修养。言语的适度和恰当,会给人留下深刻的印象,使交际气氛融洽,使生人变熟人,化干戈为玉帛。所以我们在言语交际过程中要充分考虑:能说什么,不能说什么;说什么好,说什么不好;怎样说有分寸,怎样说没有分寸;怎么说效果好,怎么说效果不好。不仅要充分关注说话者自己的地位、身份、文化素养、生活阅历等情况,也要充分关注听话者的各种情况,并根据不同的交际场合、不同的交际目的,选择不同的表达方式,从而使交际有的放矢、准确得体、恰到好处。

教育部考试管理中心颁布的《考试说明》中,对语言技能的一项基本要求是,"能够根据表达的方式、场合、对象、目的的差异,做到语言得体"。1994年考试管理中心在阐释修改后的《考试说明》中再次强调:"语言教学应该特别重视语言得体问题"。外语教学是语言教学,因此,外语教学无疑应重视语言得体问题,而且,由于存在文化背景的差异,在外语教学中强调得体性,显得尤为重要。

然而,长期以来,我们的外语教学总是过分突出教师的作用,总是偏重于词汇语法教学,从而使我们的学生即使掌握了相当的词汇量,仍然不能进行顺畅的言语交际,而是经常出现语用失误,甚至导致交际失败。导致学生在交际中言语表达不得体的原因是多方面的。首先是对言语表达的得体性没有引起足够的重视,教师很少从得体角度出发提高学生使用外语进行交际的能力。其次是不了解对象国风俗习惯和语言习惯,不了解两种文化的差异,不知道在什么样的场合说什么样的话。再次是缺乏对跨文化交际知识、对语用知识的了解,不够重视交际目的、交际对象、交际场合、交际方式等语言本身以外的因素。因此要提高学生的交际能力,要提高言语表达的得体性,就必须在外语教学中加强对言语表达得体性的重视。我们不仅要培养学生用词组句的正确,更应注重培养学生言语表达的得体。得体,是言语表达的基本要求,也是最高要求。它探讨的基本语言单位,不是单一的词汇或语句,而是完成一次言语使命的行为。言语得体不是语法或者修辞上的事,而是语言符号之外的事,是跟交际行为所涉及的人、事、社会规范、道德规范、价值观念等有关的事。得体性是言语交际的最基本要求,能否成功地用外语进行交流,在很大程度上取决于说话者在表达过程中所使用语言的得体性。因此,在外语教学过程中,应加强跨文化交际意识和能力的培养,既应有这方面的自觉,更应有切实可行的具体措施;应着力改变偏重于语言的结构体系,忽视语言的交际功能的现象;在讲授语言知识和基本规则的同时,更要讲授语言的得体性。因为,仅仅懂得语言规律,仅仅懂得语音、词汇和语法规则,还远远不能最恰当、最有效地使用语言。跨文化交际中的得体性,在很大程度上受文化和社会语境的支配,受交际目的、交际对象、交际场合、交际方式等诸多因素的影响和制约。

二、言语得体须注意交际目的

人们在进行交际时,总会有一定的目的意图,说话也好,写作也好,都带有一定的目的性。语言形式的采用,都得服从表达的目的,目的决定了言语得体的尺度,决定了言语行为的方式。能根据表达目的选用合理的表达方式就是有的放矢。在交际中,为了达到目的,表达者必须根据言语信息输出后的反馈情况,控制好自己的言语行为,尤其是要注意言语的分寸感,以求最佳效果。

其实交际目的是针对交际的双方或各方而言的。说话者希望把自己的意愿清楚正确地传达给对方。听话者也希望能正确地把握对方的意图,并做出恰当的合理的反馈,从而使交际得以正常进行,使各方的交际目的均得以顺畅地实现。所以在交际过程中,说话者为了达到自己的交际目的,要尽量使自己的言语行为得体。听话者则会仔细揣摩对方的言语目的,在正确理解的基础上,做出恰当的反应。达到交际目的是交际双方或各方的最终目标,因此,包括言语行为的一切行为均得服从于这一目标的实现。

交际目的是各种各样的,或表明态度,或叙述事件,或描述对象,或抒发感情,或提出问题，或请求帮助，或表示道歉，或表达谢意等。归纳起来大体属于四种情况：第一种情况是给予，也就是向他人提供便利，提供帮助，提供精神上的安慰、鼓励、赞扬等；第二种情况是索取，也就是向他人寻求便利，要求帮助，希望得到理解、同情、谅解、支持等；第三种情况是互利，也就是既愿意给予，也需要索取，祈求一种等价等值互利双赢的交换；第四种情况是既不给予，也不索取，同学聚会，家人亲戚闲聊，包括当下流行的网聊基本属于这种情况。

在这四种情况中，以给予为目的的交际一般较为顺利，说话者处在较为有利的地位，心情较为轻松愉快，但也应注意言语得体，否则，给予也未必成功。我们在给老人过生日祝寿时，常说"祝您长命百岁"。听到这句话，有的老人就很不高兴。他说我已经九十五岁了，活到一百岁只剩五年。你怎么知道我只能活五年呢？我还想活十年呢！

以索取为目的的交际比较困难，说话者处在不利的地位，一般心情都较为紧张，甚至压抑。人们到某些机关部门去办事时，哪怕对方态度多么不好，也得忍着，除非不想把事情办成。就连像排队买火车票，应聘时接受面试这样的事，人们在受了气甚至侮辱后，也只得忍受，而不敢反抗，有时甚至还说好话倒赔笑脸，这完全是因为交际目的的需要。在这种情况下，必须考虑言语行为的得体性，而不能按性子动粗。当我要向同事借一本词典时，我可以说：

A. 请把词典借给我用用。

B. 把你的词典给我用用。

C. 我用一下你的词典怎么样？

D. 请把你的词典借给我用用好吗？

这四种说法中，A项用了"请"字，但仍有命令的语气；B项是不容置疑的命令，C项和D项比较，D项更具有敬他、商量的语气，因此D项说法最得体，也最容易达到目的。

以互利为目的的交际需要较高的交际技巧。尽管是互利，但如不注意交际手段，不注意言语行为的得体性，交际目的依旧不能轻易实现。国家之间、敌对双方之间、商家之间、合作双方之间的谈判，很难一次成功的道理也在于此。

既不给予、也不索取的交际比较顺利，不需要特别地斟词酌句、察言观色、小心谨慎，否则就达不到闲聊轻松自由、无拘无束的目的了。但闲聊时，如不尊重他人，信口开河，甚至满嘴粗话，蛮不讲理，那肯定会话不投机半句多，聚会也就会不欢而散。

总之，目的意图是交际的最高利益。为了实现交际目的，一方面，我们要高度重视语言行为的得体性，不能因为错用了一个词，或多说了一句话，或语气不当，而影响表达效果，甚至事与愿违。一旦发现偏离目的，就得迅速予以调整，以保证交际目的的实现。另一方面，我们要有足够的耐心和容忍度，为了达到交际目的，在某些情况下，还得接受交际行为的不对等、言语行为的不得体。如果没有这样的心态和容忍度，就会牺牲掉根本目的，而这不是交际应达到的目的。

三、语言得体须注意交际对象

言语交际总有对象的，言语交际的效果如何，不仅要看表达者运用的语言形式能否恰到好处地表达自己的思想感情，还要看对方能否准确理解和乐于接受，而后者显得尤为重要。因此，在言语交际中，要明确交际对象，要充分认识了解交际对象的重要性，须知言语行为的得体与交际对象直接相关。

交际发自于表达者，受之于接受者。也就是说言语交际总是双向的，既有说或写的一方，也有听或读的一方。因此，表达者就不能一厢情愿地想说什么就说什么，而是要"到什么山唱什么歌，见什么人说什么话"。我们不可能要求一位生活在偏僻山村的老大娘也与你讨论股市行情，也不可能与一位生活在城里的孩子谈论插秧种田的经历。

交际对象在一定的交际语境中表现为各自不同的角色。人是在社会群体中生活的，交际对象是同社会相联系的，是社会的产物，交际角色其实就是社会角色。上海外国语大学王德春教授指出："社会角色理论在社会言语交际生活中也具有重要作用。每个社会成员都有与其社会角色相应的言语行为规范以及责任和义务，也就是说社会对每一种社会角色的言语行为都寄予了一定的期望。我们把在言语行为方面具有社会规范等特征的社会角色，叫作话语角色或言语行为角色。话语角色是建立在社会角色基础上的，是社会角色的一个方向，是社会角色在言语交际领域中的具体化。"（王德春，517）我们要在言语行为中关注交际对象，就是要正确认知和了解言语行为角色。

我们在出席社交场合之前，总要先了解一些其他出席者，特别是主要交际方的情况，到场后，交际双方首先要做的事，也是各自作自我介绍，以便尽快让对方了解自己在交际中的角色，确认交际双方的交际角色关系，为双方言语行为的进行奠定基础，以保证交际的顺畅进行。笔者认识某政府机构的一位朋友，分别多年后，该朋友来短信要求提供某种帮助。在回其短信时，竟不知怎么称呼为好。称其老朋友吧，怕有所不敬；称其原来的职务吧，多年过去了，难道人家就没有高升，那样岂不更加冒犯。无奈之下，只得委婉地向该政府机构的另一位朋友打听，等知道他现在的社会角色后，方给他回了短信。因为社会角色的了解直接关系到交际双方言语行为角色的定位和扮演。

言语行为角色的认知和定位是十分复杂的。从类别上看，有血缘角色、性别角色、年龄角色、行业角色、身份角色等之分。从关系上看，有敌人与朋友的关系、生人与熟人的关系、上级与下级的关系、长辈与晚辈的关系等之分。从交际对象的个体来看，则涉及性别、年龄、身份、经历、思想、性格等方面的情况。有时交际双方在不同的场合具有不同的角色关系，比如在私下场合是同学关系，在单位却是上下级关系；在家里是父子关系，在学校里却是师生关系。交际双方必须根据不同的场合及时调整自己的角色，否则就会影响交际的正常进行。

我们如此重视交际对象，如此重视言语行为角色的认知，就是因为言语的得体性与交际对象直接有关，就是因为角色对言语有明显的制约作用。第一，角色对言语交际的内容有制约作用。人们常说：什么人说什么话。有句谚语叫："狗嘴里吐不出象牙"。这也就是说表达者的角色制约他说什么话。公安部政治部的一位主任在笔者亲自听过的一次报告会上说：我们公安部引进的博士生最大的不足是他们不会骂人。博士生是高级知识分子，他们的社会角色要求他的言谈举止温文尔雅。所以他不能也不会骂人，而在公安部领导看来，面对某些凶狠残忍、顽固不化的罪犯，有时候骂几句的效果也许比彬彬有礼更佳。我们不能要求一位普通农民大谈航天技术，更不能要求一位先天失明的盲人来讨论对颜色的感受。人们也常说：对什么人说什么话。这就是对方的角色制约表达者说什么话，你不会在得重病的人面前大谈死亡，你不能在胖人面前表示胖是多么的不美。在言语交际过程中，想说什么，打算说什么，并不是随心所欲的，话题的选择、话语内容的确定，都要根据交际对象的角色而做出正确合理的决定。

第二，角色对言语交际的方式有制约作用。在交际过程中，我们不仅要注意"说什么"，还要根据不同的交际对象考虑"怎么说"。我们不可能对一位不懂汉语的外宾不停地用汉语为他们做情况介绍；一位晚辈不可能用不敬之词与长辈交谈；一位下级也不可能对一位上级使用命令式。我们要根据不同的交际对象，根据他们不同的社会角色，选择不同的言语表达方式和语体风格，以增强言语交际的效果。

人们在从事言语行为时，必须遵守社会所约定或所期望的话语角色的言语规范。言语行为既要符合说话者的身份、地位、学识、教养、思想个性、生活阅历等特点，也要符合听话者的社会背景、文化知识、语言习惯、心理喜恶等特点，对象不同，措辞用语必须讲究说法和分寸，符合彼此在特定情景中的角色关系。就是同一个意思，对不同的人也应有不同的说法；同一个内容，对不同的对象，说话时的重点也应不同。否则就无法为交际对象所接受，甚至可能造成言语冲突，导致交际的失败。

四、言语得体须注意交际场合

交际场合，即交际环境，也就是语境。语言交际讨论的语境是着眼于交际过程的，它的所指范围相对较为宽大。所以说语境应该是宏观的社会环境和微观的言语环境的统一。宏观的社会环境，即指人们通常说的时代背景，包括社会制度、政治气候、时代思潮、人文状况等。微观的言语环境，即特定的场合中特定的话题制约下的交际环境，包括时间、地点、话题、氛围、某一语言的上下文等。任何一种形式的交际，都是在一定的时间、空间和情景中进行的，不存在脱离语境的言语交际。交际双方对交际语言形式的采用，必定要受到一定场合的影响。也就是说言语得体与交际场合有着密切的联系，言语得体必须注意交际场合。

言语行为总是在特定的言语环境中进行，而且必然依赖于特定的言语环境。言语环境因素对使用语言的影响是非常深入和全面的。社会环境对言语行为有深刻的影响和明显的制约。每个不同的社会，每个不同的时代，都有着不同的文化背景、风俗习惯、行为准则、价值观念、道德水平、审美情感。"任何一个稍有社会经历的人都知道，人不能想说什么就说什么，不能想怎么说就怎么说，不能想在什么时候说就在什么时候说，不能想在什么地方说就在什么地方说，不能想对什么人说就对什么人说。"（钱冠连：76）任何言语行为其内容和方式都要适合社会环境，都要随社会政治心理的具体情况而不断变化。言语行为的松紧度、自由度是与政治形势密切相关的。"文化大革命"时期，有不少人都因一言不慎而遭牢狱之灾，甚至杀身之祸。脱离社会、脱离时代的言语行为是不存在的。人们在交际过程中，每时每刻、每时每地都在受社会制度、道德观念、政治思想、宗教信仰等社会环境因素的影响和制约。国家不允许任何人随心所欲地发表反党反社会主义制度的言论。在阿拉伯世界发表对伊斯兰教不满的言论，恐怕也不会受到欢迎。一切违背文化传统、民族习俗、道德观念、时代环境的言语行为，都是不合时宜的、不得体的。

微观的言语环境主要是指具体的场合，是指言语行为进行时的一种氛围。场合是言语交际行为中一个十分重要的因素，特定的场合往往需要采用特定的言语形式，俗语"到什么山唱什么歌"就是这个道理。场合有种种不同，或欢乐，或悲痛；或正式，或随意；或轻松愉快，或紧张烦闷，等等。不同的场合对言语行为有不同的要求。一般来说，人们简要地把场合分为四种类型：第一种是正式场合。在这种场合，言语行为要庄重、规范、严谨，多用书面语。第二种是工作场合。在这种场合，言语行为要准确、简要、明快，多用行话术语。第三种是生活场合。在这种场合，言语行为要轻松、随意、自然、灵活，多用方言口语。第四种是娱乐场合。在这种场合，言语行为要热烈、风趣、生动，话语形式较为随意灵活。就氛围而言，在喜庆的场合谈令人伤感的话，在悲痛的场合中搞笑都是不得体的。这是交际的总体氛围对言语行为的制约。

时间、地点是言语交际行为中最重要的语境因素之一。不同时间、不同地点说的话、写出的言语作品，总会带上该时间、地点的某些特征。人的一切活动都不离开时间和地点。它对人们的言语行为有明显的约束力，与交际者的心理有着密切的联系。中国人新婚之喜、乔迁之喜、开张之喜等都要选择时间。将北京奥运会开幕式的时间选在2008年8月8日8时就是很好的例证。人们总是在早晨道早安，在中午道午安，在晚上道晚安，在夏天道夏安，在秋天道秋安。这就是时间对言语行为的制约。地点对言语行为的影响和制约则更为明显。月光下、小河边，总是谈情说爱的好地方；小茶馆、咖啡厅总是朋友闲聊的好场所；餐馆里、酒桌上总是认识新友、亲密关系的好去处。我们不可能在高考考场上贴上"失败乃成功之母"这样的标语，也不可能在高速公路旁树立"时间就是金钱"这样的提示牌。场合不同，表达用语也应随之变化。所谓"因境设辞"，指的就是要适应不同的场合，采用不同的言语行为，讲究分寸，巧妙用语，以求自然得体。

五、言语得体须注意交际方式

交际方式是决定言语交际行为是否得体的重要环节。要做到言语得体，只注意到交际的目的、对象和场合还不够，还要注意交际方式。这里所指的交际方式是一个宽泛的概念，包括采用什么样的语体、词句的运用、体态语言的应用、语用策略、礼貌原则等内容。只有根据不同的目的、不同的对象、不同的场合，采取恰当的方式，才能真正实现言语得体的目的。

本文所述的"得体"不单指文体，而是指语体。所谓语体，是人们运用语言时，由于交际目的、对象、场合等不同而形成的语言特点体系，是语言的特定的表达方式。语体可分为口头语体和书面语体。日常交谈是口头语体，公文往来是书面语体。口头语体还可分为谈话语体、演说语体和论辩语体；书面语体也可分为公文语体、应用语体、科技语体、政论语体和文学语体。语体不仅受交际环境的制约，也受交际内容的制约，甚至还受交际者文化素养的制约。言语的得体性原则要求言语表达根据目的、对象、场合、内容等因素选用最恰当的方式，以造成和谐的言语氛围，取得最佳的交际效果。

言语交际是一种复杂的现象。一个人说话得体，表达适切便能提高交际效果。任何话语都是由词组成的。我们在进行言语交际时，首先要注意词的选用，正确使用谦词和敬词是实现言语得体的重要手段。任何语言中都有不少带有明显倾向性的词。有的用于自谦，称为谦词；有的用于表示对他人的敬意，称为敬词。这一类词语要正确使用，否则会导致言语行为不得体，甚至闹出笑话。表达同样的意思，词语可以千变万化。善于选用词语恰当地构建话语是言语修养的重要标志。表达者词汇贫乏，话语会显得单调、枯燥，甚至词不达意。表达者词汇丰实，但如堆砌辞藻，大词小用，用词不当，也会导致交际失误。即便是口头语体，也不宜滥用粗俗词语，否则就会失之油滑，引起反感。言语交际中使用的词，无论是谦词还是敬词，不管是表示褒义还是贬义，都应注意分寸，恰如其分。有个成语叫"过犹不及"，话说过头或者不到位都会让人感到不诚恳、不得体。

句子是言语交际行为中运用的基本语言单位。同样的意思在不同的交际环境中可以用不同的句子来表达，而不同的句子又有不同的表达效果，适应不同的交际需要。因此，选用什么样的句式，必须视交际需要而定。首先，话要对题，句要达意。任何句子都必须围绕交际目的、交际内容展开，否则交际不可能延续；任何句子也都必须表达明确的意思，无论采用省略、双关等何种修辞手段，就是言外之意，也必须让交际对方能在具体的语境中领会理解。其次，句式的运用要贴切妥当。我们不可能用命令的口气与上级和长辈交谈；在正式场合，上级也不可能对下级总用谦和之词。就是同事朋友之间也要注意亲切友善、平等待人。如果你是一个学术会议的主持人，当某位学者发言超时，需要终止他的发言时，你可以说：

A. 对不起，你已经超时了，让下一位发言。

B. 对不起，你已经超时。不好意思，请让下一位发言。

C. 你已经超时了，让下一位发言。

D. 你已经超时了，请让下一位发言。

从上述四种表现看，自然是 B 最为得体。它不仅显得委婉，带有善意的提醒，同时又不失礼貌，表达效果要好。

言语交际是在双边或多边之间发生的一种行为。这种言语交际行为的成功与否与交际双方的态度、情绪等各种因素有关。首先，我们在交际过程中，必须注意尊重别人，要与交际对方礼貌相待。一般而言，要尽量少说损人利己的话，要尽可能地让对方受益。比如说：要尽量多赞扬对方，尽量与对方在观点、情感上保持一致。其次，我们在交际过程中，要尽可能地配合交际对方，与其共同合作，实现交际目的。比如说：说话要真实有据，不能假话连篇；说话要有实质内容，不能空话连篇；说话要切合话题，不能废话连篇。再次，我们在交际过程中，要保持积极的情绪，交际双方如果都能以积极的情绪对待交际活动，整个交际环境就会形成一种良性反应，就会使交际者产生愉快的心理感受，交际活动就会更顺利，交际目的也就更容易实现。最后，我们在交际过程中，为了保持言语交际的得体性，还应注意把握正确适度的语音语调。语音语调的恰当运用，能使语言更有效地传情达意，甚至表达更为复杂、委婉的含意。同时，我们还应该注意正确地使用体态语言。体态是用表情、动作、眼神等来传递思想、交流情感的辅助交际工具。体态语的运用得当会使语言增色，使交际更得体。如果运用不恰当，不仅会影响交际，甚至给交际双方造成隔阂。总之，言语交际得体性的实现，从交际方式的层面看，与交际策略的运用是密切相关的。

外语教学不仅要使学生掌握语言的语音、语义、词汇和语法的规则，还要使他们善于在特定的环境中使用语言来准确、鲜明、生动地表达思想感情，完成交际任务。在外语教学的过程中，教师除了让学生熟练掌握语言规则，还应有意识地培养学生观察和理解应用语言的目的、与之交际的对象、运用语言的环境、正确交际的策略，让学生自觉培养注意言语交际得体性的自觉，并在实践中不断提高自己的综合素质，提高运用语言的水平和能力，真正成为交际中的宠儿。所以说，充分关注言语交际的得体性应是外语教学的重要任务之一。

参考文献：

[1] 钱冠连.汉语文化语用学［M］.北京：清华大学出版社，1997.

[2] 王德春.多角度研究语言［M］.北京：清华大学出版社，2002.

[3] 王建华.现代汉语语境研究［M］.杭州：浙江大学出版社，2002.

语言学习中的文化启迪

《阿拉伯语与阿拉伯文化》是我与夫人蒋传瑛教授多年从事阿拉伯语学习、教学与研究的积累。我们自1974年开始学习阿拉伯语以来，不仅对阿拉伯语进行了较为系统的学习，对该语言的某些方面做了较为深入的研究，阅读了大量阿拉伯语言、文学、文化等方面的文献资料，而且与阿拉伯朋友、阿拉伯社会有多次近距离的接触。我本人就在阿拉伯国家学习工作6年，到过埃及、叙利亚、黎巴嫩、沙特、阿联酋、也门、苏丹、摩洛哥等近十个阿拉伯国家。在这期间，我们不仅深深地爱上了阿拉伯语、阿拉伯国家、阿拉伯人民，更深深地爱上了光辉灿烂的阿拉伯伊斯兰文化。为此，我们经过几年的努力，在平时积累的基础上，经过进一步的研究和整理，出版了《阿拉伯语与阿拉伯文化》一书。希望以此来表达我们对阿拉伯语、对阿拉伯伊斯兰文化的热爱；以此来促进我国对阿拉伯语与阿拉伯伊斯兰文化的研究；以此来增强读者对阿拉伯民族、阿拉伯伊斯兰文化的了解。

知悉《阿拉伯语与阿拉伯文化》一书已被喀什师范学院本台力甫·司迪克教授等学者译成维吾尔文，并在喀什师范学院学报发表，很为欣慰。这说明这本粗浅之作又增添了许多兄弟的维吾尔族读者，我们期望它所起的作用将在更广的范围内得到体现。

很遗憾，我还没有到过喀什师范学院，没有机会和本台力甫·司迪克教授交流，但我有许多像曾任教育部民族司司长阿卜杜先生、中央民族大学阿卜杜·鲁乌夫教授等许多回族好朋友。通过这些朋友，通过许多其他的途径，使我对新疆、对伟大的新疆各族同胞有一定的了解和十分美好的印象。由于历史和地域上的原因，新疆各族人民不仅与阿拉伯民族信仰同一种宗教——伊斯兰教，而且在生活习惯、风土人情诸方面都与阿拉伯民族有许多相似之处。许多阿拉伯驻华使节都认为，到了西北感到特别亲切，而到了新疆则更像到了自己的家乡。我本人也觉得听到新疆音乐，就像听到了阿拉伯音乐。这事实上是世界各族人民相互交融的结果。这也是《阿拉伯语与阿拉伯文化》一书在喀什师范学院学报以维吾尔文发表的最主要原因吧！我深信，我们的维吾尔族同胞，将更能深刻地理解此书的内涵。

语言的一个重要属性是它的文化属性。语言的文化属性的一个基本特征是文化对语言的制约。从另一个层面上来看，语言是文化的载体，是文化的表现形式。也因此说，有什么样的文化属性，就会有什么样的语言形式。语言学习中的文化启迪，首先是指文化因素对语言学习的促进。会同一种外语的人，他们的外语水平往往是不一致的，有时甚至有很大的差别。这种差别更多地在于文化因素。一个人的外语水平是由他对这门语言的结构知识和他对操这门语言的民族的社会知识构成的。一位没有受过多少教育的中国人在与其他人的交往中，不会有太多的困难。可是在其国内学了好几年汉语的美国人来到中国后，却发现与中国人打交道还是有许多问题。这是因为那位中国人比那位美国人懂得更多的社会文化知识。他懂得中国人的信仰、喜好、风俗，懂得许许多多诸如称呼、问候、拜访、道歉、致谢等行为规范和语言使用规则。这一切对于那位美国人来说，却不是能在课堂上学到的。所以语言学习一定要与文化知识结合起来，让文化知识来启迪语言学习，让文化因素来促进语言学习兴趣的增长和水平的提高。

关于这方面的内容，我在《关于阿拉伯语教学中的文化导入》一文中做了较为详细的论述。我已将此文转交本台力甫·司迪克教授。如有可能，希望此文也能在喀什师范学院学报上发表。这是因为，第一，我曾在全国阿拉伯语青年教师培训班上讲解过此文主要内容，学员们认为很受启发；第二，喀什师范学院是培养教师的，而其中有很大一部分是从事语言教学的教师。语言是有共性的，语言教学是相通的。不管是教英语、阿拉伯语，还是教汉语、维吾尔语，都应重视文化导入问题，都应重视文化因素对语言学习的启迪作用，因为文化是语言的灵魂。

语言学习中的文化启迪的第二层含义，就是语言学习过程中对文化知识的了解，也即语言对文化的启迪作用。学习一门语言等于打开了了解一个未知世界的大门。这是因为语言承载着文化，没有语言就没有文化。可以说语言反映一种文化的全貌，反映一个民族的特征。它不仅包含着该民族的历史和文化背景，而且蕴藏着该民族的道德标准、价值观念、思维方式和生活方式等。对一门语言的学习过程，就是对操这门语言的民族的了解过程，也就是学习社会文化、了解民族特征的过程。

这是一件无比美好的事情，有时甚至是一种享受。语言的词语、句子、篇章无不具体、生动地反映着文化，就连语音也体现着复杂的文化含义。就阿拉伯语音而言，据我个人的体会，凡美好的事物与情感都用较为轻柔、悦耳的语音来表达；而粗野、生硬的事物与情感则常用粗混、生硬的语音来表达。关于阿拉伯语与阿拉伯文化的关系；关于阿拉伯语揭示的阿拉伯伊斯兰文化的深刻内涵，我已在《阿拉伯语与阿拉伯文化》一书中做了一定的介绍，故在此不再赘述。

总之，语言学习和教学都必须重视文化对应原则。文化对应原则指的就是文化范式和语言系统的对应关系。不同的文化范式决定了不同的语言系统的结构，同样不同的文化圈有自己的言语行为方式。所以脱离文化的语言学习和教学是不可能成功的。文化知识促进语言学习，语言学习增进文化知识的了解。这也就是本文题目——《语言学习中的文化启迪》的寓意之所在。

课堂教学的关注重点

课堂教学是外语教学的重要手段,课堂教学的效果直接影响外语人才的培养。因此外语教师,特别是年轻教师应不断总结课堂教学的经验,不断提高课堂教学的质量和水平。

一、精神面貌

(1)激情。激情源自热爱工作岗位、源自对教学工作的兴趣、源自对工作的热情、源自自己的心理状态和精神状态。有了激情就有了精神气,就有了气场,就不会抱怨,就不会发牢骚,就能体现正能量,就会注意到教学的移情作用,把一切苦恼和不快都丢在教室之外。

(2)自信。自信首先源自对教师职业的认可度,源自对教师身份怀有的优越感、自豪感。其次是对自己能力的基于充分准备的自信。

(3)形象。教师应注重自己的形象,服装打扮、化妆要大方得体,既有自己的风格,又符合教师的职业要求。教师的笑脸、站姿、肢体语言等都会对学生产生影响。教师在课堂上的一举一动都不是小事。

二、备课状况

1. 教学目标

(1)要有明确的目标意识。有不少教师目标意识不强,有的甚至根本不考虑教学目标,只凭自己的感觉去上课。教师要熟悉教学大纲,了解总目标和学科目标,以此为主线,确定每堂课的目标,努力围绕教学大纲的要求去实现课堂目标,完成教学任务。

(2)不能把教材内容作为教学目标。教材是服务于教学目标的,教学目标是一个更高的概念,是一个人才培养目标。

(3)不能把语言知识作为主要目标。不能认为教了语言知识就是完成了教学任务。对于外语教学来说,主要目标就是听、说、读、写、译及跨文化交际等综合素质和能力的培养。

2. 课堂设计

课堂设计就是把时间、内容、方法科学地加以安排的过程。

课堂设计的原则：为教学目标服务，以教学内容为主。

教师的课堂设计应关注三个方面：

（1）是否有课堂设计。教师上课时是否有备课本，或备课的手稿，或打印稿，是否整洁、清楚。

（2）是否详细具体。教学要求、教学目的、教学方法手段、项目的设计（从开场白到结束语）、时间的安排、重点、难点的安排处理等是否详细具体。

（3）是否有备用项。课堂设计一定要安排备用项，要充分考虑提前讲完怎么办？讲不完怎么办？学生不配合怎么办？

3. 教学内容

（1）选择合理。是否陈旧？难易是否合适？内容是否熟悉？

（2）准备充分。要吃透教材，是否自己觉得从词、句、文、语法、背景内容都已清楚？该查的查了吗？该请教的请教了吗？该注明的注了吗？重点清楚吗？哪些要提问学生？哪些有可能被提问？一定要尽可能地仔细、全面、严谨。要多问一些为什么，多设想一些学生有可能提出的问题，准备得越充分，心理越有底，效果越好。如大多数学生听不明白，那就是教师没讲清楚。

三、教学方法

（1）是否使用多媒体。音像视频使用度的把握（量、时机、时间、内容的契合度）。

（2）是否使用启发式。有的学生通过感性—直观的方式掌握外语；有的学生通过理性—逻辑的方式掌握外语。第一类适合于模仿、实践、练习的教学方法。第二类适合于语法讲解、逻辑推理、语言对比的教学方法。在实际教学过程中，常常是两者兼用。

（3）是否设计了兴奋点。每一堂课都应该有兴奋点，要注意讲课顺序的起伏变化，切忌单一死板，要突出重点，分散难点。一节课重点难点不能安排得太多，以两三个为宜，其余为一般性内容。内容不能拆散、打乱，但重点和难点之间也要有间歇，"一张一弛"在课堂教学中也适用。

（4）是否考虑了综合能力的提高。不是只练习某一项，太多的朗读、太多的听写、太多的词汇讲解。要注意语言技能的培养，不是记住多少词和句，而是要会用，要能用所学词句使用语言。这是外语教学的基本原则——实践性原则决定的。

（5）是否能随机应变。应对课堂上发生的没做准备的情况，如原以为难的内容，学生都懂了；原以为易的，学生却不懂；学生被问住，与老师情绪对立，气氛紧张等。如何处理取决于教师的教学机智。课堂教学是一个人综合素质和能力的体现和展示。

第一：沉着冷静，遇事不慌。

第二：积极思考，巧妙应对。

第三：态度诚恳，留有余地。

课堂安排应留有一定的自由度，对于细节，不必规定得太详细、太具体，以免束缚手脚。

（6）是否能坚持用外语讲课（难，但要坚持）。

四、与学生互动情况（重点）

（1）是否有明确的意识和目的。外语教学必须有课堂互动，以检验教和学的情况，以给学生练习的机会、展示自己的机会，以培养学生的综合能力，特别是交流合作的能力及自信心。

（2）是否有行之有效的互动安排。这种安排够不够，是否合理、合适，是否随时关注学生的反应和状态，是否根据效果不断调整。

（3）方法是否正确。是全堂闹哄哄，还是重在培养独立思考和解决问题的能力，特别是创新能力；是不是注意学生积极性的维护。

（4）是否考虑到点和面的结合。如何让全班学生都有与老师互动的机会；如何让成绩差的、不愿讲的、坐后面的、坐边上的学生都得到锻炼，都有收获；是否注意调动每一个学生的积极性、主动性、创造力。

五、课堂节奏

（1）课堂教学活动的穿插、搭配是否合理。把握好构成课堂教学活动的各种变化，包括按时上下课，学生最讨厌的是拖堂。

（2）是否重视开头的效果。开头的作用：

引起学生的注意，把学生的注意力集中到教师的指令上来。

为整堂课定调，有利于整个课堂教学活动的展开。

开好头的做法：

加强刺激强度、明确指令要求、不断变换方式。

（3）语速是否适当。速度、音调要有意识调整控制（如较熟悉的、旧的内容可以快一点,轻一点)。

(4)时间是否把握。每一个项目时间的把握、整体时间的把握,不要被突发因素卡住进度,不要被学生牵着走,自己不要信口开河,天马行空,东拉西扯,而是要掌握主动,心中有数。

(5)信息量是否把握。讲解内容的量是否适度,实用性、新鲜感如何?学生收获感如何?是否吃饱?要尽量完成课堂设计安排的内容。最好是有所补充,但不要勉强,把握好度。

总之,要把握好节奏,让课堂紧凑高效,让学生觉得时间过得很快、很充实,而不是不时地看手机看手表。

六、课堂纪律的把握

(1)是否有要求。丑话要说在前面,规矩一定要有,一开始就要有明确具体的要求,每一堂课可以有具体的要求。

(2)是否敢管。必须要管,不要怕管,学生最终敬佩严格的老师。

(3)是否有方法。怎么做?用哪些方法?学生打瞌睡、看手机、看其他东西、和同学说话、不配合、作业不完成、和老师冲突,怎么办?如何避免?如何化解?总体而言,提倡鼓励为主,正面引导;提倡在课堂上给学生留有面子和余地,课下单独谈话,严格批评教育。在课堂教学过程中,切勿恶语伤人,更不可人身攻击,甚至体罚。

七、人格魅力

(1)行为举止是否得体。语言谈吐是否有度,个人行为是否正派。过多的八卦,过分的自夸,议论他人等都不应该,都不得体,不符合为人师表的要求。

(2)对学生是否有爱心。是否有谩骂、讽刺、挖苦、冷暴力?感情投入有多少,真诚度如何?关爱程度如何?能否做到找每一个同学都交谈一次?可用多种放松的方式如喝茶、喝咖啡、吃饭、散步等。

(3)是否能平等对待每一个学生。优生、差生、男生、女生、美的、丑的、甜的、木的,是否有偏爱,是否有无意识或潜意识行为伤害学生,甚至产生裂痕,形成派别。

(4)性格是否开朗。要尽量阳光、热情开朗、积极向上。这跟班风、学生性格都有影响。要正确理解师道尊严。当老师跟当官不一样,不能恩威并施。学生的尊重不是讨来的、要来的,是要你真心付出后学生回报给你的。

八、工作态度

（1）认真的程度。是否认真对待备课、讲课、作业批改等每一个环节，敬业精神、专业精神是否树立。

教师要高度重视班风的培养，努力构建活跃、活泼、团结、积极、向上、主动、刻苦、大气、全面发展的班集体。

（2）负责的程度。是否有责任心？是否能做到对工作负责、对学生负责、对家长负责、对校系负责、对同事负责。

（3）投入的程度。在课堂教学上花了多少时间和精力？是否晚到早走？拖堂也不好。作业的布置、收缴、批改是否及时到位。

（4）合作的程度。与领导的合作、与同事的合作（特别是平行班老师的合作）是否顺畅，是否有团队意识。老师之间可以有，也应该有竞争，但这种竞争应该是良性的，应该体现正能量，起到促进教学的作用，而不是相反。同事之间要真诚相待，互帮共勉，一切为了学生的成长成才。

九、教学的深度和广度

（1）教学的学术性。教学具有厚重度，有深度、有广度、有高度，有很高的含金量。教师对此必须有明确的领悟，真正体会到立德树人的意义。

（2）教学的严谨性。课堂教学过程中教师的语言不能有硬伤，不能总给学生错误的信息和知识。要正确对待课堂教学过程中老师的错误，讲错了要正确面对，坦然承认，虚心改正。不知道就是不知道，查证后告知学生，或纠正错误。教师不能怕丢面子，认错改错一定要做，当然也不能常做。

（3）教学的无限性。教学无止境，需要不断修炼，不断积累，教师要多看书、多学习（知识的、方法的、书本的、媒体的、他人的），要多听其他老师的课，要多向他人请教，要多做总结，及时发现问题，不断提高自己。

（4）教学的研究性。教学一定要和科研相结合，让研究促进教学、深化教学、激发教学的张力，让好的教学方法变成优秀论文，让好的讲稿成为优秀教材。

教师对这几点要有明确的认识，并认真落实在课堂教学的实践之中。

十、主旋律的把握

（1）要有政治意识。教师讲政治，要把握主旋律，在讲台上说话要有分寸，要有度。

（2）要有育人意识。三尺讲台，教书育人。教师要注重培养学生健全的人格、正确的人生观、价值观、世界观。

（3）要正确理解大学精神。大学提倡自由的思想、独立的精神，提倡学术的独立性。这与把握主旋律并不对立、也不矛盾。但教师要有立场、有底线。这是最基本的要求，务必高度重视。

结语：课堂教学是一门艺术，只要不懈探求，每一个教师都可以有自己的特点、自己的风格、自己的风采。

青年教师如何做科研

一、什么叫科研

科研就是指提出问题，提出假设，然后通过观察、分析、实验等手段，检验假设，再得出结论。

科研就是遵循特定的规则而进行的研究，是有组织的、系统的、有特定方法的、可验证的调查研究。

二、研究的分类

科学研究一般分为基础研究和应用研究。基础研究是指理论模式的建立，是指提出理论。应用研究是指理论模式的应用，是指提出应用理论。但两者的界限并不十分明显。

三、研究的方法

1. 归纳法

（1）以大量的材料（数据）为出发点。

（2）没有事先形成的观点（看法）。

（3）可以提出某种假设。

（4）成果：描述或提出理论。

一般地讲，采用归纳法时，最好避免先入为主，不带任何"先见"，不带任何框框，从原始材料入手，让材料本身"讲话"，从中发现规律性的东西。

2. 演绎法

（1）以假设为出发点（已有的看法、观点）。

（2）进行预示（假设）（如阿拉伯语中肯定也有指称连接现象）。

（3）检验假设。

（4）成果：描述或提出理论。

演绎法的另一层面的解释：

（1）科学始于问题，问题促进科学家思考。

（2）思考的结果是，做出大胆的猜想，即假设或理论。

（3）经受观察和实验的严格检验，得出新的理论。

（4）这个新理论在科学的进一步发展中遭到证伪，从而导致新的问题的出现。

一般地讲，采用演绎法时，研究者已经有了一种或几种来自归纳法的假设（自己的或他人的），也就是说已经有某种看法、观点，在研究中检验这种假设，最后形成理论。

演绎法也称为检验假设的研究。现在更多的是借用某一现成的理论。

此外，有的学者把推理作为研究方法，与归纳和演绎并列。本人认为，推理只是在归纳和演绎过程中使用的一种方法，如归纳推理（简称归纳）、演绎推理（简称演绎）。

3. 定量、定性分析法

定量分析与定性分析是人们认识事物时用到的两种分析方式。

（1）定量分析。定量分析是指对社会现象的数量特征、数量关系、数量变化的分析，在于揭示和描述社会现象的相互作用和发展趋势，旨在了解这种社会现象的程度和与其他因素的关系。

（2）定性分析。定性分析是指对研究对象进行"质"的分析，解决研究对象"有没有"、"是不是"的问题。

四、课题的选择

1. 课题本身要有理论意义和现实意义

不管是基础研究还是应用研究都要有价值、有意义。基础研究对于理论的建立、学科的建设、学术的创新、人才的培养等方面有哪些贡献度；应用研究是否符合国家和地方发展的需要，是否能对人们生活、工作、学习带来便利，是否能对某一方面、某一领域的研究、生产、工作、学习等活动带来创新和推动。课题的选择要充分考虑大众的兴趣、社会的需要。研究的诀窍正在于提出好的问题。

2. 所选的课题要切实可行

（1）课题本身是可以研究的（不是一切问题都可以研究）。

（2）有些课题可以研究，但数据资料的收集十分困难。

（3）研究者的能力是否能满足学术和技术的要求。

3. 选小题目，做大文章

写论文、搞科研要小题大做，选一个点，做深做透。

4. 要考虑研究者的兴趣

清代大儒章学诚曾经说过：性之所近，力之所能。现在学界越来越尊重研究者的兴趣，不仅是为了让研究过程快乐，更是为了产生创新成果，无数事实证明：创新、发明跟兴趣密切相关。

5. 先求同后求异

相对而言，求同比求异稍容易一些。在选题的过程中，可以先做共性研究，后做差异性研究。

6. 课题选择的具体路径

首先是确定大的方向，如：文学、语言学、文化、经贸、翻译、国际政治等。

其次是确定大的领域，如文学领域：文学史、比较文学、作家、作品等；语言学领域：语法、修辞、文体、篇章、语用等；翻译领域：翻译理论、翻译方法、翻译过程、翻译技巧、翻译风格、翻译教学、翻译史、翻译信息工程等。

最后是确定用什么理论做指导，如用于指导研究文学的理论：

文学理论、文学史、文学批评、叙事学、人类学、环境学、形式主义、俄国形式主义、结构主义、后结构主义、马克思主义、女性主义、新历史主义、解构主义、读者反应理论与心理分析批评等；用于指导语言研究的理论：历史比较语言学、结构主义语言学、形式语言学、交叉语言学、比较语言学、认知语言学、篇章语言学、心理语言学、计算语言学等；用于指导翻译研究的理论：翻译方法论、翻译程序论、翻译风格论、翻译思维论、翻译美学论、翻译技巧论等。

五、资料的收集和整理

1. 要深入细致地做好调查研究

（1）调查提纲、访谈问卷等要有针对性、合理性、公正性。

（2）调查的面要有代表性，尽可能地广、全。

（3）要对获得的资料进行细致的整理。

2. 要尽可能多阅读文献资料

（1）先粗读文献资料。

（2）精读切实有用的文献资料。

（3）文献资料的面要广、量要大。

（4）阅读要有计划性、针对性（目的性），特别是要有批判意识。

（5）阅读时要做笔记，记录主要观点、出处、年代、作者、出版社等。

3. 要按照提纲和写作思路，确定整理好基本内容，找出例证

文献工作对科学研究有以下好处：

（1）启发灵感和思想。

（2）改善知识结构。

（3）防止重复前人业已完成的工作或已被证明是错误的工作。

（4）修正或驳斥有关假说。

六、科学研究中的创新

学术论文与非学术性文章的本质区别，在于学术论文是在前人研究基础上的知识创新。追求自身独特的创造性，以此生产新知识，是论文成功的关键所在。

（1）在原范畴之内寻找一个出口，与另一个范畴交融，产生新的理论和新的学科。

（2）在原范畴之内寻找尚未开发的处女地。

（3）运用移植法，把一门学科的理论、原理、技术、方法移植到另一门学科中，这样做往往会使研究者的思想豁然开朗。

所谓移植，是指决定一项科学研究的基本思想来自其他学科或领域的新原理和新技术。这也许是科学研究中最有效、最简便的方法，也是应用研究中普遍采用的方法。

七、论文的谋篇布局

1. 模式

人们常用的论文模式有：是什么、为什么、怎么办；现象、原因、后果、措施；产生、发展、现状、前景；生平介绍、作品分析、风格特点。

2. 题目

符合逻辑、命题成立、有意义、有新意。概念不能太多，不能太冗长。

3. 绪论

专著和学术论文的绪论是不可或缺的部分。绪论是论文的一部分，必须与论文内容有关。前言可以是题外话如感想等，可以不是论文的一部分。绪论比前言长。绪论的内容一般包括：研究对象、选题的价值与意义、文献综述（研究现状）、研究思路和方法、研究资料、主要内容等。绪论通常不作为章，其下面的相关内容也不按节排列，而是用一、二、三、四来排列。

4. 章节的划分

精心设计过的论文架构，应该是主题突出，线索清晰，各章节之间的逻辑关系一目了然，且各章节在篇幅上保持一个大致的平衡。内容要大体相等，内容多少的图形呈现，最好是椭圆形，正三角形和倒三角形都不好。前后要按逻辑顺序，不能跳跃，风格体裁要一致，体例要一致。

论文结构的不完美，反映的是论文内容的不完美。结构的完美与内容的完美是一致的。如果出现这种情况，就要考虑合并或分拆，也要重新考虑章与章或节与节之间的逻辑关系。

5. 标题的拟定

论文的撰写要紧扣主题，突出重点，前后连贯，相互照应，各章节围绕主题展开。论文主题见之于论文标题，各章主题见之于各章标题，各节标题见之于各节标题。章要与题对应，节要与章对应，小节要与节对应，紧扣一个题，围绕一个点。

论文主题是论文的中心论点。各章主题围绕论文主题展开，各节主题围绕各章主题展开。层次分明、逻辑关系清晰的章节目录，反映的是作者良好的学术素养。

6. 内容

内容要自圆其说，立论有据，有创新，有突破，不是他人观点的简单罗列。层次、段落要清楚。一般来说，每一章的最后应当有一个小结。小结的功能是对本章内容进行提炼归纳，也便于作者在论文的最后一章进行更为抽象的概括。

论文的最后一定要写结论，这是因为研究者应当借此向读者呈现最后的研究结果。论文的中心论点必须在此得以陈述或体现。结论不是应景式的几句话，而是在学理层面上，对于所陈事实进行重新认识，对于所涉理论进行重新思考，并提出自己的归纳性概念。

结论可以包括以下三个部分：概述研究过程；提出研究发现及其贡献；预示未来方向及可能遇到的困难。

结论写作的难点在于如何提出研究发现及其贡献。当有关事实的研究完成以后，是否能从中抽绎出超越事实的一般概念，是学术抽象能力问题。学术抽象能力的获得来源于对于相关知识和理论的系统把握，缺乏相应的知识准备，则无法进行学术的抽象。

学术抽象的过程可以简化为如下的程序：其一，用一段最简单的文字表达论文的中心思想；其二，用一个最简单的句子表达论文的中心思想；其三，用一个你创造的概念来表达论文的中心思想。

论文的作者不妨对自己的论文的每一节或每一章进行一句话式的归纳，再将这几句话合在一起，检讨其中的逻辑关系。如果发现这几句话混不搭界，不能表达一个完整的意思，那就说明论文作者的思维或逻辑是混乱的。那么学术论文如何论、论什么，都成了问题。

7. 版面

要整齐、洁净，字体选择要合理，行距、字距要合理，前有封面、前言、目录；后有结论、主要参考书目。

8. 注释

尾注、脚注、文内的注释要详细规范。好的注释应该是详细的、具体的、明确的，应该能为论文增光添彩。所以做注释不能怕麻烦，不能少注，更不能不注。文中的外国人名等应先出中文，然后在括号内配上外文。过于冗长的表格或其他引用文献，甚至稍为偏离主题但有时又是必不可少的交代或说明，若置于正文中，显得累赘，置于脚注和尾注，又嫌太长。在这种情况下，可将其置于附录。

9. 摘要和关键词

论文的摘要需高度凝练，要交代论文的核心内容；关键词要恰当，以三至四个为宜。

八、论文写作的关注重点

1. 要注重原创性

选题要新、观点要新、方法要新、资料要新，要有新意和突破。一般来说，前人成果如有不足，总是表现在资料、方法、论证过程及理论的把握或运用中。后来者若想超越前人，一般也是在这些方面有自己独特的贡献。

2. 要注重学理性

要有问题意识，论文要说明什么问题、解决什么问题，须有严密的学术论证，持之有故，言之有理。不要过多地做形势分析，不要介绍性地描述过程，要将现实与历史相结合，论证与分析要严谨，不能将形势分析报告或现状、现象的罗列与学术论文相混淆。

3. 要注重规范性

要严格遵循学术规范、写作规范。不能将打印错误、标点符号错误都交给导师或编辑去改，那是对别人的不尊重，更是对自己的不尊重。

4. 要注重提纲和目录的重要性

好的提纲是成功的一半，但提纲不等于目录。提纲是对目录的细化，是思维的导图和论文主要思想脉络的呈现。在行文的过程中，要在提纲的基础上提炼出目录。

目录的重要性在于读者往往是通过浏览论文或著作的目录从而对论文的学术水准做出自己的基本判断，确定其是否值得阅读。导师通常根据目录所列各级标题提出自己的修改意见。实际上，在论文撰写过程中，作者反复推敲、用力最多的也是论文目录。这一切，都是因为目录可以反映全文的主题与线索。

5. 要注重正文写作的每一个环节

要注重正文写作的每一个环节，问题如何提出，论文如何展开，材料如何运用，最后如何归纳总结。第一，要吃透所用理论，特别是要运用的内容。第二，要注意论证论据的使用，一定要找准例句，对外文的理解要透彻，翻译要准确。先列出外文，再用不同的字体配上译文。第三，用理论对照例句进行分析阐述，得出结论。这是文章的重点和亮点，若有创新，也在这里。不能把教材的编写方法用到论文写作上，不能平铺直叙，只叙不论。材料的选择不能太随意，不利、不一致的材料也要看，要做比较。但凡是用上的一定要准确、有说服力。

6. 要注重论文的修改

论文的修改要反复进行。初稿完成后，可以暂时放一放，但绝对不能一完稿就交出去。要多从反向思考你的观点、结论是否成立。起码不要有打印错误、标点符号错误和过多的错别字。

另外，论文是写给外行看的，所以遣字用句要尽量平实，行文要由浅入深，由表及里，尽量做到引人入胜。切忌故弄玄虚，咬文嚼字。概念的描述、例句的分析、结论的提炼都要通俗易懂，简明扼要。

九、关于研究课题的申报

1. 选题的来源

首先是从《国家社会科学基金项目年度课题指南》中了解大体的研究领域和方向。其次是从日常研究中发现问题，如阿拉伯世界的动荡、阿拉伯社会的转型、叙利亚难民的回归、大国在阿拉伯世界的干涉等。最后是现实中需要解决的重大问题、新问题、新变化、新需求。如"一带一路"倡议在阿拉伯世界的推进、中阿经贸合作的前景、环境污染的治理、新媒体下的外语教学、网络时代的大学生思想工作等。

2. 选题的原则

（1）要立足于自身的研究特长、优势和职业生涯规划。

（2）要结合学校、学院、学科的特色和发展规划。

（3）要有重要的理论意义和实践价值，充分考虑对社会的贡献度。

（4）要注意选题的新颖性、创新性。

（5）要注意选题的可行性，难易适度，大小适中，有基础，能完成（最好有前期成果，且越丰富越好）。

3. 课题的具体申报

（1）要非常认真地填写项目申请书。项目申请书一定要非常认真地填写，每一个栏目都要尽可能有内容，尽量不留空白。要特别注意避免出现技术上的低级错误，如人的姓名、年龄、性别错误、数字前后不一致等。填写的人文笔要好，思路要清晰，逻辑性要强，情况要熟悉。

（2）课题设计论证是重点。要用简洁的语言阐明同类课题的国内外研究状况，本课题拟研究的主要问题、重点和难点，研究运用的方法，课题的学术价值和实践意义，预期成果及将产生的效益等。要对这些内容进行认真的研究、策划；表述要简明扼要，实事求是，突出重点。文献综述要有评价，要指出不足。

（3）做研究团结是关键。有人才能做事，有什么人才能做什么事，有多少人才能做多少事，要把事情交给能做的人。所以一定要认真组织学术团队，选择有能力、有经验、好合作的人员参加研究队伍，要尽量避免将一些只用于充数却不能做事的人列入学术团队。

（4）申请经费的数量要有度。项目经费的申请要实事求是，经费使用的分配要合理且不违规。总之，科研项目的申请必须明明白白地交代清楚以下四点：

①这件事该不该做：理论意义和实践价值。

②这件事由谁来做：主持人、团队。

③这件事做不做得成：是否明白想做什么（文献综述、方法途径、前期成果）。

④这件事能做成什么样：成果形式。

十、科研伦理

科研伦理是指科研人员与合作者、受试者和生态环境之间的伦理规范和行为准则。科研活动涉及伦理道德，科研人员应遵循公认的行为准则和学术规范，有严格的自律意识，合乎伦理地开展研究工作，尤其要重视以下几点：

（1）要尊重每一位参与者。

（2）要避免个人的偏见、理念和权力对科研工作的影响和干扰。

（3）要顾及被调查和访谈对象的隐私和感受。

（4）要实事求是，避免弄虚作假、违反诚实和客观等原则、骗取科研资源。

（5）要避免剽窃他人成果、篡改或杜撰实验数据。

（6）要避免署名不当、隐瞒不利结果、一稿多投、侵犯或损害他人著作权。

（7）不能滥用科研经费。

十一、做科研要静得下，坐得住

（1）做科研先要做有心人。平时要多观察、多留心、多思考，要注意收集积累一点一滴的信息、资料和灵感。

（2）做科研要静得下心。

看资料、想问题、做调研都要静得下心，烦躁不安、精力不集中、心事重重是无法做科研的。

（3）做科研要坐得住。做研究要耐得住寂寞，甘于坐冷板凳。高校的大多数教师教学工作量都很重，只能用课余时间来进行学习研究。一般情况下，平时只收集素材，做些简单的注解，记下学习的看法、灵感、体会，待周末或寒暑假时集中时间和精力完成既定的科研任务。但不管客观情况如何，都要持之以恒，只有耐得住寂寞，坐得住冷板凳，才能出成果，出好成果。

结语

做研究必须考虑清楚：研究问题是什么，是否具体；研究方法是什么，是否可行；研究数据是什么，是否适当；研究结论是什么，是否可靠。

做科研是艰苦的，但又是必需的。国家的发展，学校的发展，院系的发展，个人的发展，教学质量的提升，培养质量的提升，都需要科研来支撑。所以，要调整好心态，把压力变成动力，把烦恼变成快乐，做好科研，出好成果，白纸黑字，永留后人。

立德树人　责任为先

责任心是指个人对自己和他人，对家庭和集体，对国家和社会所负责任的认识、情感和信念，以及与之相应的遵守规范、承担责任和履行义务的自觉态度。一个人要有责任心，有责任心的人是值得信赖的。大学教师更应有责任心，这是由大学教师的存在特征决定的。有责任心的大学教师，才能成为一名合格的大学教师，才能不负众望，不负立德树人的崇高使命。

一、责任心与师德建设

责任心对大学教师而言，是师德的一项重要内容，也是师德的外在表现。责任心是一种伦理因素，是做人的品质，是对教师道德素养提出的要求。教师作为"人类灵魂的工程师"，不仅要教好书，还要育好人，各个方面都要为人师表。教师要胜任教育工作，要立德树人，首先自身应加强道德修养，要有个人的职业操守。"教书育人"首先要"育己"，只有自身成为一个道德高尚、有着美好情操、真正从情感上忠诚和热爱教育事业的人，才能胜任教书育人的工作。

责任心是促使教师真诚地、无悔地投身于教育工作的原动力。责任心能激发人的潜能，也能唤醒人的良知。在具体的教学实践活动中，教师进行着教书育人的劳动。由于这种劳动的对象是活生生的千差万别的人，决定了这种劳动具有创造性、示范性、长周期性、复杂性等特点，也决定了社会对这种劳动的主体——教师的责任要求的高标准和全面性，而责任心是这种责任要求的核心。

责任心也是促使教师关注社会，无私为社会奉献的原动力。不管多么忙碌，责任心和使命感使教师勤勤恳恳地做好自己的工作，默默无闻地为社会奉献自己的光和热，在平凡的工作岗位上做出不平凡的成绩。

责任心能使教师远离铜臭，守住宁静、淡泊名利、乐教奉献，"捧着一颗心来，不带半根草去"。教师的责任心不是轰轰烈烈地展示出来的，而是在平凡、普通、细微甚至琐碎的工作中体现出来的。

教师的责任心是职业情感的基础。一个教师只有把教书这个职业确认为自己的人生最高理想时，才会对自己的本职工作产生自豪感和幸福感。只有有了这些重要的情感，才会使教师对教书这一职业表现出热忱和全力以赴的态度。

责任心使教师树立良好的自我期望，坚定信念。成功旅途，失意难免，挫折难免。一个有责任心的教师一定会正确对待成功和失败，淡定迎战困难和挫折，并且坚信，只要不服输，失败永远不会是定局。

教师的责任心，就是教师的良心。教师只有不断增强责任心，不断加强师德修养，才能成为一名合格的教师，才能践行立德树人的使命。

二、责任心与爱岗敬业

爱岗敬业是大学教师执教的前提，是指热爱自己所从事的教学工作，热爱学生，珍惜自己的工作岗位。作为教师，只有从内心里真正热爱教育工作，才有资格进入教师的行列，成为一名光荣的、受人尊重的人民教师。树立爱岗敬业的精神要求教师必须有责任心。责任心是教师爱岗敬业的首要标准，是一个教师必备的、最基本的职业要求。具有责任心的教师，具有爱岗敬业精神的教师，无论何时何地、何种状态下都会主动、自主、自觉地意识到自己职业的社会责任和道德责任，都会凭借着隐藏在内心的意识活动尽职尽责，一丝不苟地对待教育教学中的任何一件事。教师的劳动，很难用严格的时空、具体的标准来度量。忠于职守，尽职尽责地工作，主要靠教师的职业良心和自律精神，靠教师的责任心。

一个人无论从事何种职业，都应该有责任心，敬重自己的工作，在工作中表现出忠于职守、尽心尽责的精神，这才是真正的爱岗敬业。作为大学教师，责任心是他的一切教学活动的出发点，是教学动力的源泉，是教学乐趣、热情的体现，是实现教学目标的前提。正因为担负着这样或者那样的责任，人才对自己的行为有所约束。一个有责任心的人，工作时不需要人来督促。对职业的尊敬、对工作的热情、对前途的渴望，就是把工作做好的核心动力。

人们常说："当老师吃的是良心饭，干的是良心活！"选择了教师这个职业，就是选择了一辈子默默无闻，无私奉献于三尺讲台。因此，教师的责任就是为人师表，选择了教师就等于选择了责任。对所授的课程负责，对所教的学生负责。每一个教案，每一个课件，每一堂课，每一次作业都以认真负责的态度去对待。

对于教师来说，一届学生未教好，还会有下一届，还可以从头再来；而对于中国的家长，也许只有这个孩子，不可能从头再来。也就是说，一个学生对于教师来说可能是百分之一，可对于家庭来说他就是百分之百。家长把孩子交给学校、交给教师，就是对学校和教师抱有希望。教师要想赢得家长的信任，赢得社会的赞誉，实现学校和自身价值的提升，就必须把责任心分解到平凡、普通、细微的日常教育教学工作中去，让每一个学生都得到发展、成长，享受到成功的快乐。

一个爱岗敬业、有责任心的大学教师，会对自己的工作充满激情，教师讲课若没有激情，就不可能唤起学生在参与教学活动中的激情。教师和学生都没有激情的课堂，不可能精彩，不可能达到好的效果。工作中的这种激情是成为一名合格的大学教师的必备素质。这种激情来源于对教师岗位的热爱和追求卓越的冲动；来源于强烈的责任心；来源于把工作做得最好的渴望；来源于胸有成竹、精益求精。一个爱岗敬业、有责任心的教师必定会不断地奉献自己、照亮别人。

三、责任心与专业发展

责任心与专业发展有着密切的联系。一个有高尚道德情操又十分爱岗敬业的教师，如果缺乏精深的专业知识、过硬的实践能力，那么他就无法满足学生的求知需要，依然成不了合格的教师。教师可以是平凡的，但不能是无能的。教师的治学精神和业务知识能力对学生的影响很大。所谓"名师出高徒"，就是有优秀的教师才能培养出优秀的学生。一名有责任心的教师必定会高度重视专业发展，必定会在爱岗敬业的基础上在精业上下功夫。

教师专业发展涵盖多个层面、多个领域的内容，核心是生成教师的教学实践智慧。高校教师的专业发展主要表现在教育教学能力、科研能力与社会服务能力的提升与发展上，主要目的在于提升高校学术文化、增强专业信心、促进个人自我实现，最终提高整体高等教育质量。

丰实的学科专业知识和专业技能是大学教师有效教学的重要条件。一名有责任心的大学教师必然会不断提高自己的知识水平和实践能力，不断关注本学科专业的发展动向，不断汲取新的知识，不断更新教材和教案，努力将新的知识、新的技能、新的方法传授给学生。

一名有责任心的教师必定会不断钻研教学方法，在提高学科专业知识和技能的基础上，重视教育学知识的学习和研究；重视教学技能技巧的学习和研究；重视实践能力的学习和提升；注重理解和领悟教学过程的规律、教学原则与方式；注重寻找适合自己所授课程的更好的教学方法和路径；注重突出教学内容的重点、难点；注意摆脱课堂上理论偏多、实践不足的状况；注意充分发挥学生的主体作用，将学生的潜能最大化融入教学，努力提高学生学以致用的能力。

一名有责任心的教师必定会高度重视自己科研能力的提升。德国教育家雅斯贝尔斯曾经说过："大学教师首先应该是研究者……最好的研究者才是最优良的教师。只有这样的研究者才能带领学生接触真正的求知过程乃至于科学的精神。"没有科研指导的教学始终还是为知识而知识。没有化作现实生产力的知识终将是死知识。一名有责任心的教师深知，教师只有在实践中逐步提高自己的教学和科研能力，才会更加热爱教育教学工作，才会更加享受工作的乐趣，才会更具有成就感、更体会到自身的价值。

一名有责任心、有精湛业务能力的教师，必定更能赢得学生的尊重。一个知识渊博、学术思想先进、教学业务能力高超的教师，更容易获得学生的敬重和喜爱。随着科学技术的迅速发展、知识信息传播速度的加快、获得信息和知识手段的多样化，教师专业发展的迫切性日益明显。现实要求教师必须加紧学习充电，进一步完善自己的知识结构，提升自己的科研和执教能力，提高自己的综合素质，才能做一个胜任教书育人重任、无愧"人类灵魂工程师"这个光荣称号的合格教师。

四、责任心与爱心育人

爱学生、对学生负责，是一个教师最重要的品德，是一个有责任心的教师必备的素质之一。这是教师的职业岗位性质要求的。大学不仅要有大楼，还要有大师，更要有大爱。这种大爱集中体现在对学生的热爱和责任上。作为教育的灵魂，应牢记一句箴言：没有爱就没有教育。

教师的职业道德就是爱和责任。爱是教育的基础。教师只有从爱出发，才能教育好学生，扮演好作为教师的角色。爱是做好教师的根本点和出发点，教师的爱与尊重是照亮学生心灵窗户的闪闪烛光。责任心与爱心是分不开的，有责任心的教师必然充满爱心，有爱心的教师必然有高远的责任意识。如果说教师的人格魅力是一种无穷的榜样，那么教师的爱心就是成功教育的原动力。母亲对孩子的爱称为母爱，教师对学生的爱称为师爱。作为教师，将自己的爱奉献给学生，这种情怀是无私的，是付出，是给予，是自我牺牲，也是崇高的、应该的、值得的。

一个有责任心、有爱心的教师要有对全体学生负责的思想。教师教书育人是面对全体学生，对每一位学生负责。不管学生是男是女，不管他们是来自乡村还是城市，不管他们成绩是差还是优，不管他们的性格是内向还是外向，都应关爱他们、理解他们，维护他们的尊严、尊重他们的人格，促进他们在品德、智力、体质等方面都得到健康发展。

一个有责任心、有爱心的教师要鼓励学生发展，引导他们积极向上。任何事物都具有两重性，乐观的人多看到事物的积极面、光明面，从而奋发向上，有所作为；悲观的人多看到事物的消极面、阴暗面，因此萎靡不振，一无所获。自卑自贱，自暴自弃，或许会毁了人的一生；自尊自强，自信自立，却能改变一切，创造奇迹。能否培养起大学生积极向上的社会心态，关乎他们学习、工作乃至人生的成败。教师应该用责任心、用爱心鼓励学生发展，发掘每个人的积极能量，培养他们形成积极向上的社会心态。

一个有责任心、有爱心的教师要强调严而有格。《学记》中指出，"凡学之道，严师为难。师严然后道尊，道尊然后民知敬学。"爱心不等于娇惯，不等于放纵，不等于无原则无规矩。探索真理，求知求学，必须尊重客观规律，实事求是。大学教师若真正关爱学生，就必须对学生严而有格。严为"严肃"，格为"法度"。大学必须要有法度，必须对学生有所要求，必须有师生共同遵守的校纪校规。"教不严，师之惰"，教师必须对学生敢于管教，善于管教。只有真正对学生严格要求，才是真正关爱学生。

教师既是知识种子的传播者，又是文明之树的培育者，既是人类灵魂的塑造者，又是人类社会发展与进步的开拓者，是年青一代健康成长的引路人。因此，教师的责任心是构成对学生影响的最现实的因素之一。每一位大学教师都必须不断增强自己的责任心，不断加强师德建设，不断提高自己教书育人的水平和能力，时刻体现对学生、对教育事业的大爱之心，时刻牢记：教书育人，责任为先。

国际化人才培养对大学生的要求

培养国际化人才是时代的需要，是我国经济社会飞速发展的需要。国际化人才培养既对学校、教师提出了新的要求，也要求学生为实现这一目标而在主观上做出更大的努力。只有学校、教师、学生共同配合，培养国际化人才这一美好愿景才能变成现实。

一、培养国际化人才是大学的使命

为了适应经济全球化和改革开放不断深入的需要，我国的各类高校都在致力于办学国际化，聚焦推进国际化特色高校建设，着眼于树立高等教育国际化观念，形成全球化视野和国际化战略思维，着力于提高对教育国际化内涵及其重要性的认识，明确国际化特色高校建设目标、路径和举措，以期提高学校国际化办学水平和教育质量。

高校国际化的主要任务是培养具有社会责任感、创新精神和实践能力的高素质国际化应用人才，具体措施有：建设国际化专业，设非通用语种专业，强化外语课程建设，推广第二外语学习，建立国际学生流动机制，打造一流国际志愿者品牌，推动科研国际化，提升教师队伍国际化水平，引进高层次外国文教专家，促进汉语国际推广等。

为配合教育国际化理念的实施，学生应自觉自愿地适应学校的大环境，积极主动地参与学校的国际化教学、社会活动，努力使自己成为国际化人才。

二、什么是国际化人才

国际化人才是指具有国际化意识和胸怀，具有国际一流的知识结构，视野和能力达到国际化水准，在全球化竞争中善于把握机遇和争取主动的高层次人才。

国际化人才应具备以下7种素质：宽广的国际化视野和强烈的创新意识；熟悉掌握本专业的国际化知识；熟悉掌握国际惯例；具有较强的跨文化沟通能力；具有独立的国际活动能力；具有较强的运用和处理信息的能力；且必须具备较高的政治思想素质和健康的心理素质，能经受多元文化的冲击，在做国际人的同时不至于丧失中华民族的人格和国格。

中国高校培养国际化人才的目标是：在进一步加强爱国主义教育的同时，注重培养学生的国际理念、国际竞争与国际合作意识；在继承中国优秀文化传统的同时，注重多元文化的吸收，并具备良好的文化"免疫力"；注重综合素质、良好心理素质的培养；鼓励学生掌握一种或多种外语；善于进行国际间的沟通、合作及信息处理；具有创新意识和创造能力。国际化人才应具有高度的灵活性，视野开阔，认识新颖，学习积极主动，对新情况、新事物的刺激反应敏感，实践能力强，敢于面对挑战，能够把握时机，打破常规，创造性地开展工作。

三、如何培养国际化人才

国际化人才的培养，要进行以精神和能力为核心的教育，教学活动要紧紧围绕着精神和能力的培养展开。

1. 国际化人才的志向与胸怀

国际化人才应该理想远大、热爱祖国、追求真理、善于创新、视野开阔、胸怀宽广。现代高校的大学生朝气蓬勃、好学上进、开放自信，是非常可爱、非常可信、大有作为的一代。但能否成为国际化人才，首先要看大学生自身是否具有远大的志向和宽阔的胸怀，是否大气，是否具有大的格局，是否具有开放的心态。

有人把志向与现实的关系比喻为烙大饼，说：再大的饼也大不过烙它的锅。这句话的哲理是：你可以烙出大饼来，但是你烙出的饼再大，它也得受烙它的那口锅的限制。大学生所希望的未来就好像这张大饼一样，是否能烙出满意的"大饼"，完全取决于烙它的那口"锅"——就是自己的志向、自己的胸怀、自己的气度、自己的格局。

志向就是指一个人的眼光、胸襟、胆识等心理要素的内在布局，也可以叫格局。一个人的成长发展往往会受局限。其实"局限"就是指志向、格局太小，为其所限。谋大事者必要布大局。对于人生这盘棋来说，我们首先要学习的不是技巧，而是布局，布大格局，就是要树立远大的志向，即以大视角切入人生，力求站得更高、看得更远、做得更大。志向高远，人生的发展空间才会无限。

清华大学博士学霸梁植曾参加电视节目《奇葩说》。节目中刚一亮相，梁植就说自己拥有法律（本科）、金融（硕士）、新闻传播（博士）三项清华学历，但现在为毕业以后做什么工作而困惑，希望三位在场的导师支着。没想到才说了1分钟，好脾气的蔡康永（台湾节目主持人）就直接按铃将其淘汰。

高晓松则直言自己知道梁植是清华最优秀的学生之一，但对于一个名校生，对国家、社会没有一些自己的想法，反而纠结于找工作，如此小的格局实在有失清华高才生的身份。高晓松说:"一个名校生走到这里来,一没有胸怀天下,二没有改造国家的欲望,而是问我们你该找什么工作?你觉得你愧不愧对清华十多年来对你的教育?"

这件事也从一个侧面说明心胸、志向、格局对一个人的重要。周恩来总理在十二岁的时候,就回答他的老师:为中华之崛起而读书!总理从小就有这样的大志向,才成就了一位伟大的总理。

心态则是人的意识、观念、动机、情感、气质、兴趣等心理素质的综合体现,是人内心对各种信息刺激做出反应的趋向。这种趋向对人的思维、言行、情绪、思想具有导向作用。有什么样的心态,就会有什么样的人生,就会有什么样的理想、目标、规划乃至个性。有个故事说:建筑工地有三位在砌墙的农民工。有人问他们在干什么?第一位说在砌墙,几年后他还是砌墙工。第二位说在盖楼,几年后他成了工程师。第三位说在建设城市,几年后他成了建筑队的老板。这个故事说明的是:不同的心态和格局导致不同的人生和未来。

开放的心态,是一种主动进攻的强势心理,也是一种勇于进取开拓的奋斗哲学、一种积极沟通与合作的处世原则,更是一种心胸开阔的生活境界。心态开放,能使弱者变强,强者更强。反之,封闭和保守的心态,则是一种弱势和防守的心理,一种围墙的文化,一种故步自封、被动挨打的哲学。

说北大的石头都是故事。其实,所有高校的石头也可以成为故事,关键是看这些学校的学子有没有信心和决心来创造历史,来让自己所在学校的石头也变成故事。

大学生要有大志向,有大格局,要有明确的奋斗目标。要立志当高级翻译、当老总、当大使、当部长,如果有机会当总理,也敢于上。这不是说要做大官,而是立志做大事,立志更好地服务社会、报效国家。

所以,大学生如果要使自己成为国际化人才,就应该尽快调整心态,放下独生子女的骄娇二气,尽快融入学校、融入社会。要看得起自己,有尊严地生活、学习、成长,不要自傲,更不要自卑。大学生不应该比穷富,比长相,比衣着,而是应该比学习,比团结,比上进,比对班级、对院系、对学校、对社会的贡献,用自己的实际行动为祖国争光、为母校争光、为亲人争光、也为自己争光。

其实,大学生活苦一点,条件差一点,也未必不是好事。它更能磨炼一个人的意志,磨砺一个人的品质,更容易培养吃苦耐劳、艰苦朴素的美德。大学生应当励志自强,尤其是贫困大学生,更应自强不息,通过自己的勤奋和努力,去改变现状,去创造更加美好的未来。

大学生应该心存大志,敢于担当,忠于祖国,热爱人民,自立、自信,在四年的大学生涯中,增长才干,完善自我,锤炼意志,健全人格。那些为了老师的几句批评,为了一次考试的失利,为了同学之间的一点小矛盾,为了妈妈多唠叨了几句,为了失恋而出走,而要死要活的人,不具备大学生的起码素质,也不配做现代社会的大学生。

2. 国际化人才的学识与见地

国际化人才应具有国际一流的知识结构,熟悉、掌握本专业的国际化知识。要想成才,首先要学习。国际化人才要具备三种能力:一是国际化的跨语言沟通能力;二是跨文化的生存能力;三是跨学科的创造能力。成为国际化人才的能力中,首先是外语能力。中国人能说外国话,等于多长一张嘴,多长一双眼睛,多有一副耳朵,多有了一个世界,只有真正将外语学精学通,才能达到国际化人才的外语标准。掌握了外语,就等于掌握了进行多元文化沟通、交流的主动权,就等于具备了国际化的生存能力。

国际化人才往往是专才又是通才,能够整合跨学科、跨领域的知识和信息,最终解决实际问题,不断创造价值。这也是最核心的能力要求。

知识是形成素质的基础,高素质人才必然有扎实的专业基础。这里所说的专业基础是全面的。全面的专业基础应是指融自然学科和人文学科于一体的广博的学科基础知识。也就是说,国际化人才不仅要学好外语、数理化、经济等这些专业知识,还要了解祖国的地理、历史、文化等方面的人文知识。更重要的是要培养一种历史感。它可以使我们变得更善于深思熟虑,成为更完善更成功的人。一个人只有具备了融会贯通的综合知识结构,才能透彻地研究高深的学问。

笔者曾对北二外的学生提出:外语专业的学生要学一支外国舞,学两首外国歌,会讲三个外国笑话,会背四首外国诗,会说一些外国谚语。这是最起码的要求,但要做到也不容易。之所以这样,是为了让学生更好更具体地了解对象国的文化,也是为了便于日后能更好地进行国际合作和交流。

关于学习,学生应在以下三方面下功夫:

一是要在"高度"上着力,要重视基础理论的学习。大学学习不同于中学学习,要读点原著,不能只满足于快餐文化,满足于手机上查到的答案。纯粹的是与非,单一的答案可能会引起我们对很多问题的固化思维。大学生应更多地知道世界是如此之复杂,知识是如此之广袤,生活是如此之丰富,我们现在面对信息化时代知识爆炸,面对中国改革开放至今的国际形势,可以看到世界是如此的丰富多元,许多问题都不是简单地能够有所结论。

二是要在"精度"上提高,重视专业学习。先学好本专业,再去学其他专业。先把学业搞好,再去从事其他工作。专业课不及格的学生不要去做社团工作。大学生在学校四年,即便不能成为国际化人才,起码总得学点谋生的本领,总得有点拿得出手的东西，尤其什么都学，但什么都不会，还不如只学会一样本领。

三是要向"宽度"上发展，在掌握好专业知识的基础上，要重视广采博收。如果时间抓得紧，方法用得当，是完全可以做到的。大学生要追求学习的进步和学识的丰富，用学识求得自身的强大。

英国哲学大师培根说过：知识就是力量。其实，知识也是财富，是创造物质财富的精神财富。在现代社会，知识延长生命，知识改变命运，知识创造财富。谁拥有知识，谁善于运用知识，谁就能在社会变革中勇立潮头，处变不惊。

那么如何才能较好地掌握知识完成学业呢？有许多同学都问学习外语有什么诀窍？学外语没有诀窍，但我个人认为，以下几点可供大家参考：

一是要以正常心态对待学习，不能时刻带着压力，带着苦恼去对待学习。学习虽然辛苦，但是人生的一种美好经历，也要快乐地面对。只有这样，学习才能取得更好的效果，宁静才能致远。

二是要争取主动，抢在时间的前面。大学生一定要按时完成预习和复习，按时完成作业，尽可能提前或按时完成一切必须做的事。拖是一个非常不好的习惯。主动权永远要掌握在自己手里。

三是要尽可能地提高课堂45分钟的效率，所有问题都争取在课堂上解决，不欠债，否则会形成剪刀差。这取决于课前预习，取决于学生在课堂上的认真程度。

四是要劳逸结合，生活要有规律，保持身心健康，才能提高学习效率。

我国高等教育存在盲点与迷失，其中学位与学识之间的差距就是很有代表性的现象。拥有学位外，还要有学识。拥有很多学位，不代表国际化程度很高。大学生应静心学习，掌握真才实学。国际化的重点在内涵。

大学生应该把今天、把大学作为一个新的起点，尽快适应大学的学习特点，尽快掌握自主学习的方法，汲取知识，追求真理，不断创新。

3. 国际化人才的责任与担当

从古到今，责任与担当始终植根于中华民族优秀文化传统之中。从"修身、齐家、治国、平天下"，到"先天下之忧而忧，后天下之乐而乐"，再到五四精神、长征精神，都诠释出一代代中华儿女的家国情怀与责任担当。

自古以来，我国的教育理论也都强调责任担当的重要性。从孔孟之道的"当仁不让""舍我其谁"，到林则徐的"苟利国家生死以，岂因祸福避趋之"，都体现了传统文化把责任担当教育作为培养健康人格的追求。习近平总书记在谈到"中国梦"时明确指出："有梦就有追求，有追求就要有奋斗和拼搏，要实现'中国梦'就必须有高度的责任意识，必须敢于担当，积极主动为之奋斗和付出，为之不计个人得失而团结一致。"

青年人生活的时代不同,其历史责任与使命也有所不同。当代青年,很少像过去那样,在战场或艰苦环境当中经受刻苦的锻炼,拥有壮怀激烈、报效国家的机会与责任。但当代青年,特别是青年大学生,同样要对自己负责、对他人负责、对社会负责、对国家和民族负责。这是现代青年的重要标志,也是成为国际化人才的重要基础。

美国《华尔街日报》曾发表一篇题为《世界上最勤奋的人已经老了》的文章。说世界上有群最勤奋的人,他们是中国的下乡知青、高考学子、出国留学生、下海闯荡的和进城务工的,是我们所说的50后、60后。他们创造了世界奇迹,使中国成为第二大经济体。但他们都老了。文章最后说:中国还有这么勤奋的人吗?美国人心里的回答应该是否定的,是不相信中国年轻人的。中国的年轻人,特别是大学生应该想想,自己是否能像父辈一样成为勤奋的人,成为能为祖国做出奉献的人。

要把自己培养成为国际化人才,就应该提高责任担当意识,激发责任担当情感,并将其内化为自觉的行动。既要勇于获得胜利,也要勇于承担挫折与失败。同时也要在自觉承担责任的过程中,学会理解和宽容,树立良好的形象和人格魅力。

一名有责任、敢担当的国际化人才,应该具备精湛的业务能力、较强的为人处世的能力,也即交际能力、沟通能力;要有务实精神;要有较强的适应性;要特别重视解决问题能力的锻炼与提高;要有责任心,有主动意识。

在复杂多变的国际交往中,外事工作者只有全面发展各种能力,才能应对各种不同的情况,才能使国际交往,使外事活动取得理想的效果。解决问题的能力,不是单一的能力,而是一个能力体系。在这个体系中,首先要有学习能力。学习能力是认识和适应自然、社会和自我发展变化最基础的能力,包括自主学习能力、书本知识的理解运用能力、人际交往能力等。所有这些能力,都是国际化人才不可或缺的。只有具备这些综合能力,才能在国际化广阔的舞台上充分发挥聪明才智。

有了责任担当意识,就会不畏前行道路上的艰难险阻,敢于面对困难与挫折。就会想尽一切办法,去克服和战胜困难。

大学女生的美丽和气质不是打扮出来的,是在大学修炼出来的,靠勤奋、靠自律、靠爱心、靠真才实学。外表美固然好,但内在美才是真正的美,持久的美。

大学男生的英俊和魅力不能埋没在女生堆里,而是要在言行中展现自己的实力、气魄和风度,要成为真正的爷们儿!

在社会急剧变革的今天,多种思想文化的激荡、新旧价值观念的冲突、激烈的竞争、物质生活的差异、信息的碎片化等,都在强烈地冲击青年学生的心灵,并引起部分学生认知失调、心理失衡和行为失范。所以,大学生必须加强自身修养,提高心理素质；要正确评价自我，冷静思考问题，理性处理问题；要正确对待挫折，培养坚韧不拔的毅力；要克服自卑感，增强自信心，培养心理调适能力，以良好的心理素质去迎接挑战。

青年强则国强，青年立则国立。作为高校的青年大学生，只有把自己的热情、激情、活力投身于中国特色社会主义现代化建设的伟大事业之中，才能让青春焕发出绚丽的光彩。唯有义不容辞地承担起历史赋予的使命，才能让青春在中华民族伟大复兴的征程中焕发出耀眼的光辉。

4. 国际化人才的修养与品德

要成为国际化人才，必须修身明德，树立正确的人生观、价值观。大学生应该从一点一滴的小事着眼，从检点自身行为的一举一动着手，重礼仪、懂礼节、讲礼貌，规范自己的言行举止，逐步提高自身修养。

《高等学校学生行为准则》对大学生提出了"注重个人品德修养。服饰整洁，讲究卫生；诚实守信，谦虚谨慎；说话和气，待人有礼；男女交往，举止得体；尊敬师长，尊重他人；敬老爱幼，乐于助人"等方面的具体要求，实际上这些内容涉及法律规范、道德规范与礼仪规范等几大方面。不容忽视的是，礼仪规范是大学生行为规范的一项重要组成部分。

做到有品德、有修养，首先需要讲礼貌。俗话说礼貌是修养的外衣。如果一个人的言谈举止能够优雅大方，那么他在别人心目中的形象一定是美好的。

作为一名大学生，品德和健康一样重要，如果缺乏良好的品德，学识和才华都等于"零"。大学生要十分注重品德的培养、人格的修炼。这对于人生是至关重要的。

讲究礼仪，遵从礼仪规范，可以有效地展现一个人的教养、风度与魅力，更好地体现一个人对他人和社会的认知水平和尊重程度，从而使个人的学识、修养和价值得到社会的认可和尊重。适度、恰当的礼仪不仅能给公众以可亲可敬、可合作、可交往的信任，而且会使与公众的合作过程充满和谐与成功。

孟德斯鸠曾说："我们有礼貌是因为自尊。""礼貌使有礼貌的人喜悦，也使那些受人礼貌招待的人喜悦。"生活中有许多口角、摩擦、矛盾、争斗，都是起因于对小节的不注意。文雅、宽厚则能加深友情，增加好感。注重言语礼仪，可以有一个和睦、友好的人际环境。注重行为礼仪，可以有一个宁静、洁净的生活环境，可以促进人际关系的和谐，也可以美化自己的人生。

一个知书不达礼，知识水准和道德水准严重不协调的学生，不可能成为一个国际化人才。一个优秀的国际化人才，不仅应当有高水平的专业知识，还必须有良好的道德品质修养和礼仪修养。

在人才招聘会上，言谈儒雅、服饰得体、仪表端庄、神态大方、礼仪到位的大学生更能受到用人单位的青睐。也就是说，在市场经济大潮之下，社会对大学生的个人素质提出了更高的标准和更加具体的要求。

在当代大学生中，有一种较为普遍的现象：他们对一些非本质的、带有生活习惯性的不文明行为（排队加个塞、阅览室占个固定座位、上课玩玩手机、抄个作业、乱丢个垃圾，甚至考试作个弊）表现出较大的宽容度，表现出一种比较平和的态度，更愿意追求一种在不侵犯别人利益基础上的个人生活方式的最大自由化。

新华网曾报道过：宁波万里学院一位老教授乘上360路公交车，本校不少学生结伴而坐，但面对站立一旁的教授，学生们竟无人让座。

宁波大学党委副书记邢学亮也说：有一次在开往宁大的601路公交车上许多坐着的学生目睹一位拄着双拐行动不便的同学艰难地站着而无动于衷。后来一位老师站起来让了座，并一直站到终点。

是什么原因让这些大学生失去了是非观念和谦谦君子的风度？一名女大学生说："我也是很想让座的，但有时候自己也确实很累，很想坐，而且在拥挤的公交车上，坐着会比站着安全。"几名男生表示，当时只要有一人提出让座，同学们定会争相让座，但遗憾的是，谁都没吭声，都采取了观望态度。一名男生坦率地承认：当初是想站起来让座的，但怕被别人认为是出风头。

有些学生确实抱有"不求有功，但求无过"的心态，凡事不想"出风头"，不干涉他人"自由"，遇上明显不对的事也不敢据理力争，挺身而出，生怕被称为"叛徒"。其实这一切都是不够成熟的表现。

上大学不仅仅是为了制作一份简历，也不仅仅是为了日后能找到一份好工作。上大学是一场历练，是一份责任，是一种担当。大学生活不仅意味着成功，也有挫折；不仅意味着快乐，也有苦恼；不仅意味着阳光，也有风雨。如何真正通过不懈努力将自己培养成一名合格的国际化人才，值得高校学子做进一步的思考，进行更深入具体的探索实践。

如何不虚度大学时光

大学生活是人生中最美好的时光。但进了大学校门并不就意味着成才。如何不虚度大学时光，如何让大学生涯丰富多彩，是每一个大学生都必须积极思考认真对待的问题。

一、要对大学生活有一个明确的心里定位

高尔基说过："一个人追求的目标越高，他的才能就发展得越快，对社会就越有益。"

1. 大学生要高度重视培养成就动机

具有高度成就动机的人拥有三种最重要的东西：自觉性，主动性，创造性。大学生要努力树立和培养成就动机。大学四年准备怎么过？有没有明确的目标？想让自己成为什么样的人？如何看待作为大学生的自己？上了大学心里的感受是什么？是因为上了理想的大学而自豪，还是因为上了不理想的大学而自卑，还是麻木？对自己是否有明确的要求？是什么？

大学生中三类人：第一类，积极向上，带领别人，正能量。第二类，普通学生，成绩一般，表现一般。第三类，消极生，自己不行，还影响别人，要有垫背的，负能量。

把自己定位为什么样的人，就会按这样的定位去行事；有什么样的目标，就会有什么样的行动。千万不要以为进了大学就等于进了保险箱，就等于成才。大学生并不都是天之骄子。大浪淘沙，想成为什么，取决于自己。

2. 大学生要善于适应环境

大学生要自觉自愿地适应学校环境，尽快完成从中学生到大学生的角色转变。积极主动地参与学校的教学、社会活动，努力使自己成为适应社会发展的人才。适应社会，正是为了担当社会赋予的职责和使命。

为什么要去适应？道理很简单，因为适者生存。对社会、对环境的适应，是主动的、积极的适应，不是消极的等待和对困难的畏惧、退让，更不是对消极现象的认同。

大学生只有具备较强的适应能力，才可能在最短的时间内，取得理想的效果，充分展示自己的聪明才智。这种适应包括：对所上学校的认可，不管它在社会上的知名度如何；对所学专业的认可，不管它是不是首选；对课程老师的认可，不管他是否名师。

3. 大学生要善于生活管理

自立生活是大学入门第一课。上了大学，就要自己处理衣、食、住、行等全部事务。这是大学生无法回避的一种能力素质训练。大学里的宿舍千姿百态，有的宿舍一尘不染，有的宿舍乱成一团。大学宿舍里每个人的小地盘同样千差万别，有的整洁干净，有的却令人作呕。良好的自立生活能力不仅仅要求自己能"活"下来，而且要求活得利索、活得体面。

自立生活能力的培养依赖于生活习惯的培养。首先要养成良好的生活习惯，从一日三餐到宿舍卫生，再到衣着打扮等日常生活的方方面面，都需要引起足够的重视，细致地处理。这些细节体现着一个人的素质高低，更体现着一个人对待生活的态度。上大学为了什么？为了生活得更好。"一屋不扫，何以扫天下？"大学生应该从我做起，从现在做起，从点点滴滴做起。

4. 大学生要善于学习管理

首先要明确学习态度，是我要学，而不是要我学。现在有的大学生很"佛系"。老师教书像暗恋。老师很卖力，学生很淡定。提问没人回答，教学活动不愿参加。学生对老师很冷漠，师生之间产生疏离。

其次要确立学习目标，制订好适合自己的长期、中期、短期学习计划，并坚持认真执行。

再次要转变学习理念，学习观念由依赖到主动转变，学习方式由单一到多样转变，学习内容由被动接受到主动探索转变，要用更多元的、更开阔的理念来对待学习。

最后要探索适合自己的学习方法。不同的人适应不同的学习方法，有的学生通过感性—直观的方式掌握知识，有的学生通过理性—逻辑的方式掌握知识。

5. 大学生要善于时间管理

一个成功人士的时间表是以秒为单位来安排的。大学生从大学期间起，就应该努力使自己对"时间"的价值引起足够的重视。许多大学生的大学时光是虚度的。玩网游是最浪费大学生时间的活动，但在大学里随处可见。

要懂得合理地分配时间，恰当地把每件必须做的事都按时完成，甚至出色完成。这是一种本事，是一种只有优秀的人才具备的品质。其实，在大学期间，只有少数的时候才会让一个学生忙得焦头烂额，比如期末考试前。这个时候就应该巧妙地分配好各科的复习时间，为各门考试排定优先级，优先级高的多分配时间，相反的则少分配也应该为每一天的各种工作排定优先级。优先级的排定是随时更新的，每一天每个人该做的事都在变化，要及时在心里做好规划，这样才会井井有条、忙而不乱。

二、大学生应该具备哪些能力

1. 必须具备学习创新的能力

南宋哲学家朱熹说："无一事而不学，无一时而不学，无一处而不学，成功之路也。"大学生在校四年，学习的不仅仅是本专业的知识，更重要的是要在这四年里培养自己的学习能力，以能适应未来多变的社会。

创新，是一个民族的灵魂。与时俱进，是时代赋予大学生的使命。要想在千百万求职大军中成为幸运儿，具备一流的创新能力是必须的。大学生在大学期间一定要努力做到多看、多听、多想，其中最重要的就是"多想"。

在大学，有兴趣的同学可以积极参加一些创新大赛，拿奖不是目的，重要的是这些活动确实能够锻炼一个人的思维水平、创新能力和实践能力，而这些经历将使你的简历受到更多企业的青睐。

跟创新密切相关的是批判性思维的形成。作为大学生，提高自己清晰的思维和批判性思维能力是非常重要的。批判性思维能力不仅仅服务于特定的专业学习和研究，更重要的是在日常生活中使用。

就经验而言，只需使用一些常见的思维方式和习惯，日常生活中的诸多问题便可迎刃而解。这些思维方式包括：清晰地认识和界定问题；分辨同一问题的不同论点与利益关系；收集相关资料，并分析不同资料之间的相互关系；围绕某一问题尽可能多地提出可行的解决方案；分析证据并运用推断、类比等常见的推理方式考察各种方案，最后提出合理的判断和最佳方案。这些方法固然不能解决所有的问题，但确实很多的问题至少能通过这些方法予以简化。

2. 必须具备明辨是非的能力

大学生在独立处理人际关系时需要最起码的判断力，提高自我保护意识。如果连是非曲直都不能分辨的话，就有可能被一些消极负面的人际因素和环境因素所影响，也有可能被误导和伤害。

3. 必须具备发现和解决问题的能力（应变能力）

把所学的理论知识运用于工作实际中，善于发现和解决实际问题。这既是实际工作的要求，也是大学生自己顺利成长的基本条件。

大学生不可能在学校学到工作岗位上所需的全部知识和能力，只有随时调整自己的知识结构、能力结构和思想行为方式，才能使自己始终处于主动的地位。

现代企业招聘关心的不是你目前能做什么，而是你能学会做什么，也就是你的学习能力的高低。学习能力的高低主要取决于独立思考、分析和解决问题能力的高低。大学生在大学期间应该着重培养自己这方面的能力。它是衡量人才的最重要指标之一。

在日常学习和实际工作中，遇到问题时不要急于求助他人或是查阅资料。首先要冷静下来，学会将问题分解，通过解决每个小问题最终解决整个大问题。一定要相信自己有能力解决，可以解决，并勇于尝试，不怕失败。面对一个问题，如果没有合理的解决方案，是否能够提出一个来；如果已经有了解决方案，是否能够提出一个更好的来？

可以自己试着提出多种解决办法，然后从中选择一种最好的解决方案。这就是通常所说的"过程比结果更重要"，即便最后没有想出一种最优化的解决办法，但是在这个过程中，对思维进行的独立思考训练，其意义更有价值。在任何问题上，主观能动性永远是起决定性作用的，要成功，靠自己。

4. 必须具备自我决策的能力

自我决策能力是一个人能否独立思考，果断处事和独立完成某项工作的能力。对于大学生来说，面临求职择业，别人的意见和忠告各种各样，最终要靠自己决定。在未来的工作中，每一件事情、每一个问题以及它们的变化进展都不可能像在学校那样有老师做指导，而必须靠自己迅速做出决定，及时予以处理。因此，具有良好的自我决策能力对大学生是十分重要的。

5. 必须具备组织管理的能力

把人力、物力、财力、时间、信息等要素科学地组织起来并有效地完成所担负的任务就是组织管理能力。这种能力不仅领导干部应具备，大学生作为高层次人才也应具备。这是适应新的生活方式必备的能力素质。

虽然不是每个大学毕业生都会从事管理工作，但是在实际工作中，每个从业者都会不同程度地需要组织管理才能。现代社会职业表明，不仅领导干部、管理人员应当具备组织管理才能，其他专业人员也应当具备。随着时代的发展，纯"书生型"的人才已不能适应社会的需要。近年来，许多用人单位在挑选录用大学毕业生时，在同等条件下，往往会优先考虑那些曾担任过学生干部，具有一定组织管理能力的毕业生。

6. 必须具备协同合作的能力

随着经济社会的高速发展，社会分工越来越细，竞争也越来越激烈，只有合作才能更强大，因此个人的团队协作能力越来越受到社会的重视。

团队协作能力对每一个人的生存和发展都极其重要，对大学生毕业后能否快速融入社会起着至关重要的作用。任何组织团体都不会欢迎没有团队合作精神的人。

7. 必须具备与人沟通交往的能力

人际交往是一门学问，存在于社会的任何角落，是人们实践经验的结晶。人际交往能力和专业成绩相比，如果前者不是更加重要的话，至少是同等重要。良好的人际关系包括沟通能力、合作能力和主动关心别人的意识。人们往往根据这种能力来评价一个人的情商。

只会做事而不会做人的人不能算是优秀的人。大学生上了大学后，要通过参加学生社团，或是竞选学生干部，或是参加社会实践等，有意识地去培养自己的人际交往能力。

沟通能力是社会交往的关键，一个具有很强沟通能力的人，能把工作做得得心应手。培养沟通能力需要自信心和必要的技巧。大学生在与人交往的过程中，应注意以下几点：

一要注意沟通中双方的互惠和相互尊重；二要学会站在对方的立场和观点看问题，了解对方的思想和观念；三要积极地在矛盾和冲突中找出共同点，提高沟通的技巧。

在与人交往中要特别注意避免：对别人任意的评价；不恰当的询问；命令的语气；威胁的话语；高傲的态度；注意力不集中；言不由衷。

"宅"文化的盛行是学生交往能力衰退的表征，但学生毕业后必然要走向职场、走向现实，在现实环境中与同事、客户开展有效的交往。在大学期间，必须学会如何去进行有效的沟通，如何建立并保持良好的人际关系，如何表现出人际交往和职场生存的礼仪和风范。能否正确、有效地处理好人与人的各种关系，影响工作效能、心理健康、生活愉快和事业成就。因此，大学生应自觉地培养良好的社交能力。

8. 必须具备情绪管理的能力（心理调节能力）

大学生活色彩斑斓，学习、打工、恋爱、游戏等都是大学生活的主题词。面对各种事情的各种结果，良好的心理调节能力是每一位大学生能否顺利完成学业的必备品质。

走向社会之前，大学生就该好好培养自己对待问题的冷静态度，养成良好的心理调节能力，对人、对事时刻保持一个平和的心态。有问题要及时解决，有心事可以找人倾诉。要正确面对现实和挫折，须知真正站在顶峰的人总是少数。面对挫折时，要重视自己，接纳自己。如果不能接受自己，就不能真正地发展自己。要有一个正确的行为模式，即集中精力去干手头的事并尽力干出最好的结果；当在某个问题上无进展时，要有一种补偿能力，开辟新的领域；当处在下滑阶段时，一定要稳住。一个人受挫之后，一定要保持沉着和理智，即"平常心"，因为有竞争就有胜败，无论如何都要输得起。

9. 必须具备良好的表达能力

表达能力是指运用语言阐明自己的观点、意见或抒发感情的能力，主要包括口头表达能力和书面表达能力。一个人要想让别人了解你，重视你，更好地发挥你的才能，其前提就是要有表现自己的能力。

每个大学生都需要提高多种形式的表达能力，其中最为主要的是清晰且具有说服力的口头表达能力、精确而优美的书面表达能力。这二者是学生毕业后无论从事何种职业都需要运用的能力，是从业者必备的能力。

表达能力的重要，不仅体现在参加工作后，更体现在求职择业时。比如撰写求职信、自荐信、个人材料，回答招聘人员提问，接受用人单位的面试等，每一个环节都需要较强的表达能力。

当代大学生首先要敢于说，这是练好口才的前提；其次要做到有话可说，这是练好口才的基础；最后是要善于说，注意什么场合说什么话，注重语言的得体性，这是练好口才的关键。

在计算机、互联网、智能手机等工具普遍被使用的当下，文字书写、公文写作、面对面交流的能力似乎被逐渐弱化。提笔忘字、埋头"刷"手机、习惯交友软件交流等已逐渐成为这个时代普遍存在的病症。

口语表达能力的好坏决定着在社会交往过程中你所处的地位是主动还是被动。一张能说会道的嘴，可以帮助你在商业辩论和谈判中拔得头筹，也可以使你成为朋友聚会中的焦点人物，更会让你的工作获得上级的赏识从而步步高升。许多大学生几乎每天都在同机器交流，寄情于网络，说话的机会越来越少，与他们交流几乎成了一种奢望。他们对于条理清晰、目的性明确的"说"甚至是能避就避。他们怕说、厌说。这是当代大学生的一大鲜明特点，也直接导致了大学生口语表达能力普遍性的退化。

大学生必须从观念上产生危机意识，在大学里着力培养自己的口才，多给自己创造登台的机会和当众演说的机会。在朋友聚会或是聊天时，多发表一些独到的见解。这些都有助于口语表达能力的提高。

还有一些人，他们很能说，但是一旦要落到纸面上就显得很没有底气。当你写完一篇文章或是日记时，你可知道其中包含着多少错别字、病句，还有标点符号的误用？这不能不引起大学生们的足够重视，因为书面表达能力的高低很大程度上影响到你未来职位的高低。试想，一个连一篇自我规划和自我总结都写不完整、写不明白的人，还能对他要求得更多吗？

10. 必须具备良好的专业知识能力

一名优秀的大学生必须拥有扎实的文化知识，包括专业知识和非专业知识，最终形成自己的知识体系。大学生应该努力把专业知识学好。同时，还要博览群书，增加自己的知识面，不断充实自己。

三、大学生如何才能具备这些能力

1. 要树立和培育领袖意识

培养领袖意识最关键的是培养政治意识。大学生要注意培养自己的政治责任感和敏锐性，坚持高标准和高价值的道德风范；要注意培养自己的适应力、意志力、团队精神和领导能力；要使自己成为具有远见、品质高贵、内心坚定、敢为人先、勇于担当、立志做大事的领袖，而不仅仅局限于学术追求。

2. 要树立良好的道德品质

大学生要真正成才，必须修身明德，树立正确的人生观、价值观。大学生只有加强思想道德修养，讲诚信，讲道德，言必信，行必果，诚心做事、诚实做人、言行一致、表里如一，坚守道德规范，才能不断提高思想道德素质、科学文化素质和身心健康素质，实现全面发展。

3. 要使自己具有健康体魄

健康是人生的第一财富。大学生要"走下网络、走出宿舍、走向操场、走近大自然"。青年拥有健康的体魄，民族就有兴旺的源泉，国家就有强盛的根基。大学生要把体育锻炼作为一种生活方式，养成自觉、形成习惯，在日复一日、坚持不懈的体育锻炼中，锤炼坚强意志，塑造健全人格，磨砺奋斗精神，养成坚韧不拔、团结友爱、勇于拼搏、开拓进取的精神品质。

4. 要高度重视知行合一

知行合一指的是个人的所想、所说、所做都协调一致。当代大学生要以高度的自觉培养集体主义感、社会责任感和历史使命感；培养敬业奉献和诚实守信的品质；摈弃自我中心、功利主义、虚伪欺诈、懒散依赖等不良人格品质。大学生还应以自己优良的人格品质感染他人，教育他人，创造良好的成长环境。大学生要做到言行一致，受挫时不气馁，成功时不骄傲，乐于帮扶，遵规守约，积极向上，崇尚合作，不断超越自我。

5. 要树立强烈的自律意识

大学生要有强烈的自律意识，高度重视自己的一言一行，一举一动。一个大学生对自己的言行有一定的约束和控制是非常重要的。这是人生成败的关键。什么能代表一个人的身份？是学识，是财富，还是社会地位？这些都只是浅层的表象，真正起决定性作用的，是人的"第二身份"——习惯与修养。真正有修养的人绝不是一时的觉悟，那种植根于内心的灵气，即便不开口，也会透过肢体，透过言行显现出来。

在地铁或公交上，再赶时间也不推搡别人，以免造成安全事故。在电梯里遇到快递员和外卖员，帮他们按一下楼层。扔垃圾时，扔进指定的垃圾桶里，不要给清洁工添麻烦。和别人谈话时，耐心听别人说完再发表你的看法，不要随意插嘴。下雨天进入楼道内，把雨伞收好放进随身的袋子里，以免弄湿了地面和别人的衣服……这些都是很小的小事，但它反映的却是一个人良好的素质和修养。

"勿以善小而不为，勿以恶小而为之。"尽管都是一些小事，但你在做这些事时，形象是高大的。与人方便，就是与己方便。有修养的人，无论做任何事，都会设身处地替别人着想，以一颗平常心看世界，以谦卑心过生活。大学生必须牢记：凡是糊弄的，都是在糊弄自己。

6. 要不断提升审美水平

审美是人类理解万物的一种特殊形式，是人们用理智和情感认识、理解、感知和评判世界上的存在。"审美"这个词表示的是两个概念，即作为主体的"审"和作为客体的"美"。人按照美的规律创造一切，按照美的规律改造一切。审美活动扎根于人生的实践之中，是人的基本的生存方式之一。

人之所以需要审美，是因为世界上存在着许多的东西，需要我们去取舍，找到适合我们需要的那部分，即美的事物。作为大学生，在强调环境美、校园美、服饰美、风度美、仪表美的同时，更要强调语言美、行为美、心灵美、人性美。

美的人生是幸福的，也是令人向往的。然而要健康地进行审美活动，则需要进行自觉的美学修养。爱美，是一回事，但是在生活中能否正确地审美，是另一回事。法国大雕塑家罗丹有一句名言："美是到处都有的，对于我们的眼睛，不是缺少美，而是缺少发现。"在生活中，确实存在着很多美的事物，但是要发现美、找到美，却需要花一番"审美"的功夫。所以，大学生有必要不断提升审美情趣和水平。

7. 要懂得感恩

人生成功三件事：知好歹、守规矩、会感恩。

感恩，是我们这个民族很需要共同提升的一项品质。成就人生的重要一条就是要懂得感恩。我们对社会怎么样？对母校怎么样？对帮助过我们的人、对老师、对父母怎么样？每年新生报到都会看到父母手上拿着，肩上扛着，而学生自却心安理得地空手前行。现在有的大学生丧失了孝敬父母的基本道德意识。一个人，如果连自己的亲生父母都不能够很好地尊重，那这样的人即使有再高的学问又能为社会做什么贡献呢？

有人说大学生中出现的一些道德问题，是因为受外界环境的影响，是因为社会不良风气冲击校园,是因为他们大多为独生子女,被宠爱娇惯坏了。是的,一个人必然会受到各种外界因素的影响,可最终决定人的思想道德和性格发展的还是自身的原因。如果大学生能树立正确的道德观、价值观、世界观,就必然可以做到"出污泥而不染",使自己真正成为一个拥有高素质和良好道德的人才。

古人云:"有才无德,其行不远。"这是因为任何一个人的成才方向和目标,总是和社会的需要、时代的需要紧密联系在一起的。大学生应努力让自己成为德才兼备的青年学子,将自己的成长发展与社会的进步发展联系在一起,将自己的前途和命运与国家的繁荣昌盛联系在一起。只有这样,才能不虚度大学时光。

治理篇

高校必须践行科学发展

"坚持以人为本,树立全面、协调、可持续的发展观,促进经济社会和人的全面发展"是我们党立足社会主义初级阶段基本国情,总结中国发展实践,借鉴国外发展经验,适应中国发展要求,提出的重大战略思想。这一战略思想是关于发展的本质、目的、内涵和要求的总体看法和根本观点;是我们党对社会主义现代化建设规律认识的进一步深化。科学发展观对于推进教育事业自身的健康发展同样有着重要而深远的指导意义。因此,与国家的经济社会密切相关的高等教育,也有一个用科学发展观统领,促进全面、协调、可持续发展的问题。

一、必须坚持以人为本的原则

以人为本是科学发展观的本质和核心。以人为本体现了马克思主义的基本观点,马克思主义的唯物史观历来重视人的全面发展,坚持人的全面发展是社会主义的本质要求,是发展社会生产力和经济文化的最终目的。坚持以人为本,既是经济社会发展的长远指导方针,也是实际工作中必须落实的重要原则。对于高等学校而言,以人为本就是体现以广大师生员工为本。

以人为本是教育工作全面落实科学发展观的核心任务。教育以育人为本,以学生为主体;办学以人才为本,以教师为主体。以人为本就是要把人作为发展的主体,把人作为发展的根本动力,就要为发掘人的潜能、发挥人的聪明才智创造好条件。在高等教育系统中,人是最基本、最关键的因素。所以,在高校,首先要尊重广大师生员工的主体地位,始终坚持"一切为了师生,一切依靠师生"的根本观点,尊重知识、尊重科学、尊重教师、尊重人才、充分发挥广大师生员工的积极性、主动性和创造性,营造宽松、祥和、向上的政治、学术、生活氛围。

高校最根本的任务就是培养高素质人才,高校必须以学生为主体,促进学生的全面发展,把一切为了学生、为了学生的一切、为了一切学生,作为学校全部工作的出发点和归宿。特别是要坚持德育为先的原则,高度重视学生良好道德品质的培养,努力为广大青年学生营造安全、健康、适合于成长发展的环境;为我们伟大祖国的社主义建设事业，为中华民族的伟大复兴源源不断地输送合格、优秀的人才。

大学是大师之学。在高校，在以学生为本的同时，还要以教师为本。在当今世界，必须牢固树立人才资源是第一资源的观念。人才是先进生产力和先进文化的重要创造者和传播者。人才在综合国力竞争中越来越具有决定性意义。国以才立，业以才兴，校以才强。高校以教师为本，是强调教师在教学中的主导地位和教师在学校教职员工队伍中的主体地位。因为教师是大学教学和科研活动的原动力，是实现大学发展规划的主力军，是大学行为的代表者。落实以教师为本，必须高度重视对教师的培养和使用，必须努力培养大师和拔尖人才，建立有利于优秀人才脱颖而出、人尽其才的良好机制。

高校在落实以人为本的观念时，要以能力建设为核心，重点培养人的学习能力、实践能力和创新能力；要坚持改革创新，努力形成科学的人才评价和使用机制，注意克服重学历、资历，轻能力、业绩的倾向，注重通过实践检验人才，发现人才；要以鼓励劳动和创造为根本目的，加大对人才的有效激励和保障；要突出重点，切实加强高层次人才队伍建设，使大学真正体现大师之学。

高校在落实以人为本的观念时，还要注意不断满足广大师生员工日益增长的物质需要，满足安全、幸福和发展需要；要不断提升生活质量，改善生活环境；要保障广大师生员工的合法权益，保障师生的政治利益、健全民主制度，让师生员工在决定学校发展的大事中，有发言之地，体现主人翁作用；要维护广大师生员工的经济权益，使他们的合法收入和个人财产得到保障，让学生能安心学习，教师能安心从教。

二、必须坚持实事求是的原则

高校要推进科学发展，就必须坚持实事求是的原则。科学发展就是尊重客观规律的发展。坚持可持续发展，必须坚持实事求是的原则，一切从实际出发，从客观规律出发。然而，目前在我国高等教育领域中却还存在着不少不实事求是，与科学发展不相适应的观念和行为。如盲目攀比之风还比较盛行，过分趋同的倾向明显存在，一些学校不管社会客观需要和学校实际条件，盲目追求高层次、综合性、研究型；纷纷争上硕士点、博士点，争抢学术带头人、博士生导师、院士，乃至为争重点、上档次、更校名而走门路、跑关系。有些学校不顾学校的办学条件和师资力量，盲目扩大招生，把办学水平和招生人数、学生规模简单地等同起来。有些学校搞什么飞跃式发展，弯道超车，用大跃进的方式办大学；有的学校贷款几个亿，甚至十几亿扩大校园。这些问题的存在，在很大程度上与脱离实际、不实事求是、不按客观规律办事有关，也是对国家、对人民不够负责的行为，起码是不可持续发展的行为。

高校在推进科学发展的过程中，坚持实事求是的原则，首先，要定准学校的位置，其中包括办学层次定位、办学水平定位、办学功能定位和人才培养目标定位。高校的重要功能之一就是以培养人的方式，间接或直接为社会经济发展和科学文化繁荣做出贡献。因此，明确服务面向和专业方向是高校正确定位的前提。其次，要考虑经济社会发展的布局和教育发展的布局结构、教育规律和人才培养规律。最后，是要考虑自身的历史传统、优势和特色。总之，高校在定位上必须坚持实事求是的原则，一切从实际出发，按客观规律办事。

高校在推进科学发展的过程中坚持实事求是的原则，应以内涵发展为主导。高校自身要认清自己的条件与环境，加强对自身的研究，克服盲目贪大求全心理，避免把注意力放在数量规模的发展和扩张上，避免造成高校间的重复建设和大量浪费。创办世界一流、全国领先的大学固然是一个十分诱人的目标，但创世界一流和全国领先的大学不可能成为所有高校的奋斗目标。对大多数国内高校而言必须立足地方，立足应用，注重内涵发展。因此，高校必须立足于自身的办学实力和实际状况，了解自己的发展历史，从自身的校情出发，实事求是，量力而行，恰如其分地设定自己的发展空间。

高校在推进科学发展的过程中，坚持实事求是的原则，必须走特色发展之路。高校在规划自身的发展时，应当把特色放在相当重要的位置。没有特色就没有竞争力；没有特色就不是好大学。对于一些非综合型，特别是单科型院校而言，如果不发挥特色优势，盲目地追求"高、大、全"，那只会被真正的大校所淹没，在竞争中吞食失败的苦果。对于综合院校来说，也存在着发挥各自优势的问题。这是因为，由于历史、传统、地域等情况的不同，综合院校也各有所长。这些院校也应该依据学校的个性特征，扬长避短，使自己的特色更强，使自己的亮点更亮。

高校在推进科学发展的过程中，坚持实事求是的原则，应把质量问题摆在更加突出的位置。在高等教育发展过程中，需要科学把握质与量的关系。经过几年的扩招，大部分高校在学生数量上已翻番，但在一定程度上忽视了教学质量。时任国务委员的陈至立同志曾在教育部直属高校工作咨询委员会第十五次全体会议上的讲话中指出："我们要审时度势，把握发展的节奏。今后一段时间，高等教育的主要任务不是扩大规模，而是调整结构，提高质量。"因此，高校在推进科学发展的过程中，一定要以质量提高为主线，把质量作为高校的生命线。无论什么样的大学，其核心目标都是要保证人才培养的质量。高校只有在改革发展的过程中改变质量意识淡薄、轻视教学、忽视质量的现象，牢固树立质量是高等学校生命线的基本认识，才能真正为社会主义现代化建设事业培养优秀人才。

三、必须坚持开拓创新的原则

高校要推进科学发展,就必须坚持开拓创新的原则。坚持科学发展,根本着眼点就是要用新的发展思路实现更快更好的发展。发展是硬道理,是解决中国所有问题的关键。离开发展,就无所谓科学发展。社会的发展包括教育事业的发展。加快社会发展,就要大力发展教育事业。要全面实行科学发展,就必须坚定不移地实施科教兴国战略和人才强国战略,切实把科教兴国和人才强国摆在更加突出的战略位置。高等教育要抓住机遇,乘势而上,在贯彻和服务于全面践行科学发展的过程中有所作为。

高校坚持科学发展的实质是发展,是开拓创新。随着高科技、信息化、数字化、人工智能的飞速发展,高校不仅面临着国内高校之间的竞争,而且更面临国外高等教育机构的竞争压力。另外,高等教育应与社会的发展相协调。信息化的社会对劳动者的素质提出了更高的要求。高等教育还应与经济的发展相协调。教育和经济之间是相互作用、相互促进的。高等教育不仅可以为经济建设提供人才和智力储备,而且还可以直接参与各方面的建设事业。这一切都要求高校以开拓创新的精神去践行科学发展。

高校在实践科学发展的过程中,坚持开拓创新,首先是要在思想观念上创新。思想观念上的突破是创新发展的根本性突破。实践证明没有思想观念上的创新,就不可能有开拓创新的举措,没有开拓创新的举措,就不可能有高校健康的发展。坚持科学发展的根本着眼点是要用新的发展思路实现更快更好的发展,用新的办学理念去指导各项发展目标的实现。

高校在实践科学发展的过程中,坚持开拓创新,就是要抓好学科建设这件头等大事。学校的奋斗目标是否实现,新的办学理念是否得到体现,很大程度上要看学科建设进行得如何。高校的学科、专业建设对于提高办学质量,实现高等教育的全面、协调、可持续发展,具有首要的意义。在学科建设的过程中,一定要坚持开拓创新的原则,既要根据社会的需要创建新学科、新专业,也要根据学校的传统和实际,加强有特色的传统学科和专业,还可在分析论证的基础上改造、改革一些老的学科和专业。真正使学科建设与时俱进,符合经济社会和人的全面发展的需要。

高校在实践科学发展的过程中,坚持开拓创新,就是要不断深化教学内容、教学方法和课程体系的改革。办学思想、办学理念是要通过课程体系和课程内容去实现的。课程体系的改革和建设要体现学科的规律性和知识的内在联系;要体现人才培养的需要。教学内容的改革是整个教学改革的核心。教学内容的改革,首先也是需要观念的转变,要有这方面的意识和紧迫感。一些旧的教学内容,不仅知识老化,结构陈旧,而且过于专门化、细化,不利于现代教学目标的实现和高水平人才的培养,因此,要不断纳入和融入新的教学内容。要加强精品课程、一流课程的培育和建设，以此带动整个教学内容的改革。

教学方法关系到教学的效果和质量的提高，是培养人才不可缺少的重要构成。教学内容和课程体系的逐步优化，要求加大改革教学方法和教学手段的力度。在教学方法的改革中，必须体现以学生为中心的原则；必须体现让学生学会学习的原则；必须注重创新能力和实践能力的培养的原则；还必须体现与科研相结合的原则。对中国高等教育而言只有坚持开拓创新的原则，才能真正体现科学的发展。

四、必须坚持依法治校的原则

高校要践行科学的发展，就必须坚持依法治校的原则。科学的发展，首先是要发展，发展离不开良好的环境。一所高校如果没有良好的有利于工作、学习、生活的环境，就不可能有健康良性的发展。因此，坚持依法治校，提高管理的科学化、民主化程度，直接关系到高校的科学发展。

高校在践行科学发展的过程中，坚持依法治校的原则，首先必须加强高校领导班子的建设，全面提高高校领导班子的思想政治素质和领导能力。高校领导班子是高校科学发展的领导者、组织者、推动者。有什么样的领导班子，就有什么样的治校成效和发展局面。高校领导班子必须树立德为前提、能为本位的思想，在决策、管理、育人的过程中坚持依法治校的原则，坚持民主集中制原则，努力创造有利于推进科学发展的软环境。

高校在践行科学发展的过程中，坚持依法治校的原则，就要加强规范与管理。发展需要规范，规范是为了更好的发展。事实上当前高校无论是对管理的程度，还是管理思想、管理手段、管理方法都离科学发展要求有很大的差距。在高校的管理工作中，还存在着诸多不容忽视的问题。高校要爱惜自己的声誉，维护学校的良好形象。现在有些学校办学不规范，管理不完善，甚至引起群众不满，影响自己的声誉。实践证明，高等学校越是面临大的发展，改革面临大的突破，越是要把从严治校、依法治校和规范管理摆在重要的位置。

高校在践行科学发展的过程中，坚持依法治校，就必须处理好各种关系，切实维护校内的稳定。实践证明，改革创新是学校发展的动力之源，发展是解决存在的困难和问题的关键，稳定是学校改革和发展的前提。高校在实际工作中坚持科学发展，需要处理好多方面的关系，统筹兼顾，确保安全和稳定。高校制定和实施深化改革，促进发展、保持稳定的各项政策措施，都要把实现好、维护好、发展好广大师生员工的根本利益作为依据，都要统筹兼顾，妥善处理各方面的利益。学校建设的方方面面，学校的大政方针的确定，学校改革的种种举措的实施，都要从最广大人民的根本利益出发，依法办事；调节并处理好各种具体的利益关系，正确处理新形势下高校面临的各种问题和矛盾，反映和兼顾校内各群体的利益。

在谋划学校的发展战略规划时，要处理好目前发展与长远规划的关系。高校的发展必须有长远考虑，不能急功近利，急于求成。在实施学校的规范管理时，要处理好物与人的关系，充分重视师生的需要，以以人为本的思想去指导管理工作。在实施各项校内改革的过程中，要处理好改革、发展与稳定的关系，在维护校园稳定、巩固发展成果的基础上，不断把改革引向深入。

高校践行科学发展是一个系统工程，是一个长期的过程。科学发展不是一个口号，践行科学发展也不是一场运动，它需要高校干部职工以开拓创新的精神、实事求是的态度、以人为本的观念、依法治校的原则脚踏实地地去探索、去实践。

构建和谐校园　促进改革发展

构建社会主义和谐社会是我们党的战略任务。社会主义和谐社会是一种充满创造活力、各方面利益关系不断得到有效协调、社会管理体制不断创新和健全的稳定有序的社会。构建社会主义和谐社会是实现全面建设小康社会宏伟目标的重要保障，是确保我们党长期执政和国家长治久安的迫切要求。高等院校作为传承文明、培养人才、创造知识、服务社会、传播先进文化的重要阵地，在构建社会主义和谐社会中具有十分重要的地位和作用，应该在积极构建和谐社会的大背景下努力构建和谐校园。

一、明确办学理念　坚持科学发展

和谐校园是以和衷共济、内和外顺、政通人和、稳定有序为主要特征的校园，是一所学校办学水平和层次的重要体现。构建和谐校园，首先需要明确办学理念，坚持科学健康发展。

办学理念是在对大学的本质、功能、发展规律进行哲学思考和理性认识的基础上形成的观念体系。它是学校发展的灵魂，也是学校追求的终极价值。它体现着学校的传统，又反映着学校的发展，是对广大师生员工有凝聚力、感召力的一个共同的奋斗目标。因此，构建和谐校园一定要明确办学理念，坚持科学发展，实事求是地确定学校的发展目标。要尊重客观规律，尊重教育规律，对学校进行正确的定位。要因校制宜，正视社会的实际需求和现实，正视学校的内在差异和特点，不过分追求"高、大、全、快"，既重视外延发展，更重视内涵发展，既让学校有高楼，更求学校有大师。

改革创新，科学发展是构建和谐校园的中心内容。创新是推进现代大学和谐发展的动力和源泉。高校的事务千头万绪，但是，改革创新、科学发展是学校工作的中心，也是构建和谐校园的中心。高校必须在指导思想、办学理念、学校定位、体制创新、机制创新、发展规划、工作部署、考核体系等各个方面，大胆探索、勇于实践、敢于创新。在目前高校快速发展的过程中，除了注意发展速度的合理性外，更要注意发展的全面性、协调性和可持续性。发展不单纯是规模和速度，更重要的是质量、结构和效益。

高校的和谐发展要求高校的干部职工有强烈的责任心和使命感。高校是在为祖国和人民培养德、智、体全面发展的,有理想、有道德、有文化、有纪律的社会主义建设者和接班人。除了培养"和谐的人"外,高校还有其对社会的反哺作用,包括风气的养成、道德的教诲和文化的创造等。大学所提供的不仅仅是一种资历,一种生存资本,更是一种激情,一种力量,一种责任,一种信仰。面对这样的使命,高校只有树立和谐发展的新理念,用构建和谐校园的目标审视学校的工作,才能促进学校建设和其他各项事业的协调发展。

二、加强党的领导　坚持民主决策

党是构建和谐校园的核心主体,无论是促进学校事业的全面协调发展,还是实现校园安定有序,都离不开党的领导。在构建和谐校园中,更要加强党的领导,不断完善党委领导下的校长负责制,完善高校党委的领导方式,增强基层党组织的感召力、凝聚力和战斗力。建设和谐校园,首先要从领导做起,率先垂范,高校党委要总揽全局,协调各方,把好方向,坚持马克思主义在高校的指导地位,坚持社会主义办学方向。其次是要注重提高领导干部的执政能力和水平,抓好大事,协调改革、发展、稳定之间的关系,统筹人才培养、知识创新、社会服务、文化传承四大任务。最后是要用好干部,带好队伍,从严治党,充分发挥党员领导干部的表率作用、基层党组织的战斗堡垒作用、党员的先锋模范作用,要注重领导艺术,妥善处理各种关系,减少内耗和人际摩擦,寻求工作效率和人际融合的最佳化,为学校的和谐发展提供坚实的基础。

坚持民主决策是构建和谐校园的重要前提。坚持科学民主的决策程序,能够调动各方面的积极性、创造性,使学校的发展建设得到最大限度的理解、支持和落实。一所学校的决策如果不科学不民主,由个别人拍脑门说了算不仅会对党和国家的事业造成重大的损失,对学生的发展造成严重的阻碍,而且会极大地伤害广大师生员工的积极性、创造性,会涣散人心,大大减弱凝聚力和向心力,从而使学校正气不足,人气不旺,停滞不前。

广大师生员工的意愿是办好大学的重要基础,一个民意顺畅的氛围也是和谐校园的重要内容。因此,学校所做出的一切决策,都要通过民主化和科学化的程序做出。学校领导要切实关心师生员工的切身利益,注重加强与不同层面的教职工的沟通与交流,听取各方面的意见,最大限度地兼顾各个层面的利益。学校要切实推进校务公开制度,树立"真正的参与是源头参与,真正的监督是群众监督,真正的公开是权力公开，真正的维护是发展中维护"的观念。学校要充分发挥工会、教代会的作用，组织教职工参政议政。学校发展建设中的大事及师生员工关心的热点问题，应经过教代会审议并表决通过，起码应反复征求教职工的意见，充分尊重民意，善于广集民智，保证公开公正。总之，学校要努力营造一种宽松和谐、轻松活泼、公开透明的民主氛围，建立民意充分表达的渠道，鼓励师生员工畅所欲言，积极参与学校的决策，使学校的各项决策最大限度地符合广大师生员工的根本利益。

三、健全规章制度　坚持依法治校

健全规章制度，坚持依法治校是构建和谐校园的重要环节。"和谐"并非漠视"矛盾"，和谐校园同样需要人本科学、和谐民主的制度保障。刚性的规章制度、完善规范的程序是构建和谐校园的保证。不可否认，目前高校中依然存在着制度不健全，管理混乱，碰到问题讲人情、顾面子，不照章办事，不依法治校的现象。这种现象对和谐校园的建设带来很大的负面影响，不仅妨碍学校各项工作的正常运行，造成时间、人力、物力的浪费和效率的低下，而且影响学校的整体形象和事业的健康发展，甚至导致某些党员干部失职渎职，乃至走上犯罪的道路。

没有规矩，不成方圆。建立和谐校园，必须坚持制度建设和制度创新。没有管理就没有社会，没有制度就难以和谐有序。学校建设的一切，必须依靠制度保证运行。科学规范的制度体系是建立良好工作机制的基础，是坚持科学治校、依法治校的前提。"制度建设具有根本性、全局性、稳定性和长期性的规范作用。健全、科学、合理的体制、机制和制度，能合理划分学校各级组织和各个部门的职能，能明确工作程序和要求，能明晰执政活动的责任归属，实现执政兴校资源各要素的有效配置，从而提高科学治校、依法治校的水平和能力。"

运转有序是和谐校园的特征之一。只有建章立制、规范管理、依法治校，才能形成运转有序的内部管理机制。高校要把制度建设贯穿于学校建设与发展之中，建立健全科学的制度体系，用制度来规范和调节各种关系，使一切活动都有法可依，有章可循。同时，制度的建设与完善，必须遵循效率与公平原则，使制度真正成为有效的制度、可操作的制度、被人们接受的制度，而不是只流于形式的制度。

制度管理的重点是制度制定以后的运行。高校要建立健全决策落实机制和责任追究制度，加大对制度执行情况的检查力度，定期对重要决策的执行情况进行跟踪反馈，从制度上保证决策执行的质量和效率。规章制度制定后，人人必须严格贯彻执行，特别是领导干部要带头执行，要求教职工做到的，领导必须首先做到。对违反规章制度的，不论是谁，都应一视同仁，照章办事，按章处理，不允许有太多的个案，不允许特殊人和特殊群体存在。制度必须成为约束每个部门和每个个人的行为规范。

四、突出人的发展　坚持以人为本

以人为本是和谐发展的本质和核心。人是高校发展的主体，发展要靠人，发展的目的是为了人。这是高校改革与发展的核心思想，是高校工作的出发点和归宿。以人为本的核心在于对人性的充分肯定；在于对人的潜能和智慧的信任；在于最广泛地调动人的积极因素，最充分地激发人的创造活力，最大限度地发挥人的主观能动性。

和谐校园的"和谐"源于协调和默契，表现为水乳交融的自然状态，营造的是融洽的人际关系。突出人的发展，建立和谐的人际关系，是实现育人使命的需要，是构建和谐校园的需要，也是完善人格的要求。人际和谐就是要大力倡导公正、公平、宽容、宽松的理念；倡导紧密贴近实际、贴近生活、贴近师生的工作作风；倡导尊重人、关心人、依靠人的良好氛围。在实现人际和谐的过程中，组织对个人，要公正、公平、尊重和保护每个人的合法权益；个人对组织，要讲服从，讲大局，讲贡献；个人与个人，要提倡尊重，提倡关爱。各级领导干部要与师生员工同呼吸，共命运，心连心，重实际，说实话，办实事，求实效，切实贯彻落实尊重劳动、尊重知识、尊重人才、尊重创造的方针。

高校是知识分子和青年学生集中的地方，他们观念新颖、思想活跃、富有创新精神，同时又具有较强的自我意识和民主意识。因此，在高校落实以人为本，必须首先考虑知识分子和青年学生的基本特点，要让教师参与学校的决策与管理，给教师充分的自主权，鼓励教师建立自己的教育思想，支持教师进行教改实验，形成自己的教学风格，让教师真正感到自己是学校的主人，感到学校这个"家"的温暖。

学生的个性素质和公共素质的高低是评价和谐校园构建成功与否的一个重要尺度。学生个性素质和公共素质协调发展是和谐校园的一个重要标志。在构建和谐校园的过程中，应坚持育人为本，坚持发展学生的创新潜能与弘扬学生的主体精神相结合，使学生做到人格上自尊、学习上自主、生活上自立、行为上自律。

我国传统文化中有"和而不同"的重要思想，其实质就是倡导不同事物之间的和谐，用"和"去协调"不同"。构建和谐校园，关键是协调好、处理好学校内部各方面的利益关系，使学校内部的各种力量达到一种和谐状态。这就要正确反映和兼顾教师、学生、干部和职工之间的人际关系、利益关系，既要重视教师队伍建设，又要加强干部队伍的培养，还要发挥职工队伍的作用。同时，学校的一切工作必须坚持以学生为中心。要完善密切干群关系、师生关系的沟通机制，学校的各级干部都要把服务群众、凝聚人心、协调利益、化解矛盾、排忧解难作为首要职责，真正做到"权为民所用、情为民所系、利为民所谋",从而使学校处于一种协调、均衡、有序的发展态势。

五、丰富校园文化　坚持安定团结

丰富校园文化，坚持安定团结是构建和谐校园的重要一环。校园文化是一所大学办学特色的浓缩和积淀，是这所大学独特个性的具体体现。校园文化既是精神的，又是物质的。它包括浓厚的学术氛围、丰富的文化生活、共同的价值取向、文明的生活方式、良好的校容校貌等。大学理应代表一个国家和民族精神的精华，而最能体现大学精神的，就是一所学校特有的学风和校风。因此，在丰富校园文化的过程中，首先要注重学风、校风的建设，要从历史传统、精神氛围、理想追求、创新精神、团队精神等方面提炼校园文化的特色和亮点，以增强学校的凝聚力，让每一个置身校园或从校园走出去的成员都能终身受益，并终生热爱学校，关注、支持学校的兴旺与发展。

基础设施文化、自然人文环境文化是校园文化的重要内容。校园环境能起到无声的育人效果。因此，学校要加强校园环境建设，重视教学、工作、生活、娱乐设施和校园景观建设，注意搞好"和谐校园"的设计布局、形象策划，将使用功能、审美功能、教育功能和谐统一，让每一座建筑、每一个设施、每一处景点都会说话，给人美感，给人启迪，使人奋进。

稳定是基础，平安是保障。和谐校园应当是安定团结、融洽祥和的校园。维护学校稳定，保持安定团结，是做好各项工作的重要前提，是构建和谐校园的内在要求和重要保证。没有高校稳定，和谐社会无从谈起。高校在构建和谐校园过程中，要正确处理好改革、发展、稳定的关系，坚持在改革中求发展，在发展中促稳定。要根据学校的实际情况，着力解决学校发展中存在的突出矛盾和问题，坚持在源头治理上下功夫，在完善长效机制上下功夫，着力提高化解矛盾的能力，提高控制局势的能力，把和谐的要求渗透到各项工作中，让稳定保和谐，让和谐促发展。

高校是整个社会体系的重要组成部分，构建和谐校园则是构建和谐社会的重要组成部分。高校应在构建和谐社会中发挥良好的示范作用，让和谐校园的构建成为推动和谐社会构建的强大力量，从而为实现构建社会主义和谐社会这一重大战略任务做出应有的贡献。

注释：

[1] 朱崇实.正确处理若干关系　着力构建和谐校园[EB/OL].[2005-05-23].http://xcb.xmu.edu.cn.

［2］田建国.和谐社会与和谐大学建设［J］.中国高教研究，2005（6）.

［3］张桂宁.学习社会主义和谐社会理论构建和谐大学校园［EB/OL］.［2005-06-21］.http：//www.newgx.com.cn.

［4］乔学光.构建和谐校园 培养优秀人才［N］.光明日报，2005-6-8.

［5］同注释［4］.

［6］李克敏.构建和谐校园是高校改革发展的重要任务［N］.光明日报，2005-6-21.

坚持稳中求进　促进内涵发展

内涵是一个逻辑学的概念。学校的内涵发展是一种以学校的办学理念、管理制度、师资队伍、课程体系、教育质量、办学特色等内部因素为动力和资源的发展选择。它关注的是学校长远的发展、合理的发展、科学的发展。走内涵发展之路，已成为当今高等教育发展的主题和高校综合实力提升的焦点。无疑，高等教育正在努力实现由规模发展向内涵发展的转变，未来高等教育的竞争将集中在以特色和质量为核心的内涵发展之中。

一、内涵发展应该以稳中求进为原则

内涵发展是一种细致的、渐进的、长远的发展模式。内涵发展与稳中求进是一种辩证的关系。内涵发展追求的就是稳中求进，就是更科学更符合教育规律的发展。

1. 稳是指要夯实基础

邓小平同志提出摸着石头过河，其实就是创导稳中求进。河是要过的，但不能掉到深水里，不能盲目地过。稳中求进，首先是"稳"，"稳"是"进"的前提和基础。"稳"是基于高等教育的特点，不能搞运动，不能大跃进；"稳"是基于高等教育成果滞后的规律，不能急于求成。"稳"不是缺乏干劲、决心和信心，不是原地踏步，等着"求进"，而是为了更加理性、科学地对待发展。稳不是不发展，不是慢发展，而是为了立足当前、着眼长远、不动摇、不懈怠、不折腾，更加有序地、理性地发展。

一所学校的发展需要有坚实的基础，离开基础的任何发展是不可能长久的。有人提出，一所大学，五年建成国内重点，十年建成世界一流，这完全是外行话。五年十年可以盖起大楼，可以移来一些大树，甚至也可以请来一些学界名人，但这只是一种表面的发展。它不能代表大学的积淀，不能代表大学长期形成的校园文化，不能代表一所大学应具有的那种风格、气度和精神。牛津大学经过多少代人800多年的努力和奋斗，才有了今天的声誉和地位。建一流大学的愿望是美好的，但大家都争一流是不现实的，更是不可能的。高等教育发展到今天，应该有所反思，应该冷静地面对，应该毫不犹豫地将规模发展转变为质量发展，将粗放发展转变为精细发展，将同质发展转变为特色发展，将模仿发展转变为创新发展。只有"稳"才能实现真正的"进"，只有夯实基础，才能实现健康的发展。

2. 稳是指要明确方向

办学要有正确的理念，发展更应有明确的方向。要实现学校的内涵发展，首先要坚持理念先行，形成学校发展的愿景，明确学校的发展方向，将办一所什么样的学校的理想融入学校的各项实践活动中，将怎样办学的基本理念转化为学校教育教学的行为指南。

学校在发展过程中，决不能迷失自己，丢掉治学精神，而是要始终坚持正确的办学理念，追求真理，追求卓越，反对和防止学风浮躁、急功近利、盲目跟风、同质发展。要牢固树立正确的教育观念和教育价值观。坚持规模、结构、质量、效益、速度的协调发展，正确处理好眼前与长远、教学与科研、学生与教师、服务和管理等关系。要把学校的理念、愿景转化为学校具体的发展规划，将办学的基本理念和学校发展目标用规划和行动方案的形式表现出来，以此来引领和规范师生员工的行为，让理念成为人们的行为准则，让目标成为人们前进的方向。

稳中求进就是要在明确方向的前提下谋发展。因为只有方向明确了发展才会有动力，才会更加顺利、更加科学。

3. 稳是指要选对路径

学校的内涵发展需要有正确的理念，需要有明确的方向，还需要有合适的路径。只有有了适合发展目标的路径，发展才能得以深入，才会少走弯路，少受挫折，才能取得预想的效果。稳中求进就是为了选对正确的发展路径。路径的选择应该是冷静的、理性的，应该是建立在调查研究、充分论证的基础之上；应该是实事求是，符合校情，符合目标方向的。一般而言，内涵发展的路径应在改革、创新、特色、质量诸方面去考虑。

高等教育还面临许多的问题，改革是解决这些问题的必由之路。高校要在内涵发展上有突破、有进展，必须走改革之路。要对学校一切阻碍发展的机制体制进行认真的改革。特别是要把教学内容、教学方法、教学模式的改革作为高校教育教学和人才培养的最基础性工作。用改革来促进学校的内涵发展，用改革来推动学校的各项工作。

创新应是学校内涵发展的另一重要路径。创新意味着突破，意味着做前人没做过的事，走前人没走过的路。不敢或不能突破，不能闯出新路子就称不上创新。要有所创新，就必须解放思想，大胆实践，敢作敢为，敢破敢立。特别是在管理体制的改革上，必须有切实可行的措施，必须有取信于民的实绩。因为体制机制不顺，会制约硬环境和软环境的改善，削弱工作效率，伤害师生员工的积极性、主动性，从而影响教育教学的改革，影响学校的整体发展。

特色是学校发展的必由之路。高等学校要健康发展，必须改变千校一面的局面，走特色发展之路。特色是大学的灵魂，是大学立足与发展的根本。特别是众多的地方高校，有特色才能有作为。走特色发展之路符合经济社会发展的时代要求，符合因材施教的教育规律，符合差异化发展的办学定位。

质量是高等教育的生命，是高等院校常抓不懈的永恒主题。全面提高高等教育质量，特别是把人才培养质量放在首位，是当前我国高等教学发展的当务之急。高校要走内涵发展之路，必须牢固树立以提高质量为核心的教育发展观，把提升质量贯穿于人才培养、科学研究、社会服务、文化传承的始终。

二、内涵发展应该以特色凝练为重点

强化特色意识，走特色取胜的内涵发展之路，已经成为众多大学生存发展的共同战略选择。高校必须以特色求发展，以特色构筑核心竞争力。一所有影响力的大学，一定是有特色的大学。特色可以是学科特色，可以是人才培养特色，也可以是校园文化特色。特色追求的不是整体领先，全面优秀，而是某些方面的卓越，某些领域的品牌与实力。

1. 学科特色的凝练

学科是学校办出特色的关键，学科特色是大学特色最直接的映射。促进内涵发展，龙头是学科建设，基础是人才培养，关键是科学研究，核心是师资队伍。在学科特色的凝练中，应坚持"突出重点，整合优势、打造品牌"的原则。学校应清楚地认识到，现有学科所处的地位，存在的优势和不足，面临的机遇和挑战。要扬长避短，积极支持培养现有的优势学科，尽量保持其现有的优势地位，或使其在短期内处于优势地位。在此基础上，要培养和新增若干交叉新兴学科，整合各种优势资源，努力将其凝练成新的特色学科。在学科特色的打造过程中，要特别注意学科带头人的培养和学术团队的建设，使其始终处于较高甚至领先的水平。在突出特色、形成品牌的同时，不能疏忽整体的推进、全面的提高。学校的学科、专业，没有一个是不重要的。有许多学科是相互支撑的。应该强调交叉融合，让重点和特色学科引领其他学科的发展，让其他学科衬托支持重点和特色学科的发展，从而形成一种科学合理、理性循环的学科发展局面。

2. 人才培养特色的凝练

人才培养是大学的根本任务和核心使命，人才培养质量是大学办学质量的第一体现。为社会输送高素质的人才，是大学责无旁贷的职责。人才培养特色的凝练是内涵发展的重点内容，是学校工作的重中之重。

但是，客观地看，高校在人才培养质量的提升方面没有取得突破性进展，高校人才培养质量下降的声音不时出现，创新型人才培养更是呼声高于行动，愿望多于方法。这其中有观念的问题，有创新力度的问题，有重视程度的问题，也有工作方法的问题。

人才培养特色的凝练从内容上看，首先是大学精神的培养。大学的目的是追求真理、追求光明。大学的灵魂是独立的精神、自由的思想。在育人上首先要培养学生健全的人格，然后才是教给学生经世致用之道。没有强大的人文素质的支撑，不可能出现伟大的科学家和各种卓越的人才。其次是现代公民的培养。高等教育的首要任务是培养现代公民。要引导青年学生树立国家利益至上的价值观念，要培养学生服务国家、服务人民的社会责任感；要培养学生的爱心、同情心、感恩之心，懂得尊重人、关心人、帮助人，懂得诚实守信，遵守社会公共准则。最后是科学文化知识的培养。要让学生懂得学什么、怎么学，用科学的求学态度、勤勉的求知精神去塑造自己、完善自己，以真知实学去服务社会、报效国家。

人才培养特色的凝练从方法上看，首先是要创新人才培养模式。人才培养模式的创新应包括价值取向、目标定位、教学资源、教学方式和教学评价等方面。高等学校要培养高素质、高水平的人才，除提升自己的办学水平和办学实力外，必须走教育创新之路。要根据实际需要，科学地确定人才培养目标、制定人才培养方案，合理地选择教学内容，恰当地安排教学实践，在顶端设计上体现出人才培养特色。

其次是加大改革力度。要加大教学过程的改革，将创新思维与创新能力的培养贯穿于教学的全过程。要着力培养学生的质疑精神、批判性思维和学习研究能力。要加大教学方式的改革，积极倡导开放式教学模式，引导教师与学生互动，推进课堂教学与社会实践结合，提高学生的主动性、参与度和成就感。要加大办学模式的改革，要积极实行开放办学，努力探索利用社会资源的方法和路径，让学校与社会的联系更紧密，让学校培养的人才更适应社会的需要。

3. 校园文化特色的凝练

文化是人类的精神家园。校园文化是大学人在大学校园生活、学习、工作中形成的群体精神，是大学的办学理念、办学特色、办学成果的综合体现，是大学的物质文化、精神文化和创造过程的总和。校园文化特色的凝练是学校内涵发展的重要内容。它关系到学校的品质、学校的气度、学校的可持续发展。

长期以来，人们对校园文化的认识存在着不同程度的片面性，认为校园文化重在环境建设。校园物质文化是校园文化建设的基础，也是整个校园文化的外在标志。但是校园物质文化建设的目的是使它成为精神文化的载体，精神文化建设才是校园文化建设中实质性、根本性的组成部分。所以在校园文化特色的凝练过程中，要避免将关注点只集中在优美的校园环境、丰富的校园文化活动上，而是要特别注重学生人性、品行、气质、性格、习惯的塑造，要加强人文素质教育，注重学生道德修养、敬业精神、事业感、责任心的培养。

校园文化特色的凝练要特别重视师德建设，着力提升大学教师的师德素养。高校教师应切实担负起立德树人、教书育人的神圣职责，淡泊名利，志存高远，奉献大爱，自强不息，为全面提高育人质量，提高全民族的文明素养做出自己的贡献。

校园文化特色的凝练要特别重视营造和谐的管理文化，要切实践行以人为本的理念。大学的主要任务是培养人。大学是主要由学者和学生组成的培养人才的场所。因此，大学的一切工作都是为了人才的培养，大学的一切规章制度要从是否有利于学生成长的角度出发，而不能从方便管理的角度出发。大学的一切管理措施都应体现对学生负责、关爱的理念，突出师爱，强化责任，倡导奉献，关注生命，把追求学生的全面、健康、差异化发展作为管理的终极目标。在管理中体现育人，在管理中体现学校的精神，在管理中弘扬和传承校园文化。

三、内涵发展应该以质量提升为核心

胡锦涛同志曾在庆祝清华大学建校 100 周年大会上的讲话中指出："不断提高质量，是高等教育的生命线，必须始终贯穿高等学校人才培养、科学研究、社会服务、文化传承创新各项工作之中。"要办好一所大学，最核心的任务是确保教育质量。学校要走内涵发展之路，就必须以质量提升为核心，在教学质量、科研质量、管理质量的提升上下功夫。

1. 教学质量的提升

人才培养是高等教育的本质要求和根本使命。衡量高等教育质量的第一标准就是人才培养的水平。提高教学质量、提高人才培养质量应成为高校工作的重中之重。

教学质量的提升，首先应该在观念上下功夫、思想上有认识。思想是行动的先导，提升教学质量必须转变观念，破除传统思想的束缚，努力构建一种促进师生共同发展的现代教学质量观。这种质量观能充分体现人文性，充分关注作为一个完整的人的情感、态度和价值观的形成，始终让教学过程体现人文关怀。这种质量观能充分体现发展性，关注的是学生的长远的、可持续的发展。这种质量观能充分体现全面性，关注学生综合的、整体的发展。科学的教学质量观是提高教学质量的内在动力，在提升教学质量的过程中必须牢牢把握。

教学质量的提升要注意充分调动学生的积极性和主动性。教学不仅仅是传授知识，更重要的在于唤醒、激励、鼓舞学生的自觉。这是当前教育改革的基本方向和提高人才培养质量的根本选择。因此，高校在教学过程中要充分注重激发学生的学习兴趣、学习信心、学习动力和实践意识，注重激励学生的学习毅力和创新精神。这也是体现人性化、可持续、全面性教学质量观的具体实践。

教学质量的提升要注意切实加强教师队伍建设。教学质量的提高，关键在教师。没有教师的质量就没有学生的质量。要高度重视引导教师的师德师能自觉。这既是提升教学质量的需要，也是对教师的关爱。要引导教师把主要精力投入到教学工作中，要为教师搭建沟通交流、帮扶、发展的平台，要加强对中青年教师的培训与培养，要注重教师的梯队建设，要让每一个教师都尽可能地为教学质量的提升做出自己的努力。

教学质量的提升要注意强化实践育人的环节。坦率地说，实践育人一直是高校人才培养中的薄弱环节。从学校到社会，从学生到教师，谁都明白实践出真知的道理，但实践效果却不明显。我们的高等教育更多的还是依赖传统的课堂教学。学校、社会、学生、教师都缺乏对实践、实习的积极性和主动性，更缺乏行之有效的方式和方法。优化知识结构、丰富社会实践、强化能力培养，是新时期人才培养质量的新要求，也是社会发展、国际竞争对高校提出的新要求。因此，高校只有真正将实践育人的理念贯穿于人才培养的全过程，才能有效解决重课堂教学、轻实践活动、重知识、轻能力的问题，才能真正让学生在实践中增长真才实学，在服务奉献中健康发展，才能真正体现教学质量的提升。

2. 科研质量的提升

科学研究是高校的四大任务之一。高校科学研究的质量和水平关系到教师自身的发展，关系到学校整体实力的提升，更关系到高校对国家社会的贡献度。如果没有高校在科学研究中取得的成绩，就不可能有今天它所享有的学术声望和社会影响。高校科学研究的质量和水平，直接体现其内涵建设的水平。高校要加强内涵建设，进一步提升科研质量，应该正确处理以下几种关系。

一是要正确处理教学与科研的关系。对大学来说教学和科研是相互依存的两个方面。加强内涵建设，基础在人才培养，关键在科学研究，二者缺一不可。高校在推进内涵发展的过程中，必须克服科研冲击教学、教学挤压科研的思想，消除某些领导和学者头脑中存在的教学和科研相互矛盾、相互对立的错误观念。牢固树立"质量立校、科研强校"的战略思想，在抓好教学中心工作的同时，抓紧抓实科研工作。须知教师要培养出高质量的人才，必须对先进的科学技术和文化发展最新成果进行学习、消化和创新。同时，科研创新成果应用于教学的过程也是对这些成果进行检验、提高的过程。教学和科研是相辅相成、相互促进的。加强内涵建设，必须处理好教学与科研的关系，把教学与科研的密切结合作为内涵发展的重要内容。科教融合是提升学术水平的需要，更是培养创新人才的需要。

二是要正确处理好个体与团队的关系。搞科研要交叉融合，协同合作。高校的科学研究工作不仅要在校内协同合作，而且要进行校与校之间、校与企之间、校与政府之间、校与科研机构之间，甚至与国外相关机构之间的协同合作。这是提升国家创新能力的需要，也是高校培养创新型人才、提升科研能力的需要。因此，高校应该以"交叉融合、协同合作"的理念推进科研工作，打破封闭分散的格局，充分发扬团队的作用，发挥多学科的优势。与此同时，也要充分考虑高校专家学者人数众多，学科领域广泛分散，工作性质科教融合的特点，允许、鼓励、支持部分专家学者各具个性地开展自由探索、自主创新。高校的每一位教师都可以独立地开展学术研究，不一定要拘泥于某个现有的学科方向，更不一定要依附于某位学术带头人。高校应当理解、尊重、包容学者们的学术选择，充分体现"自由的思想、独立的精神"。

三是要正确处理基础与应用的关系。基础与应用的关系跟长期与短期的关系有密切的联系。这实际上是一个科研方向、科研内容选择的问题。毫无疑问，高校应瞄准基础前沿，取得更多的原始创新成果，不仅要研究昨天、今天，更要研究明天，研究未来的发展。基础研究是原创性的研究，学术积累就是质变之前的量变。这种研究需要坐冷板凳，需要经历更长的时间，需要静得下心、沉得下气。同时，科研需要服从于、服务于国家和地区发展的需要，需要解决一些实际问题、迫切问题、眼前问题。对于工程性的问题、对于应用性的研究就需要在特定的时间内出成果。科学研究中这种基础与应用、长期与短期的关系应该正确地予以处理。高校应该在务实、创新、协同的前提下有所为、有所不为，有所大为、也有所小为。

3. 管理质量的提升

高校要稳中求进，促进内涵发展离不开高质量高水平的行政管理。管理质量的提升是内涵发展的重要内容。高校的管理队伍是学校人员构成的重要部分。没有科学高效的管理，高校就得不到正常运转，高校的教学、科研等活动也不可能顺利进行。

要提升高校行政管理的质量，必须牢固树立服务育人的理念。一切管理人员都应以学生、教师为本，放下管理者的架子，将管理体现在服务中，体现在育人中，用服务去体现对学生、对教师的关怀；用服务去支持、推进学校教学、科研工作的进行；用服务去创造和谐的环境氛围；用服务去促进学校的健康发展。

要提升高校行政管理的质量，必须加强对机制体制的改革，用发展的眼光、创新的精神去改变一切不适应学校发展的规章制度、理念观念，让科学的理念、科学的制度来体现科学的管理。要提升高校行政管理的质量，必须提倡和实行管理的精细化。

精细化管理是企业管理学中的概念，它的根本内容是强调把管理工作做到细处，做到实处。高校管理质量的提升，要靠管理者高度的责任心、严谨的工作态度、强烈的服务意识；要靠科学合理的机制体制，也要靠精细化的管理。精细化的管理强调的是周到细致、精雕细刻；追求的是"科学管理"与"人本管理"的有机结合；倡导的是科学精神与人文精神的统一。精细化管理是提升高校行政管理的重要途径，也是创建健康和谐的管理文化的必由之路。

在高等教育飞速发展的今天，在努力践行"教育兴则国家兴，教育强则国家强"的过程中，高校要冷静、理性地分析自己的情况，科学合理地制订发展规划，追求稳健地发展、科学地发展，坚持走以质量提升为核心的内涵式发展道路，努力建设有特色、有作为、有贡献的大学。

全球化背景下外语院校的国际化发展

高等教育国际化是指高等教育的发展既适应本国的需要，又注意适应世界形势发展的需要，既保持、发扬本国的传统与特色，又注意吸收国际高等教育的经验。高等教育国际化契合当前全球范围高等教育发展的大趋势。在异彩纷呈同时又充满挑战的21世纪，国际化将成为高等教育发展的一种常态化景观。国际化对于中国大学而言，是因应经济全球化和国际人才竞争的一种重要手段，也是建设高水平大学和教育强国的题中之意。尽管理论界对高等教育国际化的内涵，还没有形成统一的认识，但是国际化已然对大学发展的核心产生了不可逆转的影响。

一、高等教育国际化与外语院校发展空间的拓展

追溯世界高等教育发展的历史轨迹，我们不难发现，现代意义上的大学自诞生之日起，就被赋予了国际性的灵魂，注定了大学在繁衍生存过程中的开放性、流动性与合作性趋势。自20世纪90年代以来，世界范围掀起了新一轮的高等教育国际化浪潮。这场以国际化为标志的无声革命，对世界高等教育产生了巨大冲击，大学的面貌随之发生了重大变化。这一现象在高等教育领域引起的变化，使我们不得不直面和思考这样几个问题：什么样的大学国际化发展模式应该被采纳？我们彼此间是否会愈来愈失去个性？大学国际化又会得到怎样的结果？

上述几个问题的核心实际上是如何看待和如何实践高等教育国际化的问题。高等教育国际化代表的是，越过校园围墙的相互学习、相互交流与相互合作。它是一个包罗万象的变化过程，将研究、创业、社会和文化等众多元素融为一体。在全球化急速发展且充满众多不确定因素的今天，只有通过国际合作和交流，一些全球性问题才能得到真正解决，高等教育国际化的重大意义正在于此。

联合国教科文组织在其1995年发表的《关于高等教育的变革与发展的政策性文件》中，将高等教育的"国际化"与"适切性"和"质量"相并列，并认为它们是当前世界高等教育变革与发展的三个最主要方面。如今，大学之间的国际交流活动在规模、范围和复杂程度上都远远超过了25年前，国际化成为撬动大学发展的一种新常态。全

球化使国家之间惯有的疆域界线变得模糊,全球人的生活更加紧密地联系在一起。任何一个国家的高等教育,已经不可能在开放且复杂的社会环境中独善其身。相反,有一张庞大而复杂的社会关系网,把大学和社会其他主要机构连接了起来。大学及其管理者,需要更加睿智地预测和掌握大学的未来发展,在面向世界发展的趋向与过程中更多地与世界接轨。美国著名教育家克拉克·克尔曾预言:未来社会将是大学通过国际教育,来实施对民族化教育服务的时代。

我们知道,促进文化繁荣是大学的固有使命。拥有数量可观的,具有跨文化交际能力和学术底蕴的师资队伍与科研队伍的人才优势,长期从事外国留学生教育教学的传统优势,使得外语院校在"古今汇合"和"中外融通"这一文化坐标上,具有无可替代的比较优势。从这个意义上说,高等教育国际化的时代趋势,为外语院校的比较优势提供了发展空间。

二、高等教育国际化与外语院校发展模式的选择

纵观世界著名大学及科研机构的发展轨迹,大学国际化的实现途径主要有四种模式:

(1)行动模式:在过去的几十年间,这种方式在欧美国家非常盛行。它包括交换学生、国外学习、教职员工旅行研究、课程修订等内容,具有较强的可发展性与可操作性。

(2)能力模式:与行动模式相比,这种模式是一种以学生为主体的高等教育国际化模式。它能够很好地帮助学生获得必要的,适应国际环境的知识和能力。但在判断何种能力更重要,以及其判断标准时,人们的观点存在很大分歧。

(3)文化模式:许多大学都在努力塑造一种浓厚的学术环境和研究氛围。在这种氛围中,学生和教职员工可以追求各种真理和价值。这种方式在学生的衣着、校园艺术品和音乐、食品供应、学术课程上均能反映出来。

(4)过程模式:相当一部分大学把国际化视为区别于其他大学的首要特点。这种模式注重的是,大学在人才培养、科学研究、社会服务的具体职能中,如何全面体现国际化因素。实施大学国际化战略需要综合考虑办学目标、教育政策、发展步骤、聘用方式、经费预算等诸多因素。

当前,中国的高等教育像其他国家一样,正在不断地全球化。这种现象反映在中国大学的每一个角落。从"竞争"这个维度上看,席卷而来的,具有市场经济特点的高等教育国际化,对外语院校的影响同样深刻。外语院校的国际化之路正处于历史性转折的十字路口,如何走出一条区别于其他类型高校的国际化发展之路需要我们共同

进行思考。

三、北京第二外国语学院的教育国际化策略与实践

国际化对于二外来说并不是一个崭新的话题。早在建校之初，北京第二外国语学院就秉持"国际化从校园开始"的理念，坚持面向世界、了解世界、沟通世界，致力于把培养"有根"的世界公民，视作学校回馈社会的最珍贵的礼物。在新的历史条件下，二外人正努力把学校建设成为连接北京与世界的桥梁。

北京第二外国语学院的国际化策略主要包含以下几个方面：

1. 用行动营造氛围，塑造"国际化共鸣"

一直以来，学校十分注重营造国际化的校园氛围，强调必须将国际化的观念渗透到学校的各项工作之中，在学校建立一种开放性、国际性的氛围。通过举办长期性和周期性的国际文化交流活动，学校努力为广大师生与世界更好地沟通交流，构建文化信息交流与共享的平台。学校还大力支持和鼓励广大师生参与国内外各类国际交流活动，体验国际教育的经历，引导师生将国际化视为一种明确的赞同、积极的态度、全球的意识并内化为一种精神气质。

2. 把培养具有国际胜任力的优秀人才放在第一位

人才培养的国际化是大学国际化的核心内涵，教学和课程的国际化是人才培养国际化的基础和前提。为此，学校制定和实施了"国际素养人才培养工程"，教学与课程的国际化体现在以下三个方面：

一是将跨文化理解、国际合作精神等内容融入现有课程中，同时大力引进国外优质教材和先进的教学理念、教学方法，开设有助于促进对国际与区域文化理解的国际化课程。

二是根据不同学科专业的特点和人才培养要求，稳步推进双语教学。

三是利用海外教育资源，开设全校选修课。

四是开展国际联合教学，使用国际网络远程教学方式，试图在国际化与本土化中寻求平衡点。

3. 加强对外交流与合作，建设国际性大学

中外师生的国际交流，是大学国际化的显著特色。学校十分重视并广泛开展国际交流与合作，积极扩大对外开放，主动开展学术交流和科研合作。学校制定并实施了"国际视野科研涵育工程"和"国际交流水平提升工程"，具体做法是：

一是构建定期的教师海外培训机制，提高教师的跨文化交际能力。

二是建立教师和学生交换学习制度。

三是制定国际旅行和学术会议项目，鼓励教师开展国际研究合作项目。

四是加大课程研发投入力度，构建全英文授课课程和学历项目建设的激励体系，推出一批符合留学生学习需求的核心课程。

4. 利用海外教育市场，培养和引进高层次人才

一所高水平的大学，其师资力量往往是高度国际化的。近年来，我校采取培养与引进并行的办法，来促进教师队伍的国际化。实施了"中青年教师海外提升计划"和"海外教师聘任计划"等一系列措施，从国内外引进了一批优秀中青年学术骨干。这些学术骨干多数具有海外学习和研究经历，很多从海外名校获得博士学位。他们的引入，大大丰富了教师学术背景的多样性，提升了教师队伍的国际化水平。目前，全校博士师资比例达40%，海归师资比例达13%，具有海外学习经历或背景的教师在85%以上。

5. 构建留学海外蓝图，支持更多学生走向世界

在政策上，学校对于在校生的出国学习，以及与专业相关的国外进修、实践，既认可为相应的课堂学习学分，也认可为专业实习学分。

学校设立了180万元的"公派境外学习奖学金"，与学校学生奖学金系统实行联动，用于每年资助优秀在校生赴国外，进行一学期及以上的出国学习。

大力开展国内外联合培养本科生项目和暑期大学生海外交流等项目，积极建设国际化人才境外培养平台，力争使80%以上的外语类专业学生、30%以上的非外语专业学生在四年学习中有一次海外学习、实践的经历。

6. 完善制度保障，构建大学国际化支持系统

长期以来，学校一直按照国际化标准衡量办学水平，大力加强学校软硬件资源与环境建设力度，为创建国际性大学营造良好的发展氛围。在这方面，主要做了以下工作：

一是构建了国际交流与合作项目共享体系，充分利用现有国际交流资源，打破原有"谁的项目谁使用"的模式，把各院（系）国际合作与交流项目向全校学生开放，资源共享，为学生提供更多选择。

二是开展学生海外留学成果跟踪工作，建立海外留学生资料库，追踪海外学习经历对学生职业发展的效果。

三是提高对国际学生的支持力度，促进国际学生对汉语以及中华文化的学习和研究。

四是建立健全奖优帮困的资助政策体系，适度提高和扩大奖学金资助额度与资助范围。

中国高等教育正在走向世界。国际化发展道路是中国高校顺应高等教育国际化发展趋势，全面提高办学水准的基本路径。值得指出的是，我们所要建设的大学不是在中国再造一所哈佛或牛津，而是要建设符合国家需要的、彰显中国特色的大学。这就要求我们建设的大学，不仅要和国际一流水准的大学"形似"、"神似"，更要有自己独特的"基因"和"灵魂"。

推动学校发展的重要因素

高校的健康发展是高校的管理者和广大师生员工共同为之奋斗的目标，也是社会的期待和要求。推动学校发展的因素是多方面的。本文只从以下几个层面进行探讨。

一、推动学校发展的核心是学科建设

大学的建设和发展，学科建设是龙头，是根基。学校通过加强学科建设，为专业建设提供支持，为人才培养提供保障，为科学研究、社会服务、合作交流提供平台。学科建设对学校发展具有战略性和全局性作用。一所大学，最能体现水平的就是学科。

学科建设要有目标，要围绕国家重大战略需求，以及地方经济社会发展的需要。高校通过学科建设，构建有影响力的研究平台，汇聚高层次人才，打造高水平学科团队，从而为服务国家，服务社会提供强有力的人才和科技支撑。

学科建设要有重点，要把着力点放在以下工作上：

第一，培养高质量人才。要突出人才培养中心地位，优化人才培养方案，推进教研融合，强化创新创业教育，建立符合研究生教育发展规律，以提高创新能力为核心的研究生招生、选拔和培养机制。

第二，产出标志性科研成果。要高度重视科研成果的产出，推动交叉融合、协同创新，通过团队建设、平台构建、科研项目实施和学科资源合理配置产出标志性科研成果。

第三，提升社会服务能力。要围绕国家和地方经济社会发展需求，组织实施针对性的科研项目，提高科技成果转移转化能力，努力提高服务社会，引领社会的质量和水平。

第四，促进国际交流合作。要积极参与国际学术交流活动，主办、承办各类国际学术会议。在人才培养、师资队伍、科学研究等方面推进国际化战略的落实。

第五，引进培育领军人才。要加大引进和培养高端人才的工作力度，充分发挥领军人才在学科建设中的火车头作用。

二、推动学校发展的基础是优质本科

对高等院校而言，最重要的应该是本科教育。这是由本科教育在大学里的地位决定的。高校要大力提倡，大力宣传"一流教学、一流本科"的目标。一所学校的质量如何，最根本的因素是其培养的毕业生在社会上的表现。无论是以本科教育为主的院校，还是以研究生教育为主的院校，都应高度重视本科教育。没有好的本科，不可能有好的研究生。要实现优质本科，需要关注多方面的问题，尤其要关注以下几个方面：

一是用心设计课程体系和课程内容，以适应社会的发展和需要。

二是用心设计提高学生创新能力的举措和手段。

三是真心对社会和业界开放。一方面是让学生接触社会，了解业界；另一方面也让社会和业界了解教育，提出建议，参与其中，实行产教融合。

四是用心培育学生自我教育和自主学习的环境。要着力培养学生的人文情怀和综合素质，提升学生融入社会、服务社会的能力。

五是真心把更多的研究资源、研究成果用于本科教育。

此外，在本科教育中，还有些值得重视的具体问题。

一是要选好一、二年级主课教师（班主任、班导师、精读老师）。高校的习惯是让刚毕业、新入职、最年轻的老师教一年级。这实在是一种不好的做法。新生班风的形成，与班主任有非常密切的关系。教师开朗，班风活泼；教师内向，班风沉闷。课堂气氛、学生的学习态度、学习风气、为人处世都与教师密切相关。新教师，不仅学业上功底浅，且无教学经验，缺乏好的教育方法、措施和手段，碰到棘手的问题不知如何应对，有些事处理不好甚至会影响学生一生的成长发展。因此一定要选配好低年级任课教师，同时加强对青年教师的培训培养，提升他们教学科研的能力。

二是要注意拔尖创新人才即尖子生的培养，要因人而异、因材施教，同时也要注意挖掘所有学生的潜力，让每一个学生都学有所成。

三是要高度重视班集体建设，要重视培养学生的集体感、荣誉感、归属感和团队意识，培育良好的合作精神。

四是师生之间要有交流有交往，真正的师生关系是靠情感维系的。师生之间如果没有交流，学风难以传承，学派难以形成。

教学对于教师是天职，也是一种良心活。教学也是一门艺术，艺术的意义在于创新。教书匠已不能适应 21 世纪的大学教学。大学教师应在创新中不断提升自己，以适应新时代高等教育的需要。

三、提升学校发展层次的是研究生教育

高质量的研究生教育是培养一流人才的基础，研究生教育在高等教育体系中具有特殊地位和关键作用。高质量的研究生教育是世界一流大学的主要特征。

加强研究生教育、提高人才培养质量既是国家战略需要，又是地方经济社会发展需要，更是新时代高校的责任与使命。高校要深刻认识发展研究生教育对于科学研究、人才培养、社会服务、文化传承的作用和意义，要将研究生教育同加快提升国家科技核心竞争力、促进各项事业健康发展紧密联系在一起。

质量是研究生教育的生命线，是研究生教育可持续发展的基石，是研究生培养工作的永恒主题。要提升研究生教学质量，把研究生培养好，应特别关注以下几项工作：

第一，要认真制订、切实落实研究生培养方案。虽然，研究生教学与本科生教学不同，研究生更多的是靠自己学习，是在研究中学习，但不能"放羊"，不能放任不管。

第二，研究生导师要切实负责，履行好导师的义务，对研究生要负责，要培养，要指导，要避免两种情况：一是不管；二是把研究生当苦力。

第三，要把好研究生论文关。研究生的毕业论文是他人生中真正意义上的第一次研究。从选题、开题、撰写、修改到答辩等，导师都要切实负责，认真指导，特别是要注意研究方法的指导，让学生知道什么叫学术研究，怎么做学术研究。

四、提升学校发展实力的是科研

一所大学靠什么支撑，靠什么立足，靠什么提升？靠学术，靠科研。科学研究是教师的重要使命。没有科学研究的大学，不能称之为大学。科学研究是提升学校发展的重要因素，科研的重要性、迫切性怎么强调都不过分。

第一，要进一步明确和处理好教学与科研的关系。华中科技大学前校长李培根认为：教学和科研就好像自行车的两个轮子，教学是后轮，科研是前轮。后轮是承载重心的，非常重要，而前轮呢，它从某种意义上讲代表了这个大学前进的方向，也很重要。高校教师应安安心心搞教学，踏踏实实做科研，科学处理二者之间的关系。教学和科研是互动的，一定要把科研引入教学，把教学纳入科研。

第二，要进一步激发广大教师从事科研的积极性、主动性和自觉性。除了科研考核、科研奖励等一些激励机制外，高校的院系要启发、动员老师来搞科研，申请项目。科研工作的管理部门要认真组织科研培训、学术沙龙等活动，在全校范围内营造良好的学术氛围。

第三，高校的研究机构要在科学研究中发挥引领作用、示范作用。科技机构热热闹闹成立后，要扎扎实实做事，做出成果，带动全校的科研。不能搭了一个很大的台，却只有一两个人在唱戏，而是要尽可能让更多的师生来唱戏，来参与。高校要有主动搞科研，积极搞科研的氛围。

第四，要在科研工作中提倡合作精神和团队意识。搞科技可以单打独斗，但更提倡团队合作。做大项目，出有分量的成果要靠团队合作；科研人才队伍的培养也要靠合作，靠大项目的促进和带动。要把科研的重心放在高水平、高质量上，关注数量规模的同时，更注意水平和质量。高水平、高质量的成果能为社会提供更好的服务，也能为学校发展提供更好的支撑。

第五，要加强合作和交流。一是要走出去，积极参加国际、国内的学术活动。但走出去不能只带耳朵，要带嘴，要去唱戏，去发言，去展示自己的水平，展示学校的实力。二是要请进来，把国内外一些知名专家学者请到校内、院内参加学术活动，为更多的师生提供学习借鉴的机会。此外，也要加强学科之间的联系，加强与其他院校和科研机构的联系，加强与政府和业界的联系，以求得支持和合作。

五、推动学校发展的关键是人才队伍

人才资源是第一战略资源。人才队伍是推动学校科学发展的关键。人才工作是学校工作的重中之重。高校要大力实施人才强教战略，积极构建结构合理、素质优良的人才队伍。人才队伍建设的基本路径应该是：

第一，坚持质量数量并重，适度扩大师资队伍规模。高校教师的数量是有具体标准要求的。高校要完成教学、科研等重大任务，就必须有一定的师资力量作保障。但在注意师资队伍数量的同时，更要重视师资队伍的质量。

第二，坚持培养引进并举，面向全球配置教师资源。经过几年的努力，高校的人才队伍建设已经取得了明显的成效，特别是各院校都有一些优秀的中青年教师脱颖而出。对这些优秀中青年教师，要继续加大培养力度，努力为他们的发展成长创造条件，提供机会。同时也要重视面向全球引进优秀人才，以促进学校事业的发展。

第三，改革完善管理机制，在实践中造就大师级领军人才。高校在考虑教师队伍的整体建设的同时，要特别注意创新人才、拔尖人才的培养。创新人才都有以下共性：一是学术敏锐性非常强；二是非常有激情，具有大胆探索的品质和批判意识；三是意志力非常强，在任何困难面前都不会轻易改变前进的方向。对于具有这样素质的人，要善于发现、善于培养、善于放手，善于为他们创造各种有利于发展的条件，而绝对不能压制，更不能怕超越自己，抢了自己的资源、地盘和风头。学校的领军人物就在这些人之中，学派的形成也要靠这些人来完成。

六、激发教师立德树人的内驱力是师德教育

近些年，高校人才流动的现象比较明显，特别是西部地区有些院校留不住凤凰、养不住大鱼，很担忧，也很无奈。这其中的原因是多方面的。高校应尽全力为师生员工创造良好的发展环境和氛围，凡是校内可以做到的，凡是通过主观努力可以做到的，一定要千方百计去做好，尽力提升教职员工的满意度。

但是从另一方面讲，我们国家近150年一直很贫困、很落后，内乱外患，多灾多难，确实有些人走了、跑了，但大多数人留了下来。在党的领导下艰苦奋斗，奉献牺牲，经过近百年的拼搏有了今天的繁荣和富强。史学家钱穆说过："士是中国社会的中心，应该有最高的人生理想，应该能负起民族国家最大的责任，更重要的是在他们的内心修养上应该有一副宗教精神。"知识分子要有五样东西：良心、头脑、眼光、胆识和脊梁。学校要关注教师的诉求，承认教师的付出，给予应有的回报。但更要加强师德教育，不断激发教师立德树人的内驱力。

七、推动学校发展的保障是良好的服务

高校的中心工作是教学科研，是人才培养。但教学科研、人才培养离不开科学有序的管理，离不开细致入微的教辅工作，更离不开高质量的后勤服务。学校的发展离不开而且迫切需要更高水平更高质量的管理、教辅和后勤服务。

第一是管理和服务要坚持科学、民主、人文。管理是一门科学，科学的定义在于求真。管理和服务工作一定要求真，一定要科学要合理，能保障和促进事业的发展。管理还要民主。学校、院系、机关各个层级都要民主、透明。越透明，意见越好统一，事情越好办。管理和服务更要人文。"门难进、脸难看、话难听、事难办"反映的就是人文关怀的缺乏。人文关怀，应该从态度做起。高校的管理服务如能坚持科学、民主、人文这三大特点，就一定能达到理想的境界。

第二是要坚持信任、理解、支持、合作的原则。高校内的许多工作牵涉到多个部门。机关一个部门要面对全校。院系一个单位要面对机关各个部门。这其中就有个信任、理解、支持、合作的问题。机关专职行政干部与教师行政干部也有个相互信任、相互理解、相互支持、共同合作的问题。各院系班子成员之间也需要相互体谅、共同配合，能在一起共事是一种缘分，应该珍惜。对己严一点，对他人多宽容一点，多做点换位思考，就会多一分和谐。扯皮、折腾对谁都没有好处，对学校的事业更会带来莫大的损失。高校上上下下都要学习牛的精神，力大无穷、任劳任怨，却不逞强。

第三是管理人员要有事业心、责任心。高校的管理人员一定要有事业心、责任心和奉献精神，要有精力、体力、时间的投入。心胸要开阔，要有包容心，要敢于管、善于管，敢于负责、善于负责。开展工作要动脑筋、想办法，大胆创新。要敢于担当，只要站得稳、行得正，师生自然会理解，学校肯定会支持。这里还要强调一点，就是管理人员自身要过硬，业务要过硬，能力要过硬，品德要过硬，要撑得起，叫得响，走得出去，亮得出来。这当然不容易，需要善于学习、敢于实践、不断总结。

第四是管理服务要讲方法、讲艺术。高校对管理人员的总体要求是无私心、讲大气、不惜力。在管理人员之间提倡：理念相通（是非观念是一致的）；坦诚相待，高度信任。在决策时要做到：无私心，有大局意识，了解、熟悉情况，果断、敢担当。从执行力的角度讲，要善于把理论问题实践化；要善于把复杂问题简洁化；要善于把合理的问题合法化。总之，管理人员要顾大局、讲大气、讲方法、讲艺术。只要上下齐心合力，把一件件小事做好，把一个个项目完成好，把一个个活动做成经典，口碑自然会越来越好，满意度一定会越来越高。

八、支撑学校健康发展的是校园文化

校园文化的建设是个长期的过程，认识要不断统一、思想要不断统一、行动要不断统一。要形成共识，变成全校上下共同关心、共同参与的行为，所以要经常讲。有人说，北大的石头是文化——有故事、有传说，隐喻着一种精神。这就是校园文化建设的作用和意义。大学要通过先进文化的积淀来形成大学品牌，培育大学精神。大学精神是大学办学的理念和价值追求，是大学不竭的动力和源泉。它是国家意志、社会趋势与大学人的精神相融合的结晶，体现着大学的文化传统，蕴含着深邃的办学内涵。

大学人也要有一种精神，一种执着追求学术的精神，一种奋发向上、自强不息的精神。进到大学，见到大学人，要让人感到有一种气场，这种气场就是奋发向上、自强不息的那么一股子劲。这应是大学校园文化建设的真谛。

提高高等教育质量的路径选择

全面提高高等教育质量，提高人才培养质量是高等教育发展的核心任务，是建设高等教育强国的基本要求。高校应树立科学的教育质量观，把促进人的全面发展、适应社会需求作为衡量教育质量的根本标准，选择正确的路径，下大力推进教育质量的提升。

一、高等教育质量概述

高等教育质量的概念出现于20世纪80年代末期。此后，质量问题就很快成为高等教育领域一直关注的热点问题。1998年在法国巴黎召开了首届高等教育大会，发表了两份重要文件：《21世纪的高等教育：展望与行动世界宣言》和《高等教育的改革和发展的优先行动框架》，把"质量"列为新世纪高等教育的三大主题之一。

进入21世纪以来，中国的高等教育进入了大众化的阶段，在学规模已达3700万人。在高等教育规模不断扩大的同时，如何提高高等教育质量越来越成为人们关注的重点。高等教育质量就是指高等教育满足社会需求的程度，包括政治、经济、文化、科技、社会和人的发展。质量是高等教育存在与发展的依据，没有质量保证的高等教育也就失去存在的价值和意义。

为大力提升人才培养水平、增强科学研究能力、服务经济社会发展、推进文化传承创新、全面提高高等教育质量，教育部制定并发布了《关于全面提高高等教育质量的若干意见》，要求从三十个方面做好工作，确保全面提高高等教育的质量。

当前，在如何提高高等教育质量论述方面，主要有四个关键词：质量，特色，创新，实践。质量是最终目标，特色、创新和实践都是实现目标的手段，为实现目标服务。

首先，要提高高等教育质量必须走特色发展道路。要根据办学历史、区位优势和资源条件，确定特色鲜明的办学定位、发展规划、人才培养规格和学科专业设置；要克服同质化发展。没有特色的大学是没有生命力的大学，最终必将被淘汰。

其次，创新是提高高等教育质量的关键。高等教育的目标就是要培养德、智、体、美全面发展的创新型人才。要培养创新型人才必须转变教育观念、创新办学思路、改革教育体制机制、创新高等教育治理等，为培养创新型人才创造良好的环境和条件。只有为社会培养了创新型人才才能实现提高高等教育质量的目标。

最后，实践是提高高等教育质量的重要手段。实践育人是培养全面发展的创新型人才的重要环节。要结合专业特点和人才培养要求，分类制定实践教学标准，广泛建立校外专业实践基地，为在校学生提供更多的实践机会，努力提高高等教育的人才培养质量。

二、提高高等教育质量的因素分析

提高高等教育质量虽然已成为全民认同的事实，但如何提高高等教育质量，各种分析纷繁复杂，都从某一个角度进行解读。本文将在教育理念、教学教育体制机制、教师的师德与能力、学生实践、教材质量、教学方法、监督评估制度以及校园文化等方面做一些分析和阐述，以求在提高高等教育质量方面提出一点意见和建议。

1. 教育理念

理念是行动的先导，没有先进的教育理念就没有高质量的高等教育。要树立以质量为中心的高等教育理念，把提升质量作为一切工作的重点。学校的教学管理、科研活动、人事和财务制度等安排都必须围绕如何提高质量展开，为提高教育质量服务。要加强科学研究与教学的融合，摒弃一些教师中存在的重教学轻科研，或重科研轻教学的思想，鼓励学生和教师积极参加科学研究，发挥科研提高教学，教学促进科研的互通作用，通过科教融合增强学生自主学习、自主研究的主动性和积极性，提高人才培养水平，提高高等教育质量。

2. 治理体制

我国的高等教育一直以来都是政府主导。全国绝大部分高等教育机构都由政府出资兴办，并形成了一套完整的高等教育治理体制。在机构设置、人员配置、课程设置、招生规模、经费使用、学术活动等方面，政府利用自身的权力和掌握的资源对高校进行管理。在政府主导下的高等教育由于专业设置重复、政府的多头管理和管得过死，在一定程度上束缚了高校的办学积极性，浪费了教育资源，扭曲了高等教育的发展，影响了高等教育质量的提升。

首先在宏观上要改革现有的教育治理体制，实行"政校分开"。政府对高校的治理要依法行政，减少对高校正常教学、科研活动的干扰，逐步将招生规模、专业设置、师资队伍建设、教师职称评定、学位授予、课程设置、教育经费的使用等权力下放到高校，进一步加大高校的办学自主权，为提高高等教育质量提供体制保障。

其次在微观上要改革高校内部治理体制，科学设置高等学校内部治理结构，建立学术本位的内部治理机制。要减少行政权对学术权的干预，施行党委领导、校长负责、民主管理、学术自由的机制，完善学校、院、系三级决策机制。要完善学术委员会制度，保证其独立行使学术决策权。要改革行政化的组织结构和治理模式，建立以学科专业为主、以行政职能部门为辅的组织架构。要加强学术的主导地位，以科学的内部行政治理体制保障学术权力体系的运行。

3. 教师的师德和能力

"师者，所以传道授业解惑也"。"传道"是教师的首要职责。但要把"道"准确地传授给学生，教师首先必须具备相应的综合素质，特别是教师的道德品质和专业知识以及传授的能力与技巧。在市场经济条件下，由于受到各种因素的干扰和利益的诱导，高校教师的道德水平也面临考验，高校教师队伍中出现了一些不良的现象，如学术造假、教学态度不端正、行为不检点等，不仅造成了不良的社会影响，更不利于高素质人才的培养。

对于品德败坏和能力不强的教师，首先必须把好入口关，制定严格的教师聘任制度，加强对录用对象的背景调查，对有违背职业操守或能力不强的人员要坚决剔除。其次要加强监督和惩罚，对出现成果剽窃、教学态度不端正等严重行为的教师要清除教师队伍。再次要建立人才退出机制，对不能胜任专业教学的教师，学校可以提供适合的岗位，继续从事教辅或行政工作，或予以辞退。最后要建立科学的教师评价机制和激励机制，摒弃简单论资排辈的评价制度，建立以教学科研水平为核心的综合评价机制，对教学科研工作成果突出的教师实行物质和精神奖励，营造积极良性的教学科研氛围。

4. 学生的实习实践

我国目前的高等教育的形式主要是填鸭式的课堂教学。所有课程都由学校设置，教材的选用、上课的设计、考评手段等都由教师决定。学生只是根据学校和教师的安排被动地接受知识。回答老师的提问和完成作业成为仅有的一些互动和反馈。在教学过程中缺少教学相长的互动，课堂考试也成为判断学生掌握知识程度的唯一方法。这种教学方法压制了学生的主动性和积极性，扼杀了学生的创造力。

要提高人才培养质量，必须把知识学习与专业实践相结合。用理论指导实践，一方面能锻炼学生的动手能力，防止出现眼高手低的心态，另一方面能检验所学知识的科学性，加深对基本理论的理解。高校要与相关的企事业单位、社会组织和政府机构开展合作，建立专业的实习基地，为学生提供更多更专业的实习机会，丰富实习内容，全面提高人才培养质量。

5. 教材质量

教材是知识的重要载体，是教师授课的重要依据，学生获取知识的重要来源。教材的质量决定了一门学科，或者一个专业的好坏，对专业人才培养质量有重要影响。提高人才培养质量，必须编写具有丰富的科学专业知识和反映国内外专业发展前沿性问题的高质量教材。这样学生才有可能了解、掌握本领域的基础理论和本专业当前研究的热点以及未来的发展方向，为培养高素质的专业人才提供保障。

教学内容陈旧已成为影响人才培养质量的重要问题。解决这一问题的具体措施是要加强对新教材编写的支持力度，鼓励广大教师根据课程设置积极编写本专业的优质教材和精品教材，并根据专业的发展持续更新教材内容。新教材要充分体现中国特色，展现中国内容。同时要兼收并蓄，中外结合，吸收国际上优秀的研究成果，提高教材质量，为提高高等教育质量创造条件。

6. 教学方法

课堂教学是当前教师传授知识和学生学习的主要途径。因此教学方法对教学质量有十分重要的影响。好的教学方法不仅能让学生掌握必要的知识，还能激发学生学习的主动性和积极性，增强学生学习的自主性和自觉性。传统的教学方式都是教师在讲台上讲、学生在课堂上记。现在虽然采用了一些先进的教学手段，但课堂教学的形式并没有发生根本的改变，依然是老师讲授什么学生学习什么。这种把"教"和"学"分开的"二元"式教学模式已经被实践证明是低效的。

因此，要提高教学质量，培养高层次人才，必须改进教学方法。教师必须结合课程特点设计教学方式，让学生参与到教学实践中来，灵活使用各种教学方法，实现"教"与"学"的充分互动和融合，调动学生学习的积极性主动性，改进课程考试手段，用课程论文、社会实践等方式代替传统的一刀切的课堂考试。

7. 校园文化

校园文化是学校风貌的直接体现，主要包括校风、学风等"软"性的东西，还包括校园的设置、学生活动、教学科研活动等"硬"的东西。它是高校内在品质的外在表现，是给人的一种独特的直观的印象和心理感受，是区别于其他高校的重要标志。

如果把一所高校比作一个人的话，校园文化就是高校的"精气神"。乐观、积极、上进、有责任感的校园文化能催人奋进，把乐观、积极、上进、勇于承担的精神传递给每一位师生，鼓励他们努力学习、勤奋工作，增强师生凝聚力、归属感和荣誉感。

高校应该加强学风和校风建设，用乐观、积极、上进、有责任感的校园文化指导学校的建设与发展；应让这种校园文化存在于校园的每个角落，体现在每一场学生活动和教学科研活动中。通过营造乐观、积极、上进、有责任感的校园文化促进学生勤奋学习、教师勤奋工作，实现教育质量的提升，办学水平的提升。

8. 监督评估

高等教育活动也是一种投入产出行为。国家、社会、家庭都为高等教育的发展投资了大量的人力、物力和财力。要保证高等教育朝着正确的方向发展，为国家、社会培养符合要求的高素质人才，就必须加强对高等教育的监督评估。

提高高等教育质量必须建立科学的监督评估制度。教师和学生是高校教学科研活动的主要参与者。要努力让他们参与到教育的监督评估之中，恢复其评估的主体身份。要切实实行分类评估，不能用"一把尺子"去衡量所有的高校。要根据不同类别的高校设置科学合理的监督评估指标体系，真实反映当前高等教育现状。要积极引进非政府的第三方评估机构，对学校的教学、科研活动以及内部行政管理机制进行客观评价，切实推进以评促改，以评促建，从而推动学校的建设与发展

三、结语

提高高等教育教学质量是高校的生命线，是高等教育健康发展的核心任务，是建设教育强国的基本要求。提高高等教育质量要走特色发展之路；要创新办学思路，创新高等教育治理理念、方式和方法。高校要不断加强质量意识，树立科学正确的质量效益观，高度重视师德师能、实习实践、教材质量、教学方法、校园文化、监督评估等各个环节，采取切实有效的措施，推进高等教育质量的提升。

高等教育质量提升与大学教师的专业性

我国的高等教育正在由粗放式的规模扩张,向质量优先、均衡发展、特色发展转型。特别是在教育部下发《全面提高高等教育质量的若干意见》以后,质量提升、内涵发展已成为全国高教系统的共识。高等教育的质量不仅关系高等教育自身,更攸关国家的国际竞争力。而提高高等教育质量,关键是提高教师质量。因此,高等教育质量的提升,与大学教师的专业性有着密切的关系。

一、大学教师专业性的内涵

我国的教育活动仅从孔老夫子算起就已有2500多年的历史。但教师成为一种专门职业却经历了漫长的历史过程。目前人们已基本认可"教师职业是一门专业"。这门专业有其特定的表征:专业实践属于高度的心智活动;具有特殊的知识领域;受过专门的职业训练;经常不断地在职进修;视工作为终身从事的事业;行业内部自主制定规范标准;以服务社会为最高目的;设有健全的专业组织。"专业"是指一群人在从事一种需要专门技术的职业,其目的在于提供专门性的服务。

1. 教师专业性的定义

教师的专业性是指教师作为专业人员所表现出来的主要特征,是用以描述教师职业本质的一个概念。教师专业性的"专业"不是单指教师所教的"学科专业",而是指把教师的"教育行为与教育活动"视为其专业表现的领域。具体指教师在对学生展开教育行为的过程中秉持一种什么样的专业态度、专业理念、专业精神,运用了多大程度的专业知识、专业技能,根据不同场合与不同个体合理发挥了何种程度的专业理性和专业感性,形成了什么水平的教育智慧以及在此基础上构建的一种不可替代的专业风格。

2. 教师专业性的标准

人们对教师专业性的标准还没有统一的界定。但一般认为,专业性职业应具备以下标准:运用专门的知识与技能;强调服务的理念和职业伦理;经过长期的培养与训练;需要不断地学习进修;享有有效的专业自治;形成坚强的专业团体。对大学教师而言，他的专业性要求应该是：掌握较高的专门（所教学科）的知识和技能体系；掌握教育学科的知识和技能；具有较高的职业道德；具有不断增强自身的能力，即进修的意识和不断学习的能力；具有职业的自主权，包括在教育活动中，对于专业事宜的判断和行为的独立性；具有职业的专门组织，也即行业组织，进行行业自律。

教育活动是教师的主要活动，师生间的交流是教育活动的基本方式。根据这一特点，有必要特别强调大学教师专业性中关于人格特征的内涵：心灵的敏感性，爱的品质，交流、沟通的意愿，对教育工作的兴趣等人格特质和语言表达能力、交流沟通能力、逻辑思维能力等职业品质。

二、大学教师专业性面临的问题

教师被认为是教育改革成败的关键。在变革的社会中，政府、家长、社会团体等利益相关者对教师素质的要求越来越高，教师的专业性发展也显得越来越迫切。从现实情况看，大学教师专业性的现状与高教质量的提升还存在差距，还有一些问题有待解决。

1. 对教师专业性的认识有待提高

对大学教师专业性的认识应该从两个层面来看：第一个层面是作为团体的大学。大学对教师专业性的认知是不足的，淡薄的。教师专业性发展始终未被作为学校管理的一项重要任务来抓，没有充分意识到教师的专业性是一个多层次、多领域的概念。大学管理者普遍较为重视现有人力资源的管理与使用；较为重视教师工作的结果，而不是去关注对这些人力资源的开发与拓展；不是去关注教师专业性所包含的各个方面；不是去关注教师的全面发展；不是去关注教师工作的过程和细节；不是去主动帮助教师排解在各个职业生涯阶段可能遇到的发展困境和心里困惑。

第二个层面是作为个体的大学教师本身。我们的绝大多数教师对教师的专业性认识是不足的，起码是不全面的。他们心目中的专业主要是指其所教授的学科专业，对其他方向往往认识不足、重视不够。所以在许多情况下，发展是不全面的，工作的状态不能达到应有的境界，工作的效果也未能达到应有的目标。

2. 教师专业性的发展常常受到外来的干扰

拥有相当程度的职业自主权，是衡量教师专业性的一项重要指标。但现实中，人们往往习惯于从义务的角度去规范教师。学校与教师被要求承担的责任越来越多。教师的责任出现了从专业性，即通过自我管理向学生、个人及同事负责，到向相关机构负责的状态。同时，在政策与学校改革不断强调教师对学生学习负责的动议之下，教师的责任范围亦在发生改变。面对众多的利益诉求，教师们常常会感到困惑。他们不知道是应该按教师专业性的标准去履行自己的职责，还是应该去迎合社会与政策领域对教师的期待。

最让教师为难的是基于我国教育体制的各种考试。在目前的体制下，教学的成功完全取决于各种考试的结果。这使学校与教师不得不将关注点集中于学生的学业需要，甚至是应付考试。而实际上，教师们认为，教育的首要责任是使学生在学业、个人技能、情感等诸多方面均获得发展，以适应学校及社会中的成功所需。

3. 学科知识不足，教学经验缺乏

优秀的教师既需要有深厚的学术根底、广阔的学术视野、把握学术前沿的意识和能力，又需要通晓教育的规律，具有良好的教育品质和教师职业道德。但是我们有些高校教师既不具备深厚的学科知识基础，又缺乏教学经验的积累。就拿外语教学为例，由于前几年规模的扩张，许多院校都开设了不少新语种，有些语种的开设点甚至成倍、成几倍地增加。这造成了师资严重不足，有的院校连刚毕业的本科生都录用为一线教师。这些青年教师语言功底并不扎实，一到学校就被安排上课，缺乏教学培训和指导，缺乏教学实践经验，摸着石头过河，教学效果甚差。

有的青年教师虽获得了硕士、博士学位，但缺乏必备的教师教育背景，既缺乏教师专业情意的陶冶，又缺乏教育科学基础知识和教学技能的基本训练，更没有教师专业实践的锻炼。他们仅仅是作为学习者或知识接受者体验过高校的教学。因此，他们在走上讲台时，往往会因经验不足、信心不足，而难以驾驭课堂。

有的中青年教师，也因上进心缺乏、创新精神不足、自我完善的能力不强，而跟不上形势的需要，难以满足学生的要求。他们借助的永远是一本教科书、一个备课本、一支粉笔。他们的课堂往往还是学生习惯于听，教师习惯于讲，只要将备好的授课内容教授给学生，课堂教学就算完成了。事实上，如何深刻理解和领悟教学过程的规律；如何找到适合自己所授课程的教学方法；如何突出教学内容的重点和难点；如何摆脱理论偏多实践不足的现状；如何合理使用多媒体教学手段；如何充分调动和发挥学生的主动性、积极性；如何在教学过程中体现教书育人等，都是大学教师特别是青年教师在专业性发展中应高度重视、认真思考的问题。

4. 重学科专业性，轻教育专业性

大学教师的专业性既包括学科专业性，又包括教育专业性。丰富的学科专业知识和专业技能以及教育知识和技能是大学教师有效教学的重要条件。但在大学教师专业性发展的过程中，存在着重视学科专业性、轻视教育专业性的现象。这种现象又分为重专业知识轻教育知识和重科研轻教学两个方面。

对于大学教师而言，他所教授的知识是有相当难度的某一学科的专门知识。如果

自己不理解、不掌握，是难以完成课堂教学的。这一点迫使大学教师将主要的经历花在吃透所教内容的重点难点上。随着互联网的飞速发展，大学生获取信息和知识的途径的增多，教师不再是学生唯一的信息源。教师什么都知道的时代已经一去不复返。这使教师传统意义上的"知识拥有者"的权威身份遭到挑战，也迫使其更加重视所教授学科的专业知识及发展趋势，以适应大学教学的新情况。与此同时，学校及院系的层面也都在以各种政策和措施强调学科专业的重要。在高校中，"学科学术性"的呼声远远高于"教育学术性"的呼声。在这种情况下，很少有教师会逆流而上，大学教师双专业性的特征难以得到充分实现。

大学的功能是教学、科研、社会服务和文化传承。这也是大学教师的使命。但现实中，由于受评价指标体系、职称晋升条件等的影响，高校重科研硬指标、轻教学软指标的现象还十分严重。许多教师，特别是青年教师都把主要精力花在科研上，不舍得投入足够的精力于教学能力的提升上。就是在从事科研的过程中，也是偏重于专业学术领域的研究，而对诸如教学知识与技能及社会服务等重视不够。总体而言，大学教师专业性的发展过多集中于研究能力的提升和研究成果的增加。学术成果丰硕的学者总是比讲坛辛勤耕耘的教师更受关注。所以许多大学教师对教学过程本身缺乏研究的热情，从而造成教育专业性的缺失。

5. 少数教师的专业素养有待加强

教师是人类灵魂的工程师。教师必须承担对社会、对学校、对学生、对同事等的责任，其行为均要符合教育工作的伦理规范。教师职业具有突出的示范性、公众性和教育性，应有更高、更严格的专业素养和道德要求。但是从目前高校教师队伍情况看，有的教师的专业素养有待进一步加强。

首先是有些教师事业心不强，进取意识薄弱，缺乏应有的责任感和为教育事业而奋斗的精神。他们没能按教师专业性的标准和要求，把教师作为终身的职业，没有明确的职业生涯规划，学习上马马虎虎，工作上得过且过。

其次是对学生缺乏爱心，不能平等公正地对待每一个学生，尤其是不能正确对待学习成绩差的学生。

再次是有极少数教师违背职业道德，或行为不检点，或在科研上有抄袭、剽窃等行为，或在经济上违反了有关规定，或在课堂上信口开河说不该说的话、讲不该讲的事等，从而对整个教师队伍的形象带来不良影响。

最后是有些教师难以承受各种压力，出现不同程度的心理问题。目前许多高校教师，尤其是青年教师面临诸多的生活压力和工作压力。尤其是考核评估压力和职称晋升压力已让部分教师处于难以承受的状态，他们有强烈的焦虑感，有强烈的想要宣泄的渴望。这种情况影响他们的生活,影响他们的健康,也影响他们的工作。

6. 专业性发展的体制机制还不够健全

大学教师专业性的发展需要学校的重视,需要教师的自觉,也需要有健全的体制、机制作保障。但从目前情况看,教师专业性发展的体制机制还有待进一步健全。

教学(教师)发展中心是高校专业化的教师发展机构。它的职责是:培训、研讨、研究、咨询等。对于这样重要的机构,有不少院校还没有建立。已建立的院校,其发挥的作用也不尽相同,有的很有限,有的形同虚设。

非师范院校的毕业生,在走上教师岗位前,必须接受岗前培训。但由于工作需要,对此项工作重视不够、投入不足等原因,不少院校的岗前培训形式单一、时间不足、效果有限。

教师是需要终身学习和提高的一个职业。教师的在职进修是教师专业性发展的重要环节。但目前这种培训还难以完全落实,缺乏定期轮流培训的长效机制;缺乏稳定的制度保障和经费支持。教师们长期渴望的学术休假,因体制机制问题,在许多院校都难以落实。

三、大学教师专业性发展的路径

教师的专业性发展已成为国际教育改革的趋势,受到广泛的重视和关注,也是教育改革实践提出的一个具有重大理论意义的课题。正是在教师专业性发展的进程中,教师在教育实践中的主体地位和主体作用才得到确认;教师工作作为重要的专业和职业才得到确认。因此,有必要针对大学教师专业性面临的问题,遵循教师专业性发展的规律,研究大学教师专业性发展的路径,使其能真正承担作为高校办学主体的责任和义务。

1. 加强教师专业性发展的责任意识

教师专业性发展是大学兴校强校的必然选择。教师专业性发展需要大学有明确的责任意识。教师专业性发展不仅是教师个人的责任,更是大学和政府的责任。学校必须对教师的专业性有明确、全面的理解和认识,必须高度重视教师专业性的发展,关注教师的成长与发展。在实际的教师管理和师资队伍建设中,不仅要重视教师的选拔聘用,而且要重视教师个体在组织中的发展;重视这些人力资源的开发与拓展。同时,还要树立全员性的教师发展观,使教师发展成为各方的共识和共同的目标。

教师个体的专业性发展是教师作为专业人员应该主动承担的责任。关注自身的专业性发展应该成为教师整个职业生涯的自觉。教师只有对未来发展富有责任感,注重专业的成长和进步,才能使自己的专业结构不断完善,专业素养不断提升。因此,提高教师专业自主发展的意识是促进教师专业性发展的基本前提。教师必须自觉地建立专业理想，把教书育人作为自己终身的职业；必须清楚地意识到教师个体专业素质的自主构建是教师专业性发展的基础和核心。教师专业性发展应该是一个教师个体自我完善的过程。缺乏教师主动参与的专业性发展是毫无意义的。离开教师个体内在的追求，任何形式的教师专业性发展都失去了实质与内涵。

2. 应为教师的专业性发展创造良好的环境

教师发展的方向性体现在社会对教师的要求上。教师不仅应具有良好的职业道德、学科知识、教育教学能力，还要成为研究者，对自己的工作具有反思态度和积极探索的能力。教师还应是一个成功的教育合作者，善于和学生、同事、领导、社会沟通与联系。教师还应是学校管理的积极参与者。我国教师的发展还必须把握改革开放以来我国教育方针政策对教师的具体要求。如此多层面、复合性的教师发展要求，必然需要为教师发展创造良好的环境。社会对教师提出各种诉求的时候，必须给予教师足够的理解和尊重。相关部门在用各种政策和措施制约教师的时候，应该对教师的专业性发展给予机制、体制上的支持与保障。学校在规范教师行为、用各种标准考核评估教师时，应该给予教师更多的行为空间和学术自由。学生和家长希望在教师所教授的科目中得高分时，应该理解、配合教师关注学生综合能力和整体素质水平的提高。

教师的专业成长应成为全社会的责任。国家应该在法律、政策、经济、激励机制等方面明确政府在推进教师专业性发展进程中的重要职责，为教师提供正常行使教师职能的法律保障，提供更多完善自我、提升自己的机会。教师拥有相当程度的自我决策权和自我控制、自我定义本专业特性的机会，是衡量教师专业性的重要指标。学校应该给予教师充分的专业自主权，给予充分的学术自由。同时，要注重维护教师的社会声誉，提高教师的职业归属感和荣誉感；要积极构建学术道德保障机制，确保教师发展的积极性；要加强高校内部治理，以科学民主的管理制度保障教师的权益，使教师能在宽松祥和的环境中发展成长。

3. 应着力提升教师的专业水平

教师专业能力的提升和发展是一个动态的、持续的、无止境的过程，只有经过艰苦卓绝、成年累月的学习、实践、进修、思考与钻研，才能达到炉火纯青的境界。教师专业既包括学科专业性，也包括教育专业性。教师要不断地更新知识、补充知识，扩大自己的知识范围，即从知识的理解、掌握到知识的批判，再到知识的创新，进而是知识结构的优化，包括教师个体独到的情感、体验和经验总结。

教师在不断提升专业知识水平的同时，要特别重视专业能力的提升。教师的专业能力包括设计教学的能力、口语表达的能力、教学管理的能力、交流沟通的能力、处理人际关系的能力、处理突发事件的能力、教育教学研究的能力、批判反思的能力和开拓创新的能力。要提升教师的这些专业知识和能力，最佳的途径是积极参与教学实践。实践性是教师专业发展的第一特性。实践性也是教师专业发展的根本方式。无论是教师的教学实践知识，还是教师的教学实践技能，都是在教学实践中产生的。只有通过教学实践的反复磨炼，教师的专业知识和技能才能得到检验和积累，教师的专业性发展也才能不断走向更高的境界。

4. 应强调教师的均衡发展

教师专业发展的核心是通过提高教师的专业素养来使教师熟练地从事教育教学工作，成为一个符合专业标准的教育工作者。在这一点上人们的意见基本一致，分歧在于究竟教师哪方面的发展才是专业发展。我国教育界较多关注教师学科专业方向知识技能的提升，而不太重视教育教学知识技能的提升；在科研活动中，则是注重专业学科领域的研究，而轻视教育教学领域的研究。

专业化水平的教学既是艺术也是科学。一个好的教师就像艺术家一样从技术和创造性的观点出发做出教育决策。要成为这样的教师、这样的艺术家，教师就应该注重均衡发展，就不应该重学科专业领域的研究，轻教育教学领域的研究。在当代教育历史进程中，教师不是单纯的任务执行者，而是教育的思想者、研究者、实践者和创新者。教师在关注学科专业知识和技能的同时，也要充分重视教育知识的积累，重视教学技能的提升。要当好一名合格的大学教师，科研是必须的，但讲不好课、站不稳讲台的大学教师是难以完成教育使命的，也不可能真正被学生和同事认可。

教师专业发展的过程实质上就是通过教师个体的实践活动，不断超越自我、实现自我提升的过程。在这个过程中，自我发展是关键。因此，促使教师专业发展的重要路径是把教学活动本身作为研究对象，开展教学学术研究。实际上，一名成功的教师，他的教案、讲稿完全可以通过教学研究而转化成优秀教材，从而转化成为可以量化的教学研究成果。同理，他的教育教学成果、体会、经验等，也可以通过教学研究而转化成为学术论文，进而成为在某些期刊，乃至核心期刊发表的既可用于考核、也可用于职称晋升的科研成果。实践证明，结合教育教学的研究，其对教育教学的支撑和反哺作用更大更明显。

5. 应不断加强教师的专业素养

言传身教必先正其德。师德即教师道德，是特殊的专业道德，是教师素养的核心。它既有历史的继承性，也有鲜明的时代特征，在不同阶段、不同社会、不同历史时期，都有不同的具体内容。师者"传道"在先，"授业、解惑"位其后，但凡"传道"得法，"授业、解惑"亦能得道，故师者"传道"尤为重要。大学教师不仅要培养教育学生掌握广博扎实的专业知识和科学的思维方法，更重要的是使青年学生受到人格、精神、信念和意志力方面的培养和熏陶。他们不仅是先进文化的传播者，更是道德规范的施教者。因此，教师必须要有忠诚于党和人民的教育事业的师德风范，处处严格要求自己，不仅成为言语的巨人，更应成为行为的楷模。

教师这一职业所强调的就是为人类服务。作为一名专业教师，有义务为学生提供所知的最好的教育服务。教师这一职业的服务质量直接影响着整个国家及其国民。这样的一种职业，这样的一种身份，这样的一种使命，要求大学教师具有很强的事业心、进取心和责任感，具有为教育事业终生奋斗的精神。只有这样教师才会把毕生的精力投入到教育教学工作中，才会树立正确的职业动机，才会对自己的职业生涯有清晰的认识和明确的规划，才会乐于施教，产生对教师职业的浓厚兴趣，才会把学生的成长成才放在心上。

在教育活动中，爱的品质是必不可少的。它是一种属于教育者的天性，也是合格教师的必备条件。优秀教师无一不是以爱作为其教育的前提和基石。历史上从来就找不到一个不爱学生或者讨厌学生的教师能获得教育教学的成功。成功的教师都是友善的、理解的、温暖的、敏感的。有了爱心，才会爱事业；有了爱心，才能尊重同事；有了爱心，才会团结他人，注意团队的作用和力量；有了爱心，才会敏感地察觉学生的情绪反应；有了爱，才会和学生有真诚的沟通与交流；有了爱，才会有教无类，对所有的学生都给予饱满的热情。

教师健康的心理状态是使其能正常施教的重要因素。没有教师的精神解放，就很难有学生的精神解放。心理不健康的教师必定会在教育教学活动中遇到更多的问题，必定会在与学生和同事的沟通和交流中遇到种种困难。因此，教师必须增强自己的心理素质，以健康向上的心态面对工作、面对生活、面对同事、面对学生。以热情的态度、积极的工作、快乐的情趣赢得学生的尊重、同事的认可、领导的赏识，从而不断提高自信心和成就感。

6. 应进一步健全教师专业性发展的机制体制

大学教师专业性的发展还需要有健全的机制体制作保障。大学要把此项工作列入重要的议事日程，要指定相关的机构和人员负责教师专业性发展工作。要构建教师教学能力常态化培养机制，形成一整套的教师教学能力培养制度。

要严格大学教师选聘和准入制度。大学教师职业具有很强的学术性、专业性，必须有严格的教师资格和准入制度，以保证在"入口"把住质量关。

要进一步强化教师的培训制度。教师的专业性发展是一个长期的过程，经过严格把关进入的教师，也有不断提高发展的问题。因此，必须建立和强化教师的培训制度。

要加强对教师培训效益的研究,加强培训的针对性、互动性、研究性、长效性。要充分利用大学本身的优质资源开展校内培训,使教师培训常态化。

要构建教学指导体系,推行教学导师制,以老带新,实行"一帮"新老对接;要坚持教学观摩、集体备课、共同研讨的团队合作机制;要坚持跟踪听课、及时反馈、以"导"为主,以"督"为辅的教学督导机制,使大学教师,特别是青年教师的专业性有实质性的提升。

要建立和完善教师专业化发展评价制度。大学教师的考核评价是对教师工作状况的价值判断。这种评价会对教师个体或集体的专业性行为发挥引导和激励作用。它是对教师工作的肯定,也是晋升晋级的重要依据。大学应建立合理科学的评价体系,以促进大学教师专业性的健康发展。这种评价应该是基于目标责任制的绩效性评价;是基于多元发展理念的个性化评价;是基于全面深入分析的发展性评价;是基于激发和引导的人性化评价;是温情、友好、协作、互动的评价,而不是复杂的、烦琐的、折腾人的评价。这样的评价重在以评促改,以评促建,致力于激发和引导教师的内在需求与主观能动性。

没有教师的发展,没有教师专业上的成长,教师立德树人的使命便无法完成。在我国的教育提倡稳定规模、提高质量、内涵发展的新形势下,有必要对教师的专业性发展给予足够的重视,以大学教师专业性的发展来促进高等教育质量的提升。

参考文献:

[1] 卢乃桂,王丽佳.教育改革背景下的教师专业性与教师责任[J].新华文摘,2013(10).

[2] 李明成,陈建平,童明波.着力实践 提升青年教师教学能力[J].中国高等教育,2013(1).

[3] 丛玉燕.加强管理 提升高校教师教学效能感[J].中国高等教育,2013(3/4).

[4] 王为飞.顺应时代呼唤 建设专业化教师队伍[J].中国高等教育,2013(6).

[5] 汪霞,钱小龙.美、英、澳大学教师队伍建设的特点[J].中国高等教育,2013(6).

以立德树人为导向　建设高素质教师队伍

随着高等教育粗放式发展阶段的逐渐结束，注重教育的质量、特色和内涵发展已经成为高教系统的共识。作为"知识的授予者、人生的引路者、文明的传承者和道德的示范者"，教师是立教之本、兴教之源。推动教育改革发展、提高教育质量离不开教师。党的十八大报告明确提出，"把立德树人作为教育的根本任务，培养德、智、体、美全面发展的社会主义建设者和接班人"。"加强教师队伍建设，提高师德水平和业务能力，增强教师教书育人的荣誉感和责任感"。习近平同志在2013年教师节慰问信中，要求教师"用爱心、知识、智慧点亮学生心灵"，"自觉增强立德树人、教书育人的荣誉感和责任感"。

荣誉是社会对教师个人的德行、才能和贡献的价值认可。教师自我肯定性的心理体验就是荣誉感。责任是将国家、社会对教师的外在要求内化为个体身上的一种稳定的道德义务，是对教师职业角色的期望。教师对这种期望的认同与承担就是责任感。荣誉感和责任感都是教师以精神需求和人生价值的体现为主要对象的一种内心体验和情境评价，是立德树人的内在动力。

近年来，北京第二外国语学院以立德树人为职业导向，加强师德师风建设以增强教师的职业责任感；搭建事业发展平台以增强教师的职业荣誉感；凝聚愿景，尊重关爱以增强教师的职业幸福感；着力造就师德高尚、业务精湛、充满生机活力的高素质专业化教师队伍。

一、加强师德师风建设，增强教师的职业责任感

要立德树人，必先立师德。学校把师德师风建设放在教师队伍建设的首位，把引导教师如何更好地立德树人作为重要内容。

1. 重视教育引导和培训，增强教育事业责任感

学校通过开设"翔宇大讲堂"，建设"翔宇在线学习平台"，举办专题培训班等多种方式，开展政治理论学习和形势政策教育，引导教师牢固树立中国特色社会主义理想信念，带头践行社会主义核心价值观，"立德树人，同心共筑中国梦"，做学生健康

成长的指导者和引路人。

每年新教工入职培训，学校都会邀请校内外教育专家、优秀教师代表、师德先进个人等举办专题讲座，引导他们认识新时代教育的本质特征和职业特征，了解"教育的本质意义，不仅仅是知识的传授、智慧的启迪，更是心与心的交流、情与情的互动"。作为"人类灵魂的工程师"，教师不仅是具有教育智慧的学者，更应成为人格修养的楷模，从而培养新教工对教育职业的认同感和责任感。学校还安排新教师入驻军训基地，与新生同吃同住同训，既便于了解学生的情况，又增强自身的教育。

学校每年组织青年教师和老教师代表一起，赴井冈山、延安、西柏坡、临沂等爱国主义教育基地参观学习，并在学习培训中进行老中青混合编组，在接受革命传统与理想信念教育的同时，培养团队协作精神。学校要求教师把指导学生开展假期社会实践作为工作任务，推动教师进一步了解国情、社情、民情，增强教师的使命感和责任感。

2. 发挥典型示范作用，有效引领师德师风建设

先进典型能够传递创业干事的正能量，具有良好的示范引导作用，能够使师德师风的内涵进一步具体化、生动化、形象化、实践化。学校注重做好"优秀教师、教学名师、优秀教育工作者、师德标兵"等优秀人物的评选和申报工作，并开展了"二外最美女教师"等特色活动，通过各种方式宣传他们的先进事迹，形成崇尚师德的浓厚氛围，激励教师爱岗敬业，以高尚师德、人格魅力、学识风范教育感染学生。

3. 切实加强制度建设，建立健全师德建设长效机制

加强制度建设是师德建设的根本保障。学校将师德表现作为教师年度考核、岗位聘任、职称评审和评优奖励的首要标准，实行师德"一票否决制"。同时，不断完善师德评价内容和方法，健全学术不端行为预防查处机制，探索构建学校、教师、学生、社会参与的师德监督体系。引导广大教师树立先进的教育理念、坚持严谨的治学态度、追求精深的学术造诣、保持团结协作的团队精神，以良好的道德风尚言传身教，教育、感染、培养学生。

二、搭建事业发展平台，增强教师的职业成就感

荣誉感和责任感与教师的事业发展有着密切的关系。学校坚持将师资队伍建设与教师职业生涯发展有机结合。根据总体发展战略和学科梯队建设的需要，学校高度重视为教师搭建事业发展的平台，不断加大教师队伍培养的力度，着力完善培训方式，丰富培训内容，以提升教师的教学素养、研究能力和专业水平，促进教师职业能力的整体提升，使教师在获得职业成就感的同时，增强荣誉感和责任感。

1. 实施教学水平提升计划，提高教师教学素养

学校重视教师教学素养和能力的提升，成立了教师教学发展中心和高等教育研究中心，定期举办教学沙龙和专题培训等，先后以"备课的技巧和方法、如何提高课堂教学质量、双语教学技法的运用、如何引导学生自主学习、如何与学生进行交流、大班教学困境与应对"等为主题，邀请教学名师、优秀教师与青年教师进行经验交流，提升中青年教师专业水平和教学能力。

学校加强教学团队建设，定期进行集体教学研讨。建立青年教师导师制度和教学督导制度，聘请老教师担任导师、教学督导员，形成老中青教师传帮带机制。每年举办教学基本功大赛、多媒体课件大赛，鼓励教师积极参与，互相观摩点评。同时鼓励教师申报教学研究项目，不断提高教师的业务能力和教书育人的本领。

近两年，学校教学质量工程取得丰硕成果。日语专业入选教育部第一批本科专业综合改革试点；日语翻译方向课程教学团队入选国家级优秀教学团队；与外文局合作共建的文学实践教育基地入选国家级大学生校外实践教育基地；《旅游景区经营与管理》被评为国家级精品课程；1件作品获得全国多媒体课件大赛二等奖；10多部教材入选国家级规划教材和北京市精品教材；5项成果分获北京市高等教育教学成果一、二等奖；日语、旅游管理专业入选北京市本科专业综合改革试点；2名教师获得北京高校第八届青年教师教学基本功比赛一等奖、二等奖；2个基地获批北京市大学生校外实践教育基地。

2. 实施科研能力提升计划，提高教师科研水平

一所大学没有高质量的科学研究，就不可能建立一支高水平的师资队伍。从科研能力、社会贡献角度评价教师学术水平已成为社会通行的评价方法。学校重视教师科研能力的培养，定期举办科研培训和学术沙龙活动，指导教师的重大课题申请、学术研究方法、国际合作策略等，提高教师的科研能力。实施"种子计划"，组建项目库，孵化培养科研骨干。启动"翔宇计划"，以构建学术高地、提高科研质量为核心，以凝练高水平的科研创新团队为重点，搭建以研究院所和基地为主阵地的科研平台，增强教师产出高水平成果的机会和能力。

学校成功申报了首批国别和区域研究基地——阿拉伯语研究中心。分别与文化部、中国外文局、中国社会科学院、中国翻译家协会、北京京剧院共建了国家文化发展国际战略研究院、全球舆情与受众研究基地、全球影视与文化软实力实验室、中国翻译行业发展战略研究院和京剧传承与发展（国际）研究中心，共同合作，开展研究，成为国家文化发展和舆情研究的外脑平台。

3. 开展国内外研修交流，提高教师专业水平

实施教师学位提升计划，鼓励教师在职到国内外知名大学攻读博士学位，以提升青年教师的学历层次。同时利用各类项目资源，派出教师赴国内重点高校学习研修。整合校内外各类出国培训研修的项目资源，增强选派工作的针对性和培养的有效性，遴选优秀骨干教师出国（境）培训、留学和开展合作研究，以拓宽教师的视野，提高教师的专业水平。

开展校内外挂职锻炼，提升教师实践能力。建立青年教师到机关职能部门挂职锻炼制度，承担一定的行政管理工作，了解学校的运行机制和发展状况。同时鼓励教师到与专业方向相关的政府机关和企事业单位挂职工作，实现挂职单位、学校、教师的"三赢"，进一步提升教师的能力与素质。

4. 支持教师申报各类人才项目，为教师成长搭建平台

学校积极创造条件，借助政府政策支持与资金投入，鼓励教师申报"首都人才强教深化计划"、"长城学者计划"等各类人才项目，创新人才培养、评价发现、选拔任用、激励保障机制，营造充满活力、富有效率、更加开放的人才制度环境，为教师搭建成长的平台，增强教师的职业成就感。

三、凝聚愿景尊重关爱，增强教师的职业幸福感

学校在重大事情决策的过程中，充分发挥教师的积极性、主动性，依法保障教师的民主管理和监督权力，吸引他们参与到学校共同愿景的描绘之中，努力实现教师个人发展与学校发展的同步提升，使教师产生为共同愿景而努力奉献的激情和动力，增强教师的职业幸福感。

尊重关爱教师，实施"暖心工程"。针对青年教师普遍关心的子女享受优质教育资源问题，积极与朝阳区委、区政府以及区教委沟通，将原中国建筑材料科学研究院附中改建为北京第二外国语学院附属中学，并力争将其打造成具有较高知名度的外语特色中学。与中国传媒大学共建幼儿园，解决了大部分青年教师子女的入园问题。通过组织团购通州大方居两限房、拓展周边的周转房源等举措，改善青年教师的住房困难问题，并为居住通州大方居小区的教师开通了班车，解决了上班不便问题。同时改善教辅服务和后勤保障水平，营造以人为本、充满关爱的温馨氛围，优化学校软环境，提高教师的职业幸福感。

"立德树人"是教育永恒的主题，教师队伍是教育发展的关键。学校将坚定不移地走人才强校之路，建设富有优良教风、先进理念和创新精神的高水平师资队伍，努力创建国际化、有特色、高满意度的教学研究型大学，为首都建设和国家经济社会发展做出贡献。

抓师德师能建设 促高校健康发展

在全社会都异常关注高等教育人才培养质量的当下，各高等院校都在千方百计地提高教师的综合素质和能力。教师队伍是教育的第一资源，是决定教育质量的关键环节。教师的师德、师能建设，旨在激发高校教师不断依据变化的社会环境和人才培养要求而不断提升自己的师德、师能自觉，对高校人才培养质量和科研水平的提升，对高校在服务社会、传承文化中的作用的发挥都具有重要的意义。

一、师德自觉与教师发展

倡导师德建设，核心是要强调提升大学教师的师德素养。常听教师说，教书是件良心活。良心活做得好坏，应该直接与教师的思想、道德、品质有关。古人则常把教师比喻为蜡烛或磨刀石。其意也是指教书的工作是教师奉献、牺牲自己的过程。这也就是说教师应该是具有能照亮别人、能磨光别人的有知识有能力的人，同时也是肯奉献、敢牺牲的具有高尚品格的人。

既然教师是这么好的人，为什么还要抓师德建设，倡师德自觉呢？必须肯定，把良心活做好，照亮别人，烧毁自己的教师大有人在。这是主流，是大多数。但这些教师也有不断适应形势，不断提高自己的问题，同时，也确有极少数教师师德缺失、爱心流失、育人意识淡漠、教风轻浮、学术不端、私心泛滥。他们严重损害人民教师的形象和声誉，影响党和国家的教育事业。因此，强调师德教育，师德自觉永远是人民教师应该高度重视的问题。

为建设高素质专业化的高校教师队伍，教育部印发了《高等学校教师职业道德规范》，从爱国守法、敬业爱生、教书育人、严谨治学、服务社会、为人师表这六个方面对高校教师的师德原则、职业行为和责任提出了明确要求。这是师德建设的具体标准，是教师进行师德自觉的基本参照。

作为一位人民教师，应该忠于国家、忠于人民、忠于党和国家的教育事业；应该是一个遵纪守法、严于律己的好公民；应该敬业爱岗、关爱学生、甘于为教育工作不断提高自己、奉献自己；应该尽心尽力尽责地做好自己的教育工作，努力用自己的知识、能力、言行去教育、影响下一代；应该积极地用自己的知识和才能去服务社会、报效祖国。

目标是明确的，标准是清楚的。每一位高校教师都应朝着这样的目标和标准去努力、去要求。高校教师要统筹处理好教书与育人的关系。教师教育学生，一是知识，二是方法，三是品格，其中品格是最高层次。教师教书不是简单地传授知识，而应把育人放在第一位。为人师表，就是指学为人师，行为世范，强调的是育人的作用。教师永远要把教学生如何做人放在第一位。当然要教别人做人，自己必须先做好人。

高校教师要统筹处理好自我与奉献的关系。生存是人的基本需要。要做一名称职的人民教师，应该有健康的体魄，应该有合适的生活工作条件和环境。笔者曾在全校教师大会上要求老师们，不要做蜡烛，而要做纳米灯泡。我们不应该烧毁自己，我们应该保护好自己，以便更好地照亮别人，就像纳米灯泡一样。与此同时，我们提倡无私奉献，把对祖国的爱，对人民的爱，对学生的爱，对教育事业的忠诚，体现在具体的工作中、行动上。

在抓师德建设的过程中，除了提倡师德自觉，注意提高教师的德育意识、自律意识、表率意识、奉献精神等以外，高校也应建立健全自律与他律并重的师德建设长效机制，把师德师风纳入教师考核评价体系，并作为教师绩效评价、聘任聘用和评优奖励的首要标准。要强化师德教育特别是职业理想和职业道德教育，增强广大教师教书育人的责任感和使命感。学校要重视对教师的人文关怀，倡导人本理念，既对教师提要求，又要充分考虑教师的现实生活需要，切实帮助解决教师在生活、工作中遇到的实际困难。要加强师德宣传，用正确的思想武装广大教师的头脑，从而形成和确立正确的人生观、世界观、价值观，树立崇高的理想和坚定的信念。应该引导教师将国家和民族的共同理想内化为自己实现人生价值的动力，切实把个人理想和国家、民族的追求统一起来，心甘情愿地为教育事业奋斗不止、奉献不止。育人先立德，立德先立师德。加强师德建设，自觉是根本，制度是保障，教育是抓手。有了内因和外因的结合，师德建设定将取得理想的效果。

二、师能自觉与教师发展

师能建设是兴教之基，提质之依。师德和师能建设，是同一话题的两个方面，互为因果，密不可分。教师既要有良好的师德，又要具备良好的业务水平、广阔的知识、广泛的兴趣、深厚的专业功底和独特的教学艺术。作为一名大学教师，选择了这个职业，就是选择了为国家培养人才的伟大事业，就应该牢固树立教学神圣、课堂神圣的意识，不懈怠，不负学，不玷污；就是选择了高深学问，求真创新。学问肤浅，是培养不出优秀拔尖人才的；不求真创新，必然故步自封，保守僵化。师能自觉应该是成为一名优秀人民教师的必备条件。

坦率地讲，在我们的高校教师队伍中，确实有需要在师能自觉方面尽快醒悟者。他们缺乏爱岗敬业的精神，缺乏提升自己、完善自己的自觉，缺乏严谨治学、立德树人的责任心。他们的教案可能几年不更新；他们的方法就是一本旧书、一支粉笔；他们的课堂上总是寥寥数人；他们在科研考核中总要出问题。在我国高校现有的用人体制下，学校不能将他们赶出校门。他们则勉强地维持着现状。对于这样的教师真的迫切需要师德、师能的自觉；迫切需要行之有效的教育和引导；迫切需要科学合理的制度约束。名师之所以为名师，在拥有高尚师德的同时，主要还在于名师的师能自觉。

高校教师发展的首要目的是提高教师个人的教学质量。基于此，高校教师师能的内涵主要包括以下几个方面：

一是教师专业发展能力。这种能力可具体表述为学历水平的提高、学术前沿动态的了解和科研能力的提升。

二是教师教学发展能力。这种能力可具体表述为教育、教学理论、教学技巧的运用，多媒体教学辅助设备的运用等。

三是教师个人发展能力。这种能力可具体表述为外语能力、职业生涯规划、心理健康与社会交际能力等。

在教师的教学过程中，除了要以高尚的品格感染学生外，也要求以高深的学问征服学生，以高超的教学艺术吸引学生。那么这两点就完全取决于教师个人所具有的上述三种能力的程度。教书育人能力强的教师，不仅有高学历，而且有真实力；不仅有真功底，而且有真本事；不是只会照本宣科，而是能乐教、善教、教活、教精；不但科研学术水平高，而且能将科研成果优势很好地转化为育人优势。他们是真正具有高度的师能自觉，用心用情于立德树人的优秀教师。

教师的师能自觉首先是要有愿望。教师师能提升的强烈愿望是确立和养成高校教师师能自觉的前提。其次是要有计划。教师要在师能自觉的理念主导下，把愿望变成计划。有计划意味着开始。既反映了愿望，也体现了有行动。最后是要有行动，教师要根据人才培养的要求，根据自身的实际情况，找到合适的方法和途径来落实计划，真正实现自身师能的提升。任何愿望，不变为计划都是浮云，任何计划不落实到行动都是一纸空文。

强调教师发展，强调教师的师能自觉，除了来自教师个体提升师能的主动性和孜孜不倦，更需要有组织的机构设置与措施推进。这种行为应该是基于教育理念、办学宗旨、人才培养模式等的集体意识和集体探索。也就是说，教师师能的提升，并不单纯只是教师个体的事；并不仅仅依赖教师的师能自觉，学校的整体推动和谋划应是教师师能提升不可或缺的主导因素。学校要加强教师，特别是中青年教师的培养，鼓励他们掌握先进的教育理念和方法。要完善教学组织、科研团队，健全老中青传帮带机制，不断弘扬优良的校风、教风、学风；要吸收引进优秀人才，充实和加强教师队伍；要改革、完善和健全教学评估、教师表彰等激励机制，推进师能提升长期有效地进行。

随着人类命运共同体的构建，国际化已成为高等教育发展的一大趋势。高等教育的国际化，需要高校拥有适应国际化形势的教师队伍。因此，在师能提升的过程中，适应高等教育国际化的需要应是其重要的内容。高校应充分注意教师树立教育国际化的意识。只有具有国际化理念和视野的教师，才会在教书育人中注重学生国际竞争与国际合作意识的培养，注重引进国外先进的教育理念，才会主动地参与国际交流与合作。应充分注意教师国际化教学能力的提升。国际化教学能力的提升包括课程设置国际化、教学方法国际化以及双语教学等。要引导教师在教学过程中充分借鉴国外先进的现行教学方法，经典的外语教材，同时注重创新适合我国国情和学生特点的教学方法。应充分注意教师国际交流能力的培养。教师是高校国际合作与交流的主要参与者。高校中青年教师应该掌握一门外语，能用外语撰写学术文章；能够编写外语教材；能用外语参加国际学术会议和学术交流。学校应积极主动地为教师国际化师能的提升提供培训，提供支持，搭建平台。

三、师德师能与学校发展

一所高校的发展水平和速度，一所高校的教育质量的高度，说到底是由其拥有的教师队伍的师德师能决定的。高校强调引导教师的师德师能自觉，正是与全面提高高等教育质量这一时代新要求紧密地联系在一起的。高校发展的主体力量是教师。高校教师的师德师能是高校发展的关键因素。

一所大学需要有一种精神，一种品格，一种气度，一种文化。大学文化是大学的灵魂。学校精神文化的建设，治理文化的建设，课程文化的建设，环境文化的建设都与师德师能建设密切相关。梅贻琦先生说过："大学者，非谓有大楼之谓也，有大师之谓也。"罗家伦先生也曾说过："要办好一所大学，光盖房子是不够的，建筑物内必须有学术的灵魂，才是一个有生命的东西。"两位清华大学的老校长要强调的就是教师的重要，教师在大学建设和发展中的作用。

课堂是学校的具体场景。课程是学校的基本载体。教师则是在课堂实行课程教学的主体之一。没有教师师德师能的自觉；没有他们观念的更新，行为的转变，角色的调整，能力的提升，就不可能实现学校的健康发展。学校应该积极为教师创造条件，为每位教师的专业发展提供广阔的空间，使教师在师德师能两方面都能切实适应当今素质教育和各项改革的需要。

在人才培养的过程中，教师处于主导地位。要提高人才培养质量，促进学校的健康发展，就必须提高教师队伍的素质水平。教师的道德修养、学识风范、言行举止直接对大学生的世界观、人生观和价值观产生重要影响，直接对人才培养质量产生重要影响。学校已不是世外桃源，市场经济，金钱物质的利诱，名利场上的转身亮相，晋级晋职的机会，各种各样的社会思潮都会影响教师的行为准则和价值观念。如果不强调师德自觉，不抓师德建设，不引导教师树立正确的人生观、价值观、世界观和高尚的职业道德情操，不仅会影响教师个人的健康发展，而且会影响学校整体的健康发展。因此，学校应该坚持教师在教书育人中的主导地位，充分发挥教师在人才培养、科学研究、社会服务、文化传承中的积极性和创造力。学校为教师的发展提供合适的氛围。同时教师又以自己的师德师能推进学校的发展。学校的发展又进一步为教师的发展提供更广阔的空间和更优良的环境。这种学校与教师之间相辅相成、相互依存、彼此促进的关系是学校协调发展、和谐发展、科学发展最重要的条件和保障。

师德师能建设是教师自身发展的需要，是全面提高高等教育质量的需要，是中国高等教育改革发展的需要，使命光荣，任重道远。高校领导有责任、有义务把这项工作抓紧、抓细、抓实、抓好，着力推进学校的建设与发展。

芝加哥大学教师队伍建设的启示

2008年12月，我有幸成为北京市高校校级领导赴美教育管理培训团成员，对美国芝加哥等地的多所大学进行了考察，就美国大学的战略规划、结构体系、管理模式、教学科研、后勤管理、质量评估、教师队伍建设、国际交流与合作等多个专题进行了广泛的学习、考察和交流，特别是在芝加哥大学的一周期间，校及院系两级领导，为培训班就双方共同关心的专题做了较为深入、全面的报告。此次考察既有体会，也有收获。现仅就教师队伍建设这一专题，谈一点体会。

一、加强教师队伍建设的重大意义

胡锦涛同志曾经指出："教师是人类文明的传承者。推动教育事业又好又快发展，培养高素质人才，教师是关键。"教育大计，教师为本。教师队伍是高校又好又快地发展的关键。高校应充分认识人才队伍建设在高等教育改革与发展中的极端重要性。提高高等教育质量，从根本上来讲决定于高校人才队伍的质量。高校的荣誉不在它的校舍和人数，而在它一代又一代素质优良的教师。一所高校成功的关键取决于它是否拥有一批高水平的知名专家学者和高素质的教师。有了这样一支教师队伍，学校才能培养出高水平的人才，提升学校的教育质量和学术水平才能有可靠的保障。因此，优秀教师是建设高质量大学的决定因素。庙破不要紧，只要菩萨灵。教师的水平和质量是保持学校名望和地位的最重要的因素。只要有优秀的教师，就能吸引优秀的学生；只要有优秀的专家学者，就能产生高水平高素质的研究成果。作为高校教学、科研主体的教师，永远是推动学校前进发展的原动力。

加强高校教师队伍建设也是时代的要求。"百年大计，教育为本。"高校作为人才培养的主要基地，作为科学研究的重要基地，在人才强国的发展战略中处于基础和先导地位。因此，社会经济转型的要求；建设人力资源强国的要求；高校管理体制改革对优化教师队伍提出的要求；中国高等教育事业迅猛发展的要求；提高高等教育整体质量的要求等诸方面都要求高校转变观念，解放思想，切实加强教师队伍建设。

二、芝加哥大学教师队伍建设的启示

芝加哥大学在加强教师队伍建设，吸引和发挥突出人才作用方面，具有许多行之有效的经验。他们投入巨资引进具有国际影响力的优秀人才，并采用项目推进和杰出人才引领两种方式开发学术领域。为了有效吸引和留住优秀人才，他们坚持创建优秀教师团队，尊重教授意愿，提供优厚待遇，提供丰实的研究资源和优越的基础设施。为发挥专家作用，他们尊重教授专业自主，鼓励合作研究，结合研究论文、项目金额和毕业生质量等标准开展同行评议，为专家学者提供更多国际合作交流、享受学术休假等机会。

此外，芝加哥大学还高度重视学术创新，并为此提供行政保障和资源支持。他们十分重视杜绝近亲繁殖，注意教师队伍学缘结构的合理性。芝加哥大学负责教师聘任的副教务长自豪地说："研究型大学不聘用只会教书的人……我们需要的不是平常人。我们聘用的教师都非常敬业，富有创新精神和能力，有很高的研究工作效率，同时在国内外具有重要的影响力。他们无论做什么都能够做到最好。"这大概就是芝加哥大学能培养出82位诺贝尔奖获得者的秘密所在。

芝加哥大学在教师队伍建设方面给我们最大的启迪是"远系杂交、非升即走、终身教职"的用人制度。

"远系杂交"就是学校教师队伍的结构坚持五湖四海的原则。芝加哥大学绝对不会留用刚毕业的学生任教。不管他学历有多高，水平有多高，表现有多优秀，也必须要有在其他地方工作的经历后才能再回校任教。这种刚性的制度保证了教师群体的学术背景、学术专长，治学风格丰富多彩，具有生物学意义上的"远系杂交"优势，不会造成近亲繁殖，从而使教师群体的学术水平、师德品质不断提升。

"非升即走"就是助理教授一般经过6年的努力工作，有了成绩后可以成为终身教授。再过几年，如果有更大的成绩，可以升为正教授。在这6年左右的工作中，如果没有被院系职称评定委员会认可，原则上就必须离开学校，另谋出路。这样的刚性制度保证了大学教师群体的新陈代谢，保证了吐故纳新的良性循环，保证了教师队伍永远是有发展潜力的、有竞争力的优秀成员。

"终身教职"是包括芝加哥大学在内的美国大学的一项独特的用人制度。助理教授一旦经过严格考评，晋升为副教授，就成为终身教授。终身教授包括教授和副教授。一旦被评为终身教授，学校从此不能解雇。这为学术自由提供了制度保证，使教授们可以一心一意地进行教学和科研，不再有后顾之忧，也不必急功近利或患得患失。

此外，芝加哥大学非常重视相互竞争、相互欣赏、相互合作的优秀团队建设。这些团队由一批世界上最优秀的同行专家学者组成。在这里有竞争，但更重要的是能进行高水平的合作研究，能保持世界级的研究水平。事实上，推崇优秀的团队精神已成为浸润美国所有高校的一种校园文化。

三、我国高校教师队伍建设面临的问题

随着我国高等教育事业的快速发展，高校教师队伍建设取得了显著成效。教师队伍的规模持续扩大；教师队伍的结构不断优化；教师的职业道德建设不断加强；教师队伍的整体素质进一步提高。但是不可否认，我国高校教师队伍建设在数量、质量、观念、体制等方面都存在着一些有待解决的问题。

1. 高素质的教师仍显不足

由于种种原因，我国高校的等级较为明显。有部属院校，有地方院校；有综合院校，有单科院校；有"985"工程院校，有"211"工程院校；有国家重点建设的院校，有地方重点建设的院校。级别不同，层次不同，投入也不同，从而造成个人收入、工作、生活环境等多方面存在明显的差异。这造成了有限的顶级优秀人才都集中在层次较高院校的现象。从目前我国高校的师资队伍情况看，一方面是优秀人才分布极不合理，一方面是一般院校优秀人才严重不足。这些年有些大学虽新设了不少专业，但并无合格的教师任教，有的是仅靠刚刚毕业的硕士研究生，甚至本科生在支撑局面；有的是依靠聘请他校的一些退休教师，甚至有直接把招来的学生送到他校或国外培养的情况。

2. 教师队伍的整体素质有待提高

目前，我国高校，特别一些地方和新建院校的教师队伍总体上还无法满足高等教育事业发展的需要，存在着高等教育对教师队伍的高要求与人力资源的低素质的矛盾。在年龄结构方面，普遍存在着青年教师过多，布局不合理，甚至断档、断层等问题。在人员结构方面，缺乏拔尖人才、学术骨干、学科带头人。有些学科人员过剩，有些社会急需、学校急待发展的学科人才短缺。在学缘结构方面，普遍存在着学术一脉相承、队伍近亲繁殖的现象。

3. 出口不畅，缺乏合理的退出机制

在管理体制方面，教师专业技术职务的终身制是高校高素质教师队伍建设存在的主要问题。教师专业技术职务终身制，是一种缺乏竞争、激励和活力的人事管理体制。它表现为教师只重视"身份"和待遇挂钩，不重视岗位职责。因此，使教师的定编、定岗难以落到实处，很难实现资源的最优配置，造成教师队伍结构比例失调，考核工作流于形式，激励作用难以体现。近些年，随着考核评价机制的不断完善，这些现象

虽有所改变，但无论是力度还是广度都十分有限。此处，高校教师出口不畅，缺乏合理的退出机制的状况，不仅造成高校负担过重，压力过大，更影响到拔尖人才的成长，竞争机制的形成，整体合力的形成，影响到学科建设和人才培养质量，影响到高等教育事业的可持续发展。

4. 思想意识不能适应发展的需要

教师是教育理念的实践者和教书育人的示范者。提高教学质量，培养合格的高素质创新人才，教师良好的素质和理念的转变是第一位的。所以，教师必须具有科学严谨的学风，必须有爱岗敬业、为人师表、教书育人的品质。但客观现实与理想愿望存在着差距，部分教师的思想意识远不能适应发展的需要。教师队伍中论资排辈的思想严重存在。科研立项、成果申报、专著出版、学术交流等环节，如果没有挂名的老专家往往很难行得通。职称评审、岗位任用、进修学习等，也都讲先来后到，许多年轻有为的人才因此而蹉跎了岁月，贻误了成长的机遇。

高校还普遍存在平均主义的思想。这种平均主义的表现形式很多，在人事分配制度的落实方面，人员工资的平台很大，没有真正按绩效大小拉开档次，结果是复杂劳动不如简单劳动，脑力劳动不如体力劳动，重要岗位不如次要岗位。这使高校教师的积极性难以真正发挥，使教学科研乃至管理的效益达不到应有的水平。

此外，部分教师的师德和教风很不理想。师德是教师综合素质的核心。由于没有建立起严格规范的师德评价体系，拔尖人才不足，无序和不规范的竞争，以及实际存在的教师身份和职务的终身制，造成了有些教师的思想混乱和师德教风上存在严重的差距。一些教师兼职太多，不能把全部或绝大部分精力和时间投入到教书育人和科学研究中。有些教师业务上不够勤奋踏实，思想上不积极进取，做学问不严谨，不精益求精，作风浮躁、急功近利，弄虚作假，个人主义膨胀，团队意识淡漠，从而严重影响人才的培养和学校各项事业的良性发展。

四、高校教师队伍建设的一些设想

当前，我国正在为实现社会主义现代化宏伟目标而大力实施人才强国战略。高校是发展科学、培养人才的重要基地。教师是学校发展之本。教师的素质水平决定着学校发展的水平。如何吸引、聚集、培养优秀人才，建设高质量高素质的教师队伍是学校工作的重中之重。

1. 高校自身要科学定位，发挥比较优势，突出自己的特色

我国的大学类别不同，层次各异，教师队伍建设不能一个目标，一副面孔，必须因校制宜，各具特色，根据各校自己的特点，开展教师队伍建设。

不同层次的院校，对教师的岗位要求不一样。同一层次的学校，教师队伍也各具特色。各高校只有科学定位，发挥比较优势，在特色上做文章，才能走出自己的路子，建立起符合学校办学特色的教师队伍。

2. 上级机关要积极推进人才制度的改革

为适应高教事业迅猛发展的需要，各高校都在花大力气，出各种奇招加强教师队伍建设，包括事业留人、感情留人、待遇留人、环境留人等各种办法。某些体制上的问题不解决，要从根本上解决高校教师队伍建设中面临的问题是不可能的，上级有关部门必须积极推进高校人事制度改革，彻底解决学校包揽一切的局面，特别是要为高校推进"非升即走"的机制，提供制度上的保障，解决好出口问题，建立合理的退出机制。如果不合格的教师淘汰不了，不适合的人员退不出去，高校的教师队伍就是死水一潭，永远活不起来。这里的关键是要建立养老、失业的社会保障体系，把员工从单位人变成社会人，只有这样才能建立起合理的人员流动机制。

3. 加强人才的引进、培养和交流

没有名师难以出高徒；没有大课题、大项目、标志性成果，难以上台阶上水平；没有结构合理的多学科、跨学科、高水平的联合攻关团队，很难取得高水平的成果，很难把学校做强做特。因此学校要高度重视引进高层次、创新型人才，特别是国内外有广泛影响的知名学者、学科带头人，以促进学校的教学科研工作。

青年教师在高校占相当大的比例，他们是高校教师骨干的后备军，是学校的未来和希望，也是高校能否可持续发展的决定因素。高校必须高度重视对青年教师的培养，花力气提高青年教师的专业素质和水平。要用竞争激励机制激活青年教师队伍的群体化优势，保证在职称评审、科研经费的申请、奖项评选、年终考核等方面机会均等、公平竞争、择优而用，为青年教师的使用发展提供平台。同时要为青年教师营造宽松和谐的成长环境，增强对青年教师使用的信任度，加大对青年教师的关怀和爱护。

高校要不断开拓对外交流的渠道，有计划地选派教师到国外大学进修、合作，要积极引进在国外有优秀的学习和工作经验、学科方向新、学术水平高的留学人才，充分发挥他们的学术骨干和学科带头人作用。

4. 要加强师德建设，不断增强教师的爱岗敬业精神

高校教师肩负着传播文明，开启智慧，塑造灵魂的神圣使命，影响着人类社会的未来。他们是教育观念的载体，是教育活动的组织者和实践者，是知识创新的重要力量。因此，高度重视教师的职业发展，加强教师的职业道德教育，加强师德和教风建设，增强教师的爱岗敬业精神也是高校教师队伍建设的重要内容。

澳大利亚大学的办学理念和文化建设

——以悉尼大学为例

2008年3月，我有幸参加了教育部组织的高校领导赴澳大利亚和新西兰培训班，对两国八所大学的战略规划、结构体系、管理模式、教学科研、质量评估、国际交流与合作等二十多个专题进行了广泛的学习、考察和交流。特别是在悉尼大学的一周期间，校及院系两级领导，为培训班就十五个专题做了较为深入、全面的报告。现仅就大学的办学理念和文化建设这一专题，阐述自己的感受。

一、办学理念

任何一所知名大学，必定有其明确的办学理念。这些理念往往并不明明白白地表述在学校的介绍材料或法律文件之中。但它体现在学校的管理人员中；体现在学校的师生员工中；体现在学校的管理体系中；体现在学校的处事风格中；体现在学校的建筑、园林中；体现在学校的每一件事的过程中。仅凭在悉尼大学短短一周学习期间的观察与体验，我认为悉尼大学的办学理念可以归结为：保持大学传统，提高创新能力；保证教学科研质量；以学生为本；国际化及公司化运作四个方面。

1. 大学必须保持优良传统，提高创新能力

悉尼大学成立于1850年，是澳洲第一所大学，是一所具有158年历史的老牌大学。长久以来，大学始终注意保持她的优良传统，始终不忘其创建和发展的历史。这一点不仅体现在对大学的标志性建筑——四合院的保持中（为了保持建筑的原貌，大学不惜重金去找来与原建筑一致的建筑石材，对建筑中破损之处进行维修），而且也体现在大学的办学理念中。大学是需要有文化积淀的。一所大学的悠久历史和良好传统正是这种文化积淀的最佳体现。悉大人对传统的保持，体现在对大学创始人的尊重中，体现在对优良传统的继承中，体现在治学的科学、严谨中，体现在其优良的校风之中。

在继承传统的同时，悉尼大学也并不忘记与时俱进，并不忘记开拓创新。创新能力是一所大学的综合实力和国际水平的重要标志。悉大作为澳洲八大名校的佼佼者，作为一所以其卓越的学术成绩享誉海内外的著名大学,在其办学过程中,始终体现着提高创新能力的理念。悉大在尖端学科领域,特别是在光纤领域和室外机器人领域取得的优秀成果,充分体现了这一理念。在办学过程中,悉大推出了荣誉学士学位这一独创性做法。这种富有创造性和创新性的学位体制,为培养优秀人才创出了新路,因而同时受到学生和社会的欢迎。

2. 大学必须确保教学科研质量

质量是大学办学的生命线,一所大学的成败就在于这所大学的教学和科研质量。悉大始终把确保教学科研质量作为其重要的办学理念。悉大在其战略规划中明确提出:悉尼大学在保证大学的教学科研质量方面要起领导作用,要争取被世界认为是澳大利亚高等教学水平的代表,要成为给来自国内外的本科生和研究生提供高质量教学的杰出大学。

澳大利亚的大学非常重视自身的质量管理。悉尼大学更是如此,每年都要制定教学质量保证与改进计划,制定教学质量保障程序,开展课程目标评估、学生评议反馈等活动,有一套完整的在招生、教学、学习和评估领域保证质量的内部体系。悉尼大学有一个质量咨询与协调小组。它负责制定质量保证与改进框架,以作为进行质量评估的基础。悉尼大学还设有学术理事会。该理事会是悉尼大学的主要学术机构。它用评估的方式对全校的教学、科研工作进行监督。由于该评估涉及面广、周期长、受重视程度高,通常被看作是悉尼大学内部学术质量保障体系的主体与核心。

教员评估、学习单元评估以及学生考核则是教学科研质量保障的基础。教员评估是指由各个基层单位(如院系)对其下属教职员工进行的年度评估。学习单元评估是对学生进行的教学调查,其目的在于了解该单元工作的有效性。学生考核是指由各院系分别组织的学生学业成绩考核。另外,作为校级教学咨询与支持机构的教学研究所,则为学术质量保障体系提供技术支持。它在机构、学习单元以及教师个人这三个层次上为教学工作的评估和改进提供支持。同时还为主要的课程评估提供咨询。

此外,悉大常常主动要求联邦政府、州政府相关机构,以及澳大利亚大学教育质量评估署对其进行全面深入的质量评估。悉大正是通过这样的一些机构和程序来确保其教学科研质量,来体现必须保证教学科研质量的理念。值得指出的是悉大对教学科研质量的重视是发自内心的,对大学声誉的维护是自觉自愿的。由于这种理念的存在,悉大才具有这样的自我约束能力;由于这种理念的存在,悉大才将质量视作生命,视作大学立校、发展之本。

3. 大学必须以学生为本

大学教育的对象是学生。学生是大学的主体,是大学得以存在之本。所以大学的一切都是为了学生，都是为了把学生培养成有用之才。澳大利亚大学的办学理念之一就是以学生为本，以服务学生为本。无论是悉尼大学、西悉尼大学，还是墨尔本大学，最为明显的办学特点就是充分体现以学生为本，以服务学生为本这一理念。

这些大学均设有专门的学生工作部。它们对学生的招收入学、住宿安排、环境适应、心理健康、日常生活、学业发展、社会实践、远景规划等都会有具体的关注与考虑，都会对学生提出意见和建议，提供必要的咨询和帮助。其他教学研究机构也会从各方面，特别是在学业发展方面提供各种关爱与帮助。另外，在课程设置、课时安排、实践活动的组织等教学科研活动中，也无不体现着以学生为本，以学生为中心，给学生以最好的教育这样一种理念。听来自东南大学的一位在澳大利亚国立大学攻读医学博士学位的留学生讲：学校一般不提倡学生利用节假日去做实践。这其中考虑的最重要的原因是因为节假日各种勤杂和教辅人员都放假，都不在自己的工作岗位上，学生一旦在实践过程中发生意外事故，很难及时获得救助和帮助。这件看似细小的事情，却充分体现了"以学生为本"这一理念。

另外，墨尔本大学正在推行的小组学习室、学生自习室、课间休息室，无论从房间的装饰到灯光的配备到桌椅的摆放更像茶室、咖啡厅，显得非常休闲、非常温馨、非常人性、非常有利于学生身心放松、静心学习、相互学习、自觉学习。这种花高成本推行的实践更是体现了以学生为本的理念。在墨大培训期间，为我们做翻译的两位中国留学生也表示墨大有许多学生事务机构，从各个方面为学生提供形式多样的方便与服务。她们也深深感受到：以学生为本这种理念确实体现在墨大的方方面面、时时处处。

4. 大学必须国际化，必须经营

大学国际化是全球化背景下的一种必然趋势。这是培养国际化人才的需要，是大学学生和文化结构多元化的需要，是各民族文化相互交融的需要，也是全人类共同发展的需要。大学的国际化早已成为衡量大学水平的重要标志。世界上许多国家，特别是西方发达国家，早已在大学国际化方面迈出了坚实的步伐。而国际化又迫使大学在管理方面实行公司化运作，要求大学不仅仅是办学，而且是经营。这种经营带来的实惠又促使大学在国际化方面做出更大的努力。

澳大利亚的大学都有很强烈的国际化和经营理念。除了上述共同的一些因素外，澳大利亚大学国际化的最大因素是市场的驱动，是把教育作为一种产业出口。许多大学领导都在不同的场合提到，教学出口是澳大利亚四大出口产业之一，被排在第三位。从主观上讲，澳大利亚政府减少了对大学的拨款。悉尼大学从政府得到的拨款仅占其总经费的16%。这样就迫使各大学以公司化运作的手段，千方百计地去获取学校所需的经费。招收海外留学生就是重要的创收渠道,因为海外留学生必须支付全部学费。我驻堪培拉教育处朱小玉公参在向我们介绍澳大利亚的教学情况时提到,澳大利亚教育输出对其国民收入的贡献已达每年100亿澳元。

从客观上讲,澳大利亚地多人少,资源丰富,有大学的生存发展空间。它不仅自然环境优美,而且人文环境也非常好。澳大利亚几乎从未发生过战争,安全系数很高。它本身又是一个移民国家,是一个多民族的结合体,无论从文化还是从种族的角度看,都是一个十分适合外来人生存的地方。另外,随着这些年澳大利亚经济的不断发展,澳大利亚也为广大的青年学者提供了不错的就业机会。由于这些主观和客观上的原因,澳大利亚吸引了全球留学生的6%。在澳大利亚的约100万学生中,有25万是外国留学生,占总学生数的1/4。这些留学生中有许多来自中国,其中悉尼大学的中国留学生占总留学生的30%。2008年,在澳大利亚的中国留学生已达7万多人。

此外,澳大利亚大学也十分重视其他方面的国际合作与交流。排名世界前50的大学中,有35所与悉尼大学有合作关系。有15所中国大学与悉尼大学建立了合作关系。除了与世界各地的大学有着广泛的合作与交流外,悉尼大学还与联合国、世界银行等国际机构在文化、体育、音乐等各个方面建立了合作关系。悉大负责国际事务的副校长曾表示,悉大的重要战略目标就是要与国际上一些顶尖的大学开展合作。澳大利亚的大学正是在这样的一些实实在在的举措之中,体现着国际化的办学理念。

二、文化建设

大学是传播知识的地方,是培养有知识有见地的人才的地方,是产生智慧火花的地方,是知识创新的地方。大学的文化建设是大学的使命,应成为大学的自觉。一所大学体现出的文化是一代代大学人不懈努力的结晶,是大学理念、传统、历史、特色等品质的集中体现。大学的文化建设是每一位大学人的职责,更是大学领导者的重要职责。

总体而言,大学的文化建设应包括制度文化建设、精神文化建设和校园文化建设。

1. 制度文化建设

一所大学是否有序,其运行是否正常,整个大学机器的运转是否高效,关键要看大学的制度,要看大学是否依法治校,是否实行规范管理。澳大利亚的大学在其创建时,都必须经州政府立法。该项建校的法案通过后,大学才能得以创建。大学的运行总体上不能超出该法律规定的范畴。因此,澳大利亚大学的总体运行是稳定的、有序的,不会出现大的动荡和偏差。这也从法律上保证了校园的稳定有序,保证了大学的办学传统与风格得以代代相传,避免了大学因管理者的变动,因决策者的个人因素而产生根本性的变化与波动。

澳大利亚的大学都有完整健全的管理体制。一般都推行董事会领导下的校长负责制和各种委员会辅助决策的管理体制。学校通常聘请受人尊敬的、有名望的社会名流担任董事长。董事会则由政府官员、社会名流和校方人员组成。董事长更多的是一个象征性的职务。他很少介入大学的具体事务。真正负责大学日常事务的是校长。校长下设若干位副校长负责大学教学、科研、行政、后勤和对外关系等事务。董事会任命校长并考核其绩效。校长在董事会领导下，独立行使行政职权。副校长向校长负责。

澳大利亚大学推行委员会辅助决策制度，设有学术委员会、教学委员会、研究委员会、奖学评优委员会等辅助决策组织。学校的最高决策机构是董事会，日常行政工作的最高决策机构是校长行政会议。各个委员会在各自的职责范围内根据规定的程序商议有关事项，提交决策方案和建议，报董事会或校长行政会议批准执行，以此帮助学校对重大问题进行辅助决策。另外，大学还有院系及相应的组织机构和相应的行政处室。这些机构保证了学校的正常运转，保证了董事会和校长行政会的决策得以顺利执行和实施，保证了学校的教学、科学等各项工作的正常进行。

2. 精神文化建设

一个国家要有精神，一个民族要有精神，一个人要有精神，一所大学也要有精神。澳大利亚的大学都非常重视精神文化建设。澳大利亚的精神文化主要体现在现代、开放、自由、尊重人、创新和多元化等方面。

澳大利亚的大学均享有充分的自主权。开什么专业，由学校决定；开什么课，由院系决定；如何上课由教师决定。墨尔本大学已将所有专业合并为6大类，而音乐竟然是这六大类之一，其原因就是墨大在音乐方面实力较强，有自己的特色。

墨尔本大学设有众多的俱乐部和社团，师生员工均有机会参加这些社团多种多样的活动。这些活动包括：学习辅导，生活帮助，体育活动，音乐艺术表演，政治和文化活动等。另外，大学还给学生提供广阔的空间、众多的机会，鼓励他们通过努力去实现自己的目标。大学十分重视创造一个自由、开放的环境，积极鼓励师生多进行沟通，多给需要者以帮助和支持。墨大负责国际事务的副校长，每两周与留学生代表见一次面，听取他们的意见，为他们解决一些实际问题。

澳大利亚大学有完整的教师培训制度，年轻教师上岗后会有专人帮助他们从事科研，并适当减轻他们的教学工作等。对干部则由岗前培训、在职培训、交流研讨、反馈意见等各种途径来帮助其顺利开展工作。这些做法都充分体现了以人为本，尊重人，尊重人才的精神。

澳大利亚的各所大学都十分重视创新精神，认为创新精神是教育的推动力量。大学里的教育科研人员都具有很深的专业知识，也有很强的研究能力。这使得学生们能在教师的指导下，通过创新发现来学习新知识，掌握新技能和新方法。据我国在墨大的研究生讲，学生要研究什么，完全由自己决定。教师鼓励学生去发现，去创新，而且提倡实时性研究。

澳大利亚大学均以多元文化背景而自豪，致力于建立一种能促进学术发展、互相支持的国际联系。除了广泛开展与世界各地的著名大学间的合作与交流外，澳大利亚大学的留学生和教师中有相当高比例来自海外。留学生人数已达学生总数的四分之一。我国东南大学和武汉理工大学赴澳大利亚大学任教的两位教师已经成为澳大利亚的院士。澳大利亚大学在这些精神文化建设方向所做的努力，使得澳大利亚的大学充满着活力、朝气，展现着宽松、和谐，使得整个大学体现着学术自由、办学自主的精神。

3. 校园文化建设

校园文化建设是大学文化建设最直接最突显的建设内容。一所大学不仅要有大师，有大楼，也要有大树。如果说大师是办学的灵魂，大楼是办学的设备条件，那么大树则是办学的环境建设，是大学办学历史和发展的见证。澳大利亚大学在校园文化建设方面有得天独厚的条件，不仅自然环境美观，而且占地面积大多较十分宽广。如悉尼大学就位于澳大利亚最美丽的城市悉尼。大学的主校区达令敦校区地处市中心。这里环境清静，治安良好，交通方便。学校的标志性建筑——四合院庄重宏伟、大气包容，时时向人们展示着她的历史，她的发展，她的宽厚。悉尼大学十分尊重历史，十分重视对历史文物的保留。历时近160年的四合院不仅保存完好，而且仍然能与任何现代的校园建筑相媲美。悉尼大学尊重为学校的创建和发展做出贡献的历史人物。大学礼堂内不仅悬挂着历任校长的油画像，而且还在一进门的左右两侧摆放着两位为悉大的创建做出杰出贡献的历史人物的白色大理石雕像。每一位走进这个礼堂的人，都会有一种肃然起敬的感觉，都会深深体会到大学的神圣，学术的尊严，学人的可敬。

此外，悉尼大学还有多个博物馆，其中规模较大的就有两个。这些博物馆不仅对悉大人开放，而且也对社会开放。我们在悉大培训期间，就有一批又一批的中小学生前来博物馆参观。这些博物馆从形式到内容都为悉大的校园文化建设增色不少。

无论是悉尼大学还是墨尔本大学，校园内的古建筑都保持着原来的面貌。新的建筑也在体现现代化风格的同时，注意与古建筑的相互交融，体现着整个校园风格的协调一致。澳大利亚大学的校园是开放的，没有围墙，也没有栏杆，看起来校园并不十分整齐整洁，但却保持着一种自然的和谐，一种自然的美。澳大利亚的大学人似乎并不在意是否整齐划一，不喜欢太人工化，而是喜欢一种本色，一种人与自然的和谐。在这里你看不到标语，看不到彩旗，看不到横幅，只有粘贴在固定的广告栏上的一些学习通知和活动告示。人行路上，学生们在急急行走；教室里，花园中，树荫下，学生们在静静地看书和学习。在这里你感到的是宁静与祥和，是学术殿堂的神圣与纯洁，是人们对科学对知识的敬畏。

悉尼大学、墨尔本大学这样的澳大利亚大学都自觉地把质量视作生命，自觉地从各个环节来实现质量的保证，并主动请评估署的专家来对办学质量进行评估。在以学生为本这一点上，澳大利亚大学是把学习的责任完全交给学生自己，是让学生自觉地学习。澳大利亚大学在办学理念和文化建设诸方面都有值得我们学习借鉴的地方。

管与育的理念之差

一所成功的大学必定有她自己明确的办学理念。它凝聚了这所学校的办学风格、文化品位、人才培养等方面的个性特色。鲜明的办学理念一经确立，学校就有了自我超越、追求特色的可能；学校的蓬勃生机就会得到充分激发；学校的凝聚力、向心力、感召力就会不断得到增强。

在香港中文大学的几天考察学习过程中，深深体会到中大实践的是以育人为本的理念。从校长到处长，从院系到书院，我们听到的关键词总是沟通、开放、友善、诚恳、尊重、聆听、耐心、弹性、激励、引导、解释、以学生为友。当我们与他们探讨如何对学生、教师实施管理时，他们总是说："我们一般不用这两个字。"或者说："我们害怕用'管'字"。在有886页的《香港中文大学本科生手册——二〇〇五〇六》中，除了"管理学"，其他几乎找不到对人实施的"管理"字眼。在表述有关制度时，该手册中用的是"学院规定"、"本科生学则"、"图书馆系统规章"、"考试试场规则"、"大学交通及泊车条例"等较为中性或人性化的表达方式。

在以"育人为本"的理念指导下，我们看到中大实行的是：融会双语、通识教育、优质教育、多元课程、书院制度、贡献社会；强调的是：结合传统与现代，融合中国与西方；提倡的是：我们是学生的朋友，我们陪伴学生走过大学学习的历程；确立的是："培养具有社会良知及国际视野的未来领袖。"在这个培养目标中，"社会良知"四个字虽很平和，但却包含着极其丰富的德育教育内涵。

在这种理念的指导下，中大对学生和教工的处理总是慎之又慎，一般在发现问题后，首先是善意地找本人谈话，然后给予多次的补救机会，体现的总是以人为本的原则。

在这样的理念指导下，我们看到的中大是美丽的校园、祥和的氛围、敬业的工作、勤奋的学习、井然的秩序、蓬勃的发展。我们接触到的每一位中大工作人员都非常熟悉自己的业务，都十分热爱自己的工作，对中大怀有强烈的归属感。

与之相比，我们虽也强调以人为本，提倡管理育人、教书育人、服务育人。但在实际办学过程中，还是具有强烈的"管"的意识，体现的还是一种"管人"的理念。

在我们的大学里，"官本位"意识仍然很有市场。"官本位"是中国传统思想意识中影响最深远、最广泛，至今仍极有生命力的一种落后的封建意识。这种做官为"大人"，非官为"贱民"的意识在现代教育领域仍有深深的烙印，仍在影响着大学的健康发展。

官是干什么的呢？官是管人的。大官管小官，小官管平民。学校里各种各样的长都是官。学生则什么官也不是，只能处于被管的地位。在内地某大学的规章制度汇编目录中，"管理"两字就出现了78次。我并不是说用"管理"这两个字有什么不妥或过错。这跟我们的话语习惯有很大的关系。但这里是不是也体现着某种意识、某种观念呢？我们常在草坪上看到的"禁止踩踏"和"爱护花草"的两块禁示牌，要达到的是同一种目的，但它们的效果和给人的感觉，以及从中体现的理念都是极不相同的。同一件事用不同的理念和方法去处理，其效果也是不一样的。"管人"与"育人"的理念是存在差异的。中大的办学理念有值得我们借鉴之处。

大学应该具有其特定的文化特色，应该拒绝一切陈旧落后的思想观念和教条的禁锢与束缚，探索真理，求实创新。大学强调的是人格的独立、思考的独立、判断的独立，要求的是在自由的氛围中进行学术的理性思考和研究，在开放的环境中实现科学的创新和发展。

《大学》告示我们："大学之道，在明明德、在亲民，在止于至善"。我们的大学应该是讲仁德、讲诚信、讲友善、讲博爱；应该向师生员工提供一个自由、宽松、和谐、积极进取的环境；应该提倡人与自然、人与宇宙、人与规律、人与逻辑、人与道德、人与社会、人与命运的思辨和对话。我们的大学应该以学生为主体，牢牢确立学生的主体性地位。大学的一切工作都是为了育人，都是为了满足实现"育人"这一目标的一切需要。学生有义务服从学校符合法律的管理，而不具有服从不符合法律的管理的义务。因此学校的一切行为都应合情、合理，更应合法。应该给予学生更多的尊重、更多的关爱、更多的引导、更多的激励。

大学应以教师为本位。在大学里，承担育人职能的是教师，从事知识创新、探求科学真理的主体是教师，努力创造大学文化、传承大学精神的主体也是教师。因此，对教师同样不能"严加管教"，束缚其手脚。大学的管理不应重在管人，而应重在管事。社会发展到今天，"管学生、管教师"的理念已经成为一种落后的低水平的理念。我们现在应该倡导的是尊重教师、尊重人才，努力用真情、用关爱去创造有利于教师发展的"软环境"。同时也要千方百计地为他们的工作、学习、生活创造良好的硬环境，真正最佳地发挥教师的水平、激发教师的潜能，使教师不断地向更高的水平跃进，为培养"名师""大师"创造条件，搭建平台。

大学教育理念是一个开放的观念体系。当一种理念无法适应时代发展的需要时，它是可以，而且应该改变、突破、创新、与时俱进的。香港中文大学以育人为本的理念，以及她在实践这一理念过程中的种种做法，对我们是很有启迪意义和借鉴作用的。中国高等教育发展到 21 世纪的今天，我们有必要反思我们的"管人"理念，有必要探讨我们的某些运作行为。陶行知先生说过："最好的教育是教学生自己做自己的先生"。如何使传统意义上的被管者、被动者成为主动参与学校教育教学的主体，真正改变管理者与管理对象的关系模式，推进学校育人制度和育人体制的创新，实现学校管理的更加人性化，让教师和学生感受到来自学校各个层面的人文关怀是学校应更进一步关注和重视的问题。一所其师生员工都充满着自信心、自豪感、尊严感、成就感，充满着爱心的大学必定是充满生机、充满活力、充满希望的大学。

办学理念是大学发展的灵魂

——北京第二外国语学院的办学理念

办学理念是对大学的性质、功能和使命的根本认识,是大学的信仰和价值追求,是大学精神的核心与基本价值观,是引导大学前进发展的动力源泉。纵观古今中外,每所大学都在实践发展中逐步形成了具有自身特色的办学理念,引导其不断追求和实现着自己的办学目标和社会价值。

作为一所具有56年历史的高等学府,北京第二外国语学院以其高质量的人才培养和鲜明的办学特色享誉全国。早在创校伊始,就以"听说领先"贯彻于外语教学,同时注重社会实践,二外的学生"口语好,上手快,能力强",是几十年来教育界和业界不争的事实。作为国内最早开设旅游专业的院校,二外更以其鲜明的国际化色彩和高层次的"产学研"结合之路独树一帜,既体现了教学科研为产业服务,又为学生提供了优良的实践基地。我国的旅游业界从国家级旅行社的总经理到各地旅游企业的业务骨干,都不乏二外培养的优秀人才。

为总结历史经验,弘扬优良传统,突出办学特色,不断确立和实现新的办学目标,近年来,北京第二外国语学院更加注重在办学理念方面不断进行积极的对外借鉴与自身探求。作为前校长,笔者常常思考的问题是:如何让学校传统的办学理念不断吸收、融合新的教育思想,让其焕发出无限生机和强大的生命力。结合教育教学改革不断深化的实际,我们在教育实践中逐步提炼出以"质量为先、师生为本、合作创新、继往开来"为核心的办学理念。

质量为先——坚持确保教学科研质量的办学理念

教学与科研是教学研究型大学的核心任务。质量是大学的生命线。一所大学的成败,关键取决于她的教学和科研质量。因此,确保教学科研质量,是二外人始终坚持的办学理念。

在教学方面，学校于2004年顺利通过了教育部组织的本科教学工作水平评估。2006年，英语专业在教育部组织的专业评估中又获得了"优秀"的成绩。为了不断深化教学改革，提高教学质量，学校曾将2007年定为"教学质量年"，以此进一步明确教学的中心地位，树立"教学质量是生命线"的观念，进一步加大教学经费投入，把不断提高教育教学质量和培养高素质人才作为学校工作的主题。2007年，二外在原有4个北京市级品牌专业的基础上，阿拉伯语被教育部评为第一批特色专业建设点，日语专业被评为第二批高等学校特色专业建设点。在20部教材入选"十一五"国家级教材规划的基础上，5部教材选题被补充入选"十一五"国家级教材规划，9部教材获得北京市精品教材立项，获得3项北京市教育教学改革立项。在2007年全国大学生英语竞赛中，学校获得特等奖1名，一等奖2名，二等奖6名，三等奖13名的佳绩。同年，学校通过组建新一届教学督导委员会等措施，进一步完善了以教学过程监控系统、计算机教务管理系统、教学评价系统为基本框架的教学质量监控体系，并加强了学生对教学质量的反馈信息收集。

在科研方面，学校始终坚持贯彻加强科研管理和注重成果转化这一指导思想，以外语人才培养基地、旅游发展研究基地和国际贸易人才培养基地为平台，倡导"研究问题的本土化、研究方法的国际化和研究成果的实用性"，开展创造性的特色研究，并注重科研成果的转化。近些年，学校不断有科研项目直接服务于国家和首都的经济建设与旅游业发展。如《世界旅游强国内涵及指标体系研究》、《北京市奥运旅游发展规划》、《北京市郊区旅游发展战略研究》、《北京旅游发展年度报告》、《北京市吸引海湾国家投资战略和措施研究》、《北京CBD建设离岸金融中心的国际经验与现实选择》等许多研究成果已经为政府部门和企事业单位所采纳，并产生了相应的社会经济效益。学校的公示语翻译研究中心通过对北京、上海和国外许多城市的实地调查研究，对北京公共场所英文标识的标准化进行指导，并推出了《公示语汉英翻译手册》，直接为北京2008年奥运会和2010年上海世界博览会的国际化语言环境建设提供了智力支援。旅游学科还十分重视理论与实践相结合，建立了产学研一体化模式，与首旅集团、中旅集团、西安旅游集团、岭南国际企业集团、香港中旅集团等全国大型旅游企业建立了战略合作关系，许多研究课题不仅为实业界创造了良好的经济效益和社会效益，其中的一些内容还成为课堂教学的生动案例。学校还鼓励学生参与教师科研项目的研究，并依据《北京第二外国语学院学生科研项目管理办法》的有关规定，积极组织学生科研项目的申报工作，仅2007年学校就资助了83个学生科研项目。

高等院校的教学科研质量工程，也是一项团结凝聚学校人心、提升整体办学水平的工程，使学校的综合实力得到进一步提升。

师生为本——坚持以教师和学生为本的办学理念

北京第二外国语学院把坚持"以教师和学生为本"这一办学理念作为构建和谐校园工作的核心，切实关注师生的发展和利益诉求，坚定不移地把师生员工的根本利益作为学校工作的出发点和落脚点，为师生员工的才能和潜力的发挥营造公平、公正、和谐、高效的良好环境。

学校积极建立完善密切干群关系、师生关系的沟通机制。制定了《关于加强党政领导班子建设的意见》和《领导联系群众制度》，建立了校领导接待日制度、联系基层单位和调查研究制度、校长信箱制度、校领导与党外人士交朋友制度和情况通报制度，疏通民意表达的常设渠道，把服务群众、凝聚人心、协调利益、化解矛盾、排忧解难作为重要职责。同时，充分发挥工会、教代会、各民主党派、共青团和学生会等群众组织的桥梁和纽带作用，密切与广大师生员工的联系。

学校积极建立师生权益保障机制。依法健全和规范了申诉和信访制度，保障师生员工的法定权利，及时办理师生员工的申诉和信访案件。同时，深入实施招生"阳光工程"，进一步加大信息公开力度，把学校的办学资格、招生计划、收费项目与标准、录取规则与结果向社会公开，保障教育公平。

学校积极建立服务保障机制。健全奖、贷、助、补的多渠道资助体系，学校每年用于资助困难学生的经费为55万多元，设立勤工助学岗位250余个，确保贫困学生不因家庭经济困难而辍学。加强了大学生心理教育机制，从新生入学开始建立学生心理档案，设立心理咨询中心，及时提供有效的心理健康咨询与服务，培育学生良好的心理素质。完善就业指导机制，成立了毕业生就业指导中心和学生就业指导社团，搭建招聘会平台和就业信息网平台，及时提供就业信息，把就业指导课纳入教学计划，有针对性地开展相关职业能力培训，完善网络职业能力测评系统，校园电视台创办《未来有约》栏目，进行就业指导。这些措施加强了学生的就业能力和水平，使就业率均保持在一个良好的水平。

学校注重加强和改进机关工作作风建设。2004年，在开展专题调研的基础上，制定了《加强和改进机关工作作风建设制度》，实行挂牌服务制、首长问责制、限时办理制、文明服务制等，力求做到科学管理、人性化管理，年末在师生员工中进行问卷调查，并进行机关工作作风评比。后勤部门开展优质服务月等活动，增强服务意识，提高服务质量和水平，从而建立了以教学科研为中心的教育教学、行政管理、后勤服务三大教职工群体的和谐体系。

高等院校要在竞争中求生存、谋发展，必须以教师为本、以学生为本，才能办好学校，培养出符合社会、市场需要的优秀人才。

合作创新——坚持确立国际化发展战略的办学理念

大学国际化是全球化背景下的一种必然趋势。大学的国际化早已成为衡量大学水平的重要标志之一。北京第二外国语学院明确地提出了国际化发展战略，把"国际导向、专业复合"作为特色，努力培养国际性、应用型人才。

作为外语院校，二外一直坚持"国际导向"，注重确立国际意识，开放办学资源，以交流促提高，先后与世界各地的100多所高校和教育机构建立了长期的交流与合作关系，通过彼此互派教师、交换学生、召开学术会议等多种途径，加强教学科研的交流与合作。如日语、韩语、西班牙语等专业的一半以上学生都有出国学习的机会，旅游管理、国际贸易、金融学等专业的学生也有很多的对外交流机会。此外，学校的多语种语言环境和学生的外语优势，也为学生了解世界文化和国际事务提供了良好条件。同时，学校积极开展国际合作办学，引进先进的办学理念和优质办学资源。与澳大利亚昆士兰大学联合培养本科生和研究生，引进了英国国家高等教育文凭（HND）项目，与加拿大世界交流中心合作办学，成立了WECL学院。2005年，经教育部批准，与有关单位合作筹建独立学院——中瑞酒店管理学院，全面引进瑞士洛桑酒店管理学院的教学管理与人才培养模式。此外，学校还积极拓展国际教育市场，近些年来，在校留学生人数均稳定地保持在千人以上，教学规模和质量都位居全国前列，方便了中外学生的交流，为学生国际意识的培养提供了良好的条件。

在2008年4月举办的"北京第二外国语学院国际化战略研讨会"上，学校进一步明确了国际化办学理念。在实践国际化的进程中，学校始终坚持"学校为主导、院系为主体、教师为主角、学生为中心"的原则，树立"师资队伍是关键、课程建设是核心、留学生规模是着力点"的观念，做好外国留学生的招收与培养、外国专家学者的使用、学生出国交流、教师出国讲学与进修、参加和举办学术会议、国际交流与合作，以及孔子学院的建设等方面的工作，全力以赴推进学校国际化发展进程。

国际化办学理念是二外及许多兄弟院校在发展中积淀的"优势和特色"。继续发挥自身优势，大胆创新，必将不断提高教学质量和办学的整体水平。

继往开来——坚持秉承历史传统，坚持教育创新的办学理念

创新能力是一所大学的综合实力的体现。北京第二外国语学院已经拥有50多年的办学历史。几代二外人经过不断改革、实践，遵循"秉承历史传统、坚持教育创新"这一办学理念，逐步形成了自己的办学特色，为国家培养了大批优秀人才，并使二外成为国内外知名的高等学府。

随着时代的发展，学校在继承传统的基础上，不断更新教育思想，坚持教育改革和创新，依托传统的外语优势，突出旅游学科特色，紧紧围绕北京市建设国际化大都市，以及首都率先基本实现现代化和教育现代化的需要，积极为首都经济社会发展提供人才服务与智力支持。学校明确了办学指导思想，将学校定位为一所以外国语言文学为主体学科，以旅游管理为特色学科，文学、经济学、管理学、法学等多学科门类共同发展的教学研究型大学；明确了学校要立足北京，服务首都，辐射全国，为国家的经济社会发展培养外事、旅游、经贸、文化等方面的国际性、应用型人才；凝练出了"国际导向、专业复合"、"学用结合、注重实践"的人才培养理念；在坚持内涵发展的基础上，走改革创新和可持续发展的道路，经过多年的奋斗和努力，将二外建成若干学科达到国内一流水平、在国内外具有重要影响力的多科性教学研究型大学。

在学科建设方面，二外坚持"全面规划，分层建设，重点突破，稳步推进"的方针。二外的外语学科办学历史较早，是主体学科和传统的优势学科。旅游管理专业于1981年在国内首开，也是北京市品牌建设专业，具有明显的学科优势，在国际上也具有相当的影响力。在外语学科和旅游管理学科占据绝对优势的情况下，学校在学科发展战略上，以市场需求为导向，以服从和服务于首都经济社会发展为目标，以重点学科建设为核心，强化特色学科，拓展优势学科，带动支撑学科和相关学科的建设与发展，提高一般学科的水平和层次，发现和培植新的学科生长点，不断提高学科层次和扩大学科领域。目前，学校已经建立起三级重点学科建设体系，初步构建了以外国语言文学为主体、汉语言文学和新闻学为支撑的外国语言文学学科群和以旅游管理为核心、以管理学、经济学和法学为支撑的工商管理学科群。

在育人模式方面，二外逐步形成了"学用结合，注重实践"的育人模式。早在学校创建伊始，陈毅副总理就代表党中央、毛主席、周总理专程来到二外做了题为"关于外国语院校的教学方针问题"的重要讲话，他强调的"外语教学，听说领先"、"边学边用，学用结合"的外语教育方针，始终贯彻于学校整个教育教学过程之中，从对学生进行外语能力培养、专业知识传授，到对学生进行综合技能训练，都是一以贯之。随着学校从单科性外语院校向多学科大学的转型，非语言类专业日趋增多，学校把

"学用结合，注重实践"的育人模式引入非语言类专业教学领域并发扬光大，逐步形成了"应用导向，强化实践"的非语言类专业办学特色。强调专业教学和人才培养必须与社会需要相结合，对那些直接服务于经济社会发展的学科专业，强化"产学研一体化"，要求在专业建设、课程建设、师资队伍建设、教学组织过程等方面务必以产业需要为导向，把"实践"当作推动教学体系建设的原动力。

在高等教育快速发展、教育竞争日趋激烈的今天，只有在保持优良传统的基础上，不断改革和创新，走特色化发展路线，才能在高等教育竞争中确保自己的优势。

现代大学的理念是丰富多彩、与时俱进的。不管确立什么样的办学理念，都应遵循社会的发展规律和大学本身的教育规律，既要发扬大学的传统精神，又要反映大学的现代精神；既要适应时代的发展，又要符合办学的实际；既要实现科学精神与人文精神的融通、办学特色与一般原则的结合、本土化与国际化的统一，同时又要注意充分发挥党委行政在办学理念形成中的关键作用和教师、学生在实践、发展办学理念中的主体作用。北京第二外国语学院将会不断摸索和总结新的办学经验，进一步研究、探求、深化办学理念，不断推动学校教育教学的改革和发展，以期培养更多具有创新精神和实践能力的优秀人才，办人民满意的大学。

参考文献

[1] 傅有明. 现代大学十大办学理念 [J]. 中国成人教育，2007（3）.
[2] 北京第二外国语学院. 秉承历史传统　坚持教育创新　走特色化发展道路 [J]. 高等学校办学特色——理论与实践，2007（12）.

创新与坚守

——互联网时代的教育国际化

互联网时代的教育国际化是一个很大也很重要的话题。下面仅从创新与坚守两个角度，简单地谈一点自己的看法。

一、以创新精神面对"互联网+"教育模式

在当今社会，互联网就像一股汹涌澎湃的浪潮冲击着我们的日常工作和生活，影响着人类社会的方方面面。与此同时，"互联网+"也给各国高等教育带来深刻影响，改变着高等教育的角色定位和发展模式。我们高校应以创新精神面对"互联网+"给高等教育带来的机遇和挑战，主动适应和参与"互联网+"带来的教育变革。

（一）"互联网+"教育模式的优点

1. 促进教育个性化

网络教育打破了课堂教学的时空限制，倡导适应性学习模式，使学生有更大的选择空间，学生可以根据个人能力、时间、学习成效决定学习方式，从而提高学生的学习体验和兴趣。

2. 促进教育多元化

网络教育打破了"老师教什么，学生学什么"的模式，出现了慕课、微课、电子书包、翻转课堂等全新的教育模式。

3. 促进教育公平

网络教育使学校之间实现资源共享，方便知识传播，使各地学生都能享受到优质资源。

4. 促进教育大众化

网络教育使参与者不只是在校的老师和学生，而且是面对全民、全社会开放，从而大大促进了教育的大众化、终身化。

5. 促进教育国际化

网络教育使学习变得没有国界，大大拓宽了学习的广度和深度，使教育的国际化程度大大提高。

（二）如何顺应"互联网+"的教育模式

1. 要转变观念

"互联网+"是一种全新的教育模式，要顺应这种模式，首先必须转变思想观念，突破传统高等教育模式的时间界限、地理界限和心理界限，主动吸纳，积极参与。

2. 要有切实可行的方案和措施

顺应"互联网+"的教育模式，需要在宏观、中观、微观上做好设计。

做好宏观战略设计就是要明确"互联网+"时代高等教育的发展方向和改革重点，构建"政府支持、高校主导、师生参与、市场激励"的良性运行机制。

做好中观设计就是要做好体制建设，健全管理制度的配套、加强师资队伍的建设、完善内部治理结构、激发教育资源的内部活力。

做好微观设计就是要做好机制建设，重构教学行为链，着力提升创新思维能力。教师群体需要由知识传授者转变为具有创新精神和管理艺术的良师益友。传统学习者也需要从被动的"要我学习"转向主动的"我要学习"，并与教师及其他学习者开展交互式探讨，共享学习资源，分享学习成果。

3. 要不断在实践中总结提高

"互联网+"的教育模式在实践中面临许多问题，要不断总结提高，特别是像如何满足学生的个性化需求，如何解决情感教育问题，如何解决师生互动问题，如何处理好线上与线下的问题等都是需要特别重视和关注的。

二、让互联网更好地服务于教育国际化

教育国际化是现代社会的一种必然趋势。基于互联网的国际化教育是面向世界、面向未来、面向现代的信息社会的必然选择。具有跨时空优势的"互联网+"教育模式，无疑将在教育国际化进程中发挥积极的服务与促进作用。

（一）国际化是高校发展的必然之路

在全球化浪潮的冲击下，在科学技术，特别是信息技术飞速发展的今天，国际化已经成为教育发展的一种全球性趋势，它不仅是一种教育理想，而且是一种正在全球范围内展开的教育实践活动。

追溯世界高等教育发展的历史轨迹，我们不难发现，现代意义上的大学自诞生之日起，就被赋予了国际性的灵魂，注定了大学在繁衍生存过程中的开放性、流动性与合作性趋势。进入20世纪90年代以来，在世界范围内掀起了新一轮的高等教育国际化浪潮。这场以国际化为标志的无声革命，对世界高等教育产生了巨大冲击，大学的面貌随之发生了重大变化。这一现象在高等教育领域引起的变化，使我们不得不直面和思考这样几个问题：什么样的大学国际化发展模式应该被采纳？我们彼此间是否会愈来愈失去个性？大学国际化又会得到怎样的结果？

上述几个问题的核心实际上是如何看待和如何实践高等教育国际化的问题。高等教育国际化代表的是，越过校园围墙的相互学习、相互交流与相互合作。它是一个包罗万象的变化过程，将研究、创业、社会和文化等众多元素融为一体。在全球化急速发展且充满众多不确定因素的今天，只有通过国际合作和交流，一些全球性问题才能得到真正解决，高等教育国际化的重大意义正在于此。

联合国教科文组织在其1995年发表的《关于高等教育的变革与发展的政策性文件》中，将高等教育的"国际化"与"适切性"和"质量"相并列，并认为它们是当前世界高等教育变革与发展的三个最主要方面。如今，大学之间的国际交流活动在规模、范围和复杂程度上都远远超过了20年前，国际化成为撬动大学发展的一种新常态。全球化使国家之间惯有的疆域界线变得模糊，全球人的生活更加紧密地联系在一起。任何一个国家的高等教育，已经不可能在开放且复杂的社会环境中独善其身，相反，有一张庞大而复杂的社会关系网，把大学和社会其他主要机构连接起来。大学及其管理者，需要更加睿智地预测和掌握，大学的未来发展，在面向世界发展的趋向与过程中更多地与世界接轨。

我们知道，促进文化繁荣是大学的固有使命。拥有数量可观的具有跨文化交际能力和学术底蕴的师资与科研队伍的人才优势，长期从事外国留学生教育教学的传统优势，使得外语院校在"古今汇合"和"中外融通"这一文化坐标上，具有无可替代的比较优势。从这个意义上说，高等教育国际化的时代趋势，为外语院校的比较优势提供了发展空间。

（二）"互联网+"教育模式如何服务于教育国际化

1. "互联网+"教育模式有利于教育资源的全球化配置

"互联网+"教育模式使教育国际化更好地实现在全球范围内配置教育资源的目标。在教育国际化大背景下各国采用人才交流、合作办学等多种方式并利用卫星电视、网络等高新技术手段，利用国内外一切可以利用的人力、物力及文化资源，尤其是信息资源，以最少的教育投入，生产质量更高、数量更多的教育产品，从而提高世界教育的整体效益。

2."互联网+"教育模式使教育国际化变得更便捷

不管是构建定期的教师海外培训机制，还是建立教师和学生交换学习的制度；不管是进行学术访问和参加国际学术会议，还是鼓励教师开展国际研究合作项目；不管是走出去，还是请进来，原有的教育国际化活动都需要履行烦琐复杂的程序和手续。"互联网+"教育模式则使国际的学习交流变得十分便捷。

3."互联网+"教育模式使教育国际化变得更经济

原来意义上的上述国际化教育活动均需要花费大量的时间并有足够的财力支撑。"互联网+"教育模式既省时又省钱，使教育国际化变得更加经济。

三、理性对待"互联网+"教育模式

在"互联网+"的时代，高等教育正在产生前所未有的变革。如何科学、理性、辩证、有效地融入互联网思想，趋利避害、拿捏得当，是我们必须冷静思考的问题，也是实践"互联网+"模式成败的关键。

（一）高等教育要在互联网时代保持价值坚守

大学从中世纪到今天，在层次、类型、组织形式、结构及专业等方面都发生了很大变化。但是，在这些变化的背后，还是有一条主线贯穿其中，这就是大学的理念和精神。大学的精神虽然无形，但它确实体现在大学的各种活动之中。它关注人类精神的发展，提倡学术自由，对人类文化和精神发展怀有使命感。不管高等教育如何改革，不管科学技术如何发展，不管互联网如何冲击现代教育，大学精神必须坚持，高等教育必须保持价值坚守。

在互联网语境下，格调不高、言语粗俗、以劣逐良的形象时有出现。任性地用不良价值观影响、污染网络环境的情况也不无存在。碎片化、浅阅读、重口味的网络思想也与教育理念不相匹配。

过分的功利主义更是在实践"互联网+"教育模式过程中应该特别注意的问题。作为网络教育重要手段的慕课，近些年被当作改变大学教育的大事，许多大学，包括一些名校都在参与。但要谈论慕课改变了教育，恐怕还为时过早。慕课还面临一些问题。作为慕课发源地的美国，慕课这个名字的热度似乎逐渐冷了下来，现在只成为职业培训的项目。这其中主要的原因就是赚钱和完成率的问题。

国内新生行业在线教育的情况也是忧大于喜，甚至有人预测：未来几年八成在线教育企业将会死亡。事实说明，不管时代如何变换，不管技术如何发展，教育必须有自己的本质、精神、价值的定律和坚守。

（二）高等教育要在互联网时代保持独特个性

高等教育发展到今天，已经形成了一些独特的个性。这些个性体现在大学的独立精神、价值观念、道德风尚、行为规范等方方面面。这些个性通过教育方针、培养目标、校风学风等层面，由全体教职员工和学生共同呈现。这些个性既体现历史的传承，又体现现代精神；既提倡独立，也崇尚共享。它在高等教育中发挥的是教化的功能、激励的功能、约束的功能。对于这样的一些个性特点是在互联网时代必须保持的。

具体到外语教学而言，特别是像阿拉伯语这样难学的语言来说，若是培养技能性人才（如口译人才），那就得下苦功夫，就得像匠人学艺、艺人学戏，既需要自己的勤学苦练，也需要课堂教育的教师指点和团体激励。

（三）必须直面"互联网+"教育模式中的问题

同全球化的各种表现形式一样，"互联网+"教育模式也是一把"双刃剑"。一方面，它为教育在资源共享、公平公正、多元化、大众化、终身化、国际化等方面带来全新的变革。另一方面，它也极大地冲击着传统的教育模式，影响着传统教育的优势，暴露出一些新的问题。

"互联网+"教育模式中突出的问题如：缺乏情感教育，缺乏团队的互助和激励，缺乏归属感，缺乏互动性和真实性，缺乏约束力，缺乏真正持续的优质课程，缺乏真正懂网络教育的教师，缺乏校园文化的熏陶，缺乏集体意识、社会意识的培养。这些问题不能回避，而必须积极面对，高度重视，认真解决。

互联网给我们带来无限的机遇，也给我们带来巨大的挑战。对于"互联网+"教育模式，我们必须以积极的态度，以创新的精神，理性顺应，努力使其真正为我所用，使其服务于、贡献于教育事业的发展，尽可能地避免和缩小负面的、消极的影响。朱清时教授认为：不折腾就是教育最基本的规律。

大学治理中的创新与艺术

推进高校治理体系和治理能力现代化，是推动学校改变发展的必然要求。高校的治理是全校师生员工的共同职责，更是高校干部的根本任务。高校上下实践高校治理的过程中，要讲大局有原则，要讲奉献有爱心，更要讲创新有艺术。

一、大学的治理需要大气

大学的人文精神里要大力提倡大度大气，倡导建设性思维，传递正能量。少埋怨、少骂娘、少告状、少折腾。如果大学人能形成建设性思维下的文化性格，那么许多消极现象都将随之淡化。活人和死人的差别就是一口气。活人和活人的差别就是状态和境界。有了好的状态和境界，不管干什么，都可以活得很成功、很高贵。蝇头小利是占不完的。就算你占尽了这种小利，你也不会幸福。因为它会使你变得更加斤斤计较、患得患失，从而平添更多的烦恼。其实大家都明白：不是因为拥有了才付出，而是因为付出了才拥有。不是因为有了机会才争取，而是因为争取了才有机会。担当和付出是一种建设，而不是一种消耗。不要只看到自己在付出，有能力付出本身就说明你行、你强。要给自己和别人时间，来看看你到底有多能，能飞多高，所以你需要尽力去展翅，不仅在校内，更应该在校外。大学人应该问问自己：你有多少知名度？国内有多少人知道你？国际上有什么声望？所谓是骡子是马拉出来遛遛就是这个道理！大学内的每一个成员都应该静心去想：

我为学校做了什么？我能为学校做什么？

要想从学校获得更多，就需要把学校这块蛋糕做得更大，而学校的大和强需要所有大学人的共同奋斗。

高校的各级干部、各个部门都要有大格局，从服务学校大目标这一出发点来考虑问题，确定自己的具体工作方向和方法。这个大目标就是学校的"建设发展"四个字。这是个基调，是个基准。凡有利于此的就要积极、大胆、主动去做，凡不利于此的就不要做，也不能做。做任何事，目标一定要明确，方向一定要找准，否则徒劳无功，甚至可能犯错。这是大局观、全局观问题，是大方向问题，高校干部一定要大度、大气,一定要把握好大局、全局。

二、大学的治理需要大爱

一所大学需要有大师、大楼、大树,更需要有大爱。大学之大,始于大爱。有大爱才有大德,有大德才有大学问。集大爱、大德、大学问于一身的教授就是好教授,就是大师。做领导对员工要有爱心,做老师对学生更要有爱心。高校要让关爱成为幸福人生的底色,让关爱的意识注满学校的每一个角落,让关爱成为全校师生员工的自觉行为习惯。

高校干部只有"民之所欲,常在我心",只有真正意识到"民为贵",才能建立正确的服务观念。高校的民是谁,是广大的师生员工。以人为本的理念,如何体现,如何落实,就要看高校干部是否牢固地树立了为学生、为老师、为广大职工服务的观念。碰到问题,处理事情,采取措施时,是否考虑师生员工想什么、急什么、要什么,是否考虑干部的职责就是为大家办事,帮大家解决困难,为大家提供方便。要使高校的建设发展得以顺利推进,高校的干部就一定要有大爱之心,要"民之所欲,常在我心"。

三、大学的治理需要大德

什么是受人尊重的大学?第一个表现就是这所大学是有很高的德性。有德行的大学才会受人尊敬。知识分子是社会的精英、国家的栋梁,应该有最高的人生理想,应该能担负起民族国家最大的责任。豁达、大度、包容是这个世界最让人欣赏和仰望的气质。习总书记对教育界提出的核心任务是立德树人。那么首先学校自己要立德。

学校的每一个人、每一个岗位都应当思考如何把自己的工作做得更好,都要追求卓越。

什么叫功德?一支笔可以写,一朵花会开,一只鸟会飞,是它的功。写得好、开得美、飞得高,是它的德。功德就是做到最高的境界。教师会教书是功,教好了才是德,才叫功德圆满。学校的核心工作是人才培养。在此之前,学校应该首先加强对教职员工的培训培养,牢固确立"立德树人"的思想观念,让干部职工朝着这个目标去建设自己、培养自己、完善自己。学校的发展,学校各项目标的实现,都需要干部职工的敬业、精业。

四、大学的治理需要原则性和灵活性的结合

做任何事情都有规矩。这种规矩就是原则。原则是我们做工作的基本标准和依据,

是必须的。国有国法,校有校规。谁也不能随心所欲,无法无天。高校的每一位中层干部都要规规矩矩做事,这是前提。但是工作还有个方式方法问题,在这一点上是可以有灵活性的。什么事情不可能只有行或不行、非白即黑两种答案。国人有言:条条大路通罗马。路有多条可到达目的地。解决问题的方案可以有多种,处理事情的途径可以有多种,做事的方法可有多种。高校干部在坚持原则的基础上,要拓展思路,多想办法,多在灵活性上下功夫。

五、大学的治理需要主动、创新、艺术

高校干部的素质和能力体现在"主动、创新、艺术"这三要素六个字中。首先,作为一名干部,工作一定要主动。这个要求不过分,看起来也不难,但真要做到却不易。主动包括两个方面,第一是主动思考,该做的事想到了没有,只有想到了,才谈得上做。第二是主动行动,只有想法不去行动,也等于零。职能部门的干部,最了解本部门的情况,最清楚本部门该做什么,也最应该想在、干在领导的前面。但有的干部不但不主动,就是对已经布置了的工作也都一拖再拖,既无法让群众满意,也无法让领导满意。所以说主动是工作成功的第一要素。

其次是创新。创新第一是为了解放自己,人类的创造为自身提供了不少的方便。第二是为了获得更好的效益。如果高校干部能不断增强创新意识,不断在工作中进行创新性探索实践,哪怕每一位中层干部一年只做一件创新性工作,高校建设发展的成效就会大不一样。

最后是艺术。一名高校干部如果既很主动,又能创新,应该是一名称职的干部。但要成为一名优秀的干部,还要注意领导艺术,还要有智慧。领导艺术内涵丰富,题材广泛。在此,我只强调两点:第一点是话语的得体性。作为一名高校干部,应高度重视,时时注意话语的得体性。在什么场合,对什么人,说什么事,应该说什么话,用什么语气,是非常有讲究的。这体现一个人的修养、素质,更反映他的能力和水平,是他的领导艺术的具体体现。理论上、道理上大家都知道,但平时可能不够注意。我希望大家充分注意这一点。

第二点是交际规则,特别是交际中的礼貌原则。高校干部应尽可能地让自己成为一个谈吐优雅、彬彬有礼的人。在与人交往的过程中,在解决、处理问题的过程中要注重交际规则,讲究礼节礼貌。当然这一切不是装出来的、做作出来的,而应该是自然的,发自内心的。这种受人喜欢赞赏的行为源自服务他人的热心和热情,源自为学校的发展排忧解难、添砖加瓦的责任心和使命感。

六、大学的治理需要严谨踏实

高校干部要有严谨踏实的工作作风，不能浮躁，不能急于求成。"新官上任三把火"的想法要不得。一是因为新官刚上任，人头不熟悉，事情不了解，想烧什么，哪三把，往往吃不准，无把握，更不知道领导是否认可，群众是否买账。二是因为新官的日子长着呢，工作多着呢，三把火烧过以后怎么办，做什么，干部的口碑不是一天形成的。干部的成绩不是一天做出来的。急于求成、急于出成果出政绩的想法和做法并不一定能获得理想的效果。高校干部应倡导谨慎、踏实、务实、低调，认认真真做好每一件事。只要尽心尽力把每一项工作都做好，成绩自然会有，口碑自然会好。

七、大学的治理需要服从

服从不仅是一种品德，更是一种责任。这些年人们对服从有些误解，把服从看作是小绵羊，无个性，甚至更不好听的一些比喻。这是非理性的，作为一名高校干部，服从是基本的要求。任何一个组织、一个部门、一个团体，服从都是决定其生命力、战斗力的关键因素。在军队，服从更是一种天职。在高校，我们并不提倡盲目服从，更不提倡无条件服从。但是作为一名党员、一名干部，对于组织的决定、上级的规定、学校的规章制度应该服从。干部应该有服从的意识、服从的自觉。动不动就唱反调，把反对一切看作是有能力的观念是不对的。党内民主要求少数服从多数，全党服从中央，鼓励发表不同意见，更提倡服从大局。服从正确的决定和领导，这是完全应该和必要的，也是干部执行力的重要体现。每一位高校干部都应该让自己的团队成为事业发展的中流砥柱，特别是在面对困难和复杂局面的时候，要自觉服从，敢于担当，要有用一己之力突破困难的勇气。

八、大学的治理需要善待部下

最后我想特别强调的是善待部下的事。高校校级领导要善待处长、院长。处长、院长要善待自己的部下。善待不是无原则，不是放纵，不是可以放任自流，随心所欲。善待是真诚的体谅、理解、帮助、关心、支持。上下级之间不提倡给谁下马威，治一下谁；不提倡玩心眼，斗心计。高校干部之间，干群之间要多一点坦荡，多一点真诚。高校要努力构建管理层和员工之间彼此信任和尊重的校园文化。高校的每一位干部都要问一问自己：团队和你相处有无乐趣可言？你是否开明公正，宽宏大量？你能否承认每一位部下的尊严和能力，能否承认他们之间的差距？赞美也是一种管理，干部要以情教育人，以情团结人，以情激励人，以情带领人，为学校的建设与发展尽职尽责，有所作为。

论高校领导干部素质与高校的发展

高校要落实党的各项方针政策，要积极推进校内的改革与发展，要加大服务社会的力度，要把传授知识、创造知识、物化知识、辐射文化紧密结合起来，要为社会主义现代化事业做出贡献就必须有高素质的领导干部。高校的发展与高校领导干部的素质是密切相关的。

一、提高高校领导干部的素质是形势的要求

当今我们所处的时代，是科学技术飞速发展的时代，是综合国力竞争日趋激烈的时代，是数字经济蓬勃兴起的时代，因而是人的素质和创新能力在21世纪社会历史发展中居核心地位、起主导作用的时代。随着数字经济时代的到来和信息化的迅猛发展，高等教育与科技、经济相互依存、相互促进的关系更加紧密。高等学校的地位、作用正在发生深刻的变化，高等学校将被推向社会的中心，成为推动经济、文化发展的重要动力。教育对经济、文化的基础性、先导性、全局性的作用将越来越明显。面对这样的时代，面对这样重大艰巨的任务，高校领导干部如不提高素质，是难以胜任的。

我国正处于加快推动社会主义现代化的新发展阶段。这个阶段，对高校人才培养提出了更高的要求。能否拥有和保持一支规模宏大的高素质人才队伍，已成为事关国家在国际竞争中兴衰成败的重大战略问题。高校在培育民族创新精神和培养高素质人才方面，肩负着特殊的使命。当今世界百年未有之大变局是我国高校的新机遇，同时也使高校面临新挑战。

我国经济社会的稳定健康发展将有利于增加我国教育资源供给的总量，促进我国教育供给的多样性和选择性，也会促进高校管理制度的现代化和办学模式的多样化，以及教学内容与方法的改革。当今世界的高等教育竞争不仅表现为国内的竞争，更表现为国际的竞争。中国高校将面临更多、更强的对手。

高校办学模式的改革、管理体制的改革、人事分配制度的改革等内部体制改革都有许多新的问题要解决。在办学过程中，高校面临着办出特色与提高水平的双重竞争，

面临着计划经济和市场经济的双重压力。这一切对高校领导的管理水平和管理能力都是一个重大的考验。大学肩负着人才培养、科学研究、社会服务、文化传承与创新、国际交流合作的重要使命。在中国特色社会主义新时代，更好推进大学建设，办好人民满意大学是既光荣又艰巨的历史使命。高校领导干部必须不断提高自身素质，这是形势的要求，时代的要求，为改革开放和社会主义现代化建设源源不断地输送合格人才的要求。

二、高校领导干部应具备什么样的素质

高校领导干部应成为社会主义政治家、教育家。高校领导干部应注重全面提高思想政治素质和驾驭全局工作的能力，应成为政治强、作风正、思想解放、视野开阔的先进分子。

思想政治素质是高校领导干部应具备的最基本的核心素质。作为一名校级领导，必须"不忘初心、牢记使命"，紧紧围绕为党育人、为国育才，突出党的政治建设，紧扣立德树人根本任务，坚持为人民办教育、为人民培养人才，坚持为中国共产党治国理政服务，坚持为巩固和发展中国特色社会主义制度服务，坚持为改革开放和社会主义现代化建设服务；必须始终坚持党的教育方针，始终坚持社会主义办学方向，始终把坚定正确的政治方向放在第一位，把为人民服务、为社会主义现代化建设服务作为教育工作的根本宗旨。

高校领导干部要成为理想远大、勇于创新的人。创新是一个民族的灵魂，是一个国家兴旺发达的不竭动力，也是一个政党永葆生机的源泉。高校领导干部必须解放思想，破除一切陈旧观念，树立创新意识，不断推进理论创新、制度创新和科技创新。

高校领导干部要严于律己、廉洁奉公。这是高校领导干部最具魅力的素质，它最能打动人、说服人。古人言："吏不畏我严，而畏我廉；民不服我能，而服我公。"严于律己，廉洁奉公历来是受人尊重的美德。高校领导干部只有在思想上、工作上严格要求自己，生活上一尘不染，清正廉洁，时时处处不忘自己的重任与使命，才能在群众中树立良好的形象。

高校领导干部要有团结合作和奉献精神。校级领导班子是一个集体，只有团结合作才能有战斗力、凝聚力。同时要敢讲真话，客观求实，坦诚相见，勇于开展批评与自我批评，勇于为党的教育事业坚持正确，纠正错误，奉献一切。

高校领导干部要有较强的业务水平和工作能力。高校是一个人才集中的地方。领导干部的业务水平和工作能力，与他的影响力、号召力是直接相关的。高学历、高职

称虽不能与高素质画等号，但它确实为高素质创造了条件。德固然重要，才也不可缺少。

总之高校领导干部应是享有较高威望的学术专家，是具有独特办学思想的教育家，更是出色的政治家与社会活动家。

三、提高高校领导干部素质与高校发展的关系

高校领导干部的素质与高校的发展有十分密切的关系。只有提高高校领导干部的素质，高校的改革才能稳步推进；高校的各项事业才能正常发展；高校才能应对各种复杂局面的挑战，才能使党的各项方针政策在高校得以全面的贯彻与实施。

假如高校的领导干部缺乏较高的思想政治素质，就会难以适应已经和正在发生的变化以及新事物、新知识、新思想的不断涌现；就会经不住消极、腐朽的东西的影响；就会在权力、地位、利益的考验和金钱、物欲、美色的诱惑面前发生动摇；就会难以坚持坚定正确的政治方向。思想道德防线一旦崩溃，就会做出损害党和人民群众利益的事，从而严重影响高校的正常发展。

假如高校的领导干部缺乏与时俱进的思想，缺乏创新精神，存在着教条主义、因循守旧和"等、靠、要"的思想，那么这个高校的领导班子就是一个形式型的组织。它既不会有正确的办学思想，也不可能有积极的发展思路，更不可能带领广大师生员工积极地迎接种种挑战，去克服改革开放过程中遇到的种种困难，学校的各种事业也就不可能健康地发展。

假如高校的领导干部缺乏民主集中制意识，不讲团结，不敢直言，那么高校的领导班子就不可能有凝聚力和战斗力，高校的各项决策也就不可能有科学性与正确性。高校对时代精神的洞察、指导原则的确定、重大政策的把握、各种情况的分析、各种制度的安排，具体操作方法的设计都需要集体的智慧、整体的合力、科学的论证、深入全面的研究。无论是各拉各的车，还是独断专行，个人说了算，都会对高校的事业带来损失。

假如高校的领导干部缺乏严于律己、廉洁奉公的精神，在生活上追求享受，在作风上华而不实，在工作上不思进取，在政治上缺乏原则性，放松世界观、人生观的改造，就很容易蜕化堕落。这样的干部不但难以获得群众的信任，更不可能带领群众为党和国家的教育事业努力奋斗。

假如高校的领导干部缺乏应有的业务水平和领导能力，只注重"官本位"、"权本位"、"钱本位"而不注重水平和能力，不在领导班子中倡导每个人都应充分发挥其创造力，为组织、国家、社会多做贡献；不提倡各尽其能，各尽其才，各尽其长，各尽

其用，实现个人的社会价值，就会能者不能发挥其所能而产生消极情绪，官者不能有其能而难以胜任工作。这样的班子，这样的领导干部是不可能为高校的发展做出贡献的。相反，他们必然成为高校改革发展的绊脚石。

四、如何提高高校领导干部的素质

高校领导干部应把提高政治思想素质放在首位。要提高政治思想素质，就必须用正确思想武装自己的头脑。提高高校干部的思想政治素质，最根本的是解决好世界观和人生观问题。树立正确的世界观和人生观，无论过去、现在和将来，对于每一个干部和党员来说，都是首要问题。这个问题不解决，或解决得不牢靠，不论搞革命，还是搞建设，是不可能兢兢业业的，也不可能做出什么成绩来。"天下至德，莫大于忠"，忠诚不仅是每个人最崇高的品质，更是领导干部最根本的素养，党员干部必须将忠诚当作为政之本、立身之本，才能行稳致远。作为一名高校领导干部，一定要忠诚于党、忠诚于人民、忠诚于教育事业。

高校领导干部一定要坚持解放思想、实事求是的思想路线，发扬求真务实、勇于创新的精神，努力把学习理论同解决客观世界的实际问题统一起来，同解决主观世界的实际问题统一起来，同自己的行动统一起来。要自觉地把思想认识从那些不合时宜的观念、做法和体制的束缚中解放出来，从对马克思主义错误的和教条式的理解中解放出来，从主观主义和形而上学的桎梏中解放出来，用勇于创新、与时俱进的精神去指导自己的工作，去开拓学校的事业。

高校领导干部必须坚持"集体领导、民主集中、个别酝酿、会议决定"的原则。要正确认识和认真克服发扬民主不够、正确集中不够、开展批评不够、严肃纪律不够等普遍存在的问题。要敢于坚持和发表正确的观点和意见，敢于为党和人民的利益说真话，做实事，承担风险和责任。同时也不能强调个人意志，搞自由主义，更不能把个人恩怨带到工作中去。要以大局为重，以安定团结为重，以学校的事业为重。

高校领导干部要严于律己、廉洁奉公，保持艰苦奋斗的作风，牢固树立"立党为公、执政为民"的思想，牢固树立全心全意为人民服务的思想。艰苦奋斗、清正廉洁、淡泊名利、一身正气是激励师生、凝聚人心的重要品质。领导干部只有吃苦在前，享受在后，发扬不畏艰难、奋力拼搏、克己奉公、甘于奉献的精神，始终保持共产党人的浩然正气、高尚情操和革命气节，才能带领广大师生员工积极推进高校的改革与发展。

高校领导干部要树立德为前提，能为本位的思想，努力消除"官本位"、"权本位"、"钱本位"的观念。要正确认识权力，正确对待权力，正确行使权力。要不断提高自己的管理水平和领导能力，做到尽心、尽力、尽责，无愧于党和人民的重托。要靠自己的言行，靠自己的人格，靠自己的能力，靠自己良好的形象去树立领导权威。

在新的历史时期，在高校面临重大变革的形势下，高校领导干部肩负着重大的历史使命。他们只有加强学习，不断提高自己的综合素质，才能胜任自己的工作，才能不辜负党和国家以及高校广大师生员工的希望。

关于高校处级干部聘用培养的思考

高校处级干部队伍是高校贯彻党的教育方针和国家教育改革发展规划的骨干力量，是联系校级党委行政和广大师生员工的纽带和桥梁，具有承上启下的作用。他们既是学校决策的参与者，又是上级决策的执行者、本级工作的组织者，也是下级工作的领导者。选拔培养一批政治上靠得住、工作上干得好、作风上过得硬、教职工信得过的优秀中层干部，是使党的教育方针政策在高校得到贯彻落实的重要保障性因素，是确保高校事业发展的重要先决条件。因此，高校必须创新处级干部选拔任用机制，坚持任人唯贤、德才兼备的原则，紧密结合实际，努力建立和完善以公开、公平、竞争、择优为导向的选人用人机制，努力造就一支高素质、高效率、高水平的处级干部队伍。

一、高校处级干部应具备的素质

随着我国经济社会的发展和高等教育改革的深化，在贯彻落实《国家中长期改革和发展规划纲要》的过程中，高校既面临诸多机遇，也面临严峻挑战。应对这样的局面，要求高校处级干部在各方面都具备较高的素质。

高校处级干部要有理想追求。首先要有正确的人生观、价值观，对自己的一生有目标有追求。要有强烈的事业心，甘愿为党的教育事业，为高校的发展而奋斗、而奉献。只有具有明确的理想追求，只有具有强烈事业心的干部，才会激发工作热情，才会享受在工作中改革创新的快乐。

高校处级干部要德才兼备。干部只有具有较高的政治思想素质，才能在大是大非面前不迷失方向；才能坚持社会主义办学方向，心系祖国，情系师生；才能正确对待权力，勤政廉政，全心全意为师生员工服务；才能作风正派、求真务实、情趣健康。同时，也应该具有真才实学，能较好地胜任所承担的工作。干部的才是显性的，干部的德是隐性的，有德无才难成事，有才无德会败事。

高校处级干部要有坚定的信心。高校处级干部处于校级领导和基层教工的中间，工作压力、精神压力都很大。在高校处于改革发展的关键时期，更是面临诸多问题和挑战。因此，高校处级干部要有坚定的信心，敢于碰硬，勇于改革，勇于创新，保持蓬勃向上的朝气、开拓进取的锐气、不畏艰险的勇气。

高校处级干部要不断地解放思想。解放思想是一个不断持续的过程。过去的思想解放不等于现在的思想解放。现在的思想解放不等于将来的思想解放。在一件事情上的思想解放不等于在所有事情上的思想解放。高校在历史上形成的一些思维定式，一些不适合的传统习惯还没有完全改变。高校处级干部要敢于从固有的传统习惯和经验做法中大胆突破自我，勇于超越自我。只有敢于突破思想束缚，积极转变心态，善于开拓创新，才能赢得主动。

高校处级干部要真抓实干。高校处级干部相当于部队里的连长、指导员，是喊着"同志们跟我上"冲锋在前的人。因此，必须具备真抓实干的精神。科学探索重在求真，改革创新必须务实。高校处级干部必须把一切落实在行动上，脚踏实地、真抓实干，出实招、办实事、务实效。落实好每一项决议，执行好每一项计划，处理好每一个问题，做好每一件事情，保证学校的各项事业有秩序地推进。

高校处级干部要敢于担当。高校是一个缩小了的社会，是一个复杂的群体。高校处级干部在日常工作中会面临各种复杂的问题、艰巨的任务及不同形式和程度的困难。所以，高校处级干部必须敢于担当，不怕问题、不畏困难、敢于承担艰巨复杂的任务，敢于解决艰巨复杂的问题，敢于克服艰巨复杂的困难。以敢作敢为的精神去带领，去影响每一个部门、每一个院系。

高校处级干部要敢于奉献。高校的工作具有特殊性和复杂性。它需要处级干部投入大量的精力和体力。所以高校处级干部一定要有奉献精神。个人的业务、家庭的照顾等方面都可能需要做出一定的牺牲。高校处级干部必须在这方面有足够的思想准备。高校干部们应以党的教育事业为重，把学校的改革发展放在心上。

高校处级干部要不断进取。党和人民交给的工作是无止境的。高校的工作需要不断地开拓创新，不断地适应社会的需要和形势的变化。高校的处级干部要善于学习，不断进取，时刻反思自己的工作，经常检查自己的不足，及时纠正自己的缺点和错误，在学习中、在行动中、在实践中不断总结、不断提高。

二、高校处级干部的聘用

高校处级干部是高校改革发展的具体管理者、组织者和实践者，在推动高校事业发展的过程中，发挥着举足轻重的作用。高校要提高治校办学的能力，就必须创新处级干部选拔任用机制，积极主动地推进干部选拔、聘用、考核等制度改革，努力建设一支高素质的干部队伍。

在高校处级干部的聘用中，首先要考虑的是合理设岗。高校要根据学校事业发展的需要，学校的规模结构和实际情况，合理地设置岗位。在这个过程中，需要特别注意避免因人设岗，同时也要避免行政管理机构的部门和岗位设置过多，要合理地设置教学科研机构，院系的设置宜大不宜小，宜少不宜多。

在高校处级干部的聘用中，要充分考虑人员结构。年龄结构应考虑梯队建设，注意老、中、青相结合。性别结构应根据工作性质和男女平等的原则，充分考虑不同性别干部的配备。知识结构应考虑尽可能地让有高学历、高职称的同志担任处级领导岗位。在专职干部和兼职干部方面，则应让更多的专业教师担任校机关行政管理岗位，而让一些专职干部到院系等教学科研机构担任一些非学术的管理岗位。这样交叉任用有利于使高校的治理更加科学顺畅，也有利于干部与教师、机关与院系之间的了解和理解。

在高校处级干部的聘用中，必须坚持公开、公平、竞争、择优的原则，营造优秀人才脱颖而出的干部聘用机制与环境；必须破除论资排辈、平衡照顾、求全责备等陈旧观念。公开、公平、竞争、择优是对干部选拔任用工作提出的必然要求，也是形成优秀人才脱颖而出的重要前提。干部聘用中的公开就是选拔干部的范围、职位、资格、条件、程序、规则、结果等都面向全校公开；公平就是所有具备选拔资格条件的教师员工都公平地享有参与选拔和被选拔的权利，同时在选拔过程的各个阶段和每个环节中都处于公平的地位；竞争就是通过规范的形式，使用统一的规则和标准，使参与者在同一个平台上充分展示自己的优势和才能，实现高低优差的比较鉴别；择优就是对竞争结果进行比较，实现好中选好，优中选优。在干部选拔聘用的这些过程中，公开是前提，公平是基础，竞争是内在要求和基本手段，择优是最终结果和目的。

营造公开、公平、竞争、择优的干部聘任环境，并在操作过程中将这些原则落到实处，有利于进一步拓宽选人视野，引进竞争机制，调动各方面的积极性，促使优秀人才脱颖而出；有利于加强干部的监督管理，推进领导干部能上能下、能进能出；有利于扩大党员和群众对于干部选拔任用的知情权、参与权、选择权和监督权，防止和克服用人的不正之风。

在高校处级干部的聘用中，要特别注意选用一批高学历、高职称且懂管理、负责任的干部，做到人岗相适、人尽其才、择优而选、用人所长。这样的用人机制能够对其他人员起到较好的引导和示范作用，达到提拔一个带动一批的效果。同时也能让未提拔者看到自身的差距和不足，从提拔者身上得到信心和激励，明确以后努力的方向。竞争上岗则有助于打破干部终身制，可以增强干部的竞争意识、紧迫感和危机感，有助于营造"能者上、庸者下、平者让"的优胜劣汰、充满活力的用人机制；有助于实现人力资源的优化配置，使干部的能力和职务职位实现更好的动态匹配；有助于开阔选人视野和渠道，增强组织工作的透明度、公信力，为更多人搭建一个展示自我的平台。

在高校处级干部的聘用中，必须坚持干部换届交流制度化。高校处级干部的任期制和交流制度是干部队伍建设的重要措施。实行处级干部任期制有助于明确任期目标、激发工作活力，总结任期工作的经验和不足，更好地改进和推进处级干部承担的工作。为此，首先，应以制度形式明确高校处级干部的任期制。为便于干部的轮岗交流，应让职能部门负责人的任期与院系党政班子的任期相一致，均为四年或三年一任。其次，应明确处级干部的任期目标与届满考核目标相一致。最后，处级干部任期届满应及时进行换届，应把换届与交流有机地结合起来；应把换届与考察干部和干部队伍建设有机地结合起来。

实行干部交流有利于多岗位锻炼干部，防止腐败，激发工作激情，创新工作思路。首先，应在统一思想认识的基础上形成制度。其次，要严格执行干部交流制度，对所有干部都一视同仁，避免出现过多的"个案"和"特殊"。最后，干部交流要综合考虑干部的工作经历、专业基础、工作能力、性格特点、考核情况，包括性别与年龄等因素，尽量把干部交流到最能发挥作用、最能调动积极性的岗位；同时注意职能部门干部与院系干部之间的交流，党政干部之间的交流。

三、高校干部中存在的问题

高校的处级干部大多都是学校里最优秀的同志，是高校中的精英。他们为了学校的发展，牺牲自我，努力工作，功不可没。但是在新的形势下，面对诸多的困难、问题、挑战、压力，甚至诱惑，他们也面临各种各样的困惑和问题。

在思想意识上，有的干部缺乏对担任处级干部的正确认识，缺乏服务意识、奉献精神，责任心、事业心不够强，工作上不投入、不创新、不主动，安于现状，无过便是功。有的执行能力欠缺，工作无思路、无办法，遇到问题，止步不前，甚至躲着绕着。有的专业素养先天不足，缺乏担任处级干部的各种素质和能力。有的干部中出现天花板现象，认为任职到头，升迁无望，所以工作不积极、不主动，得过且过。有的干部则为了升迁不择手段，拉关系、走后门，请客送礼，甚至拉帮结派。有的利欲熏心，争待遇、牟私利，一切都为自己着想，一切便宜、好处统统归自己，与他人无关，等等。

在工作作风上，有的干部官僚主义严重，官气十足，任了处级干部就变了一副嘴脸，待人粗暴蛮横。有的工作缺乏方法，前怕狼后怕虎，什么工作都不敢开展，什么责任都不肯承担。有的主观武断，有事不商量，不请示、不汇报，自作主张、独断专行。有的缺乏合作精神，自我意识过强，既不配合同志，也不相信群众。

高校处级干部中存在一些问题，其原因是多方面的，有客观的，也有主观的。这些问题的表现形式和存在的程度也各不一样，但都带有一定的普遍性。所以，必须引起高校的高度重视，并应采取教育、考核、监督等措施，予以改进。

四、高校处级干部的培养

高校担负着为社会主义现代化建设培养高素质专门人才的重任，在实施科教兴国战略、人才强国战略中发挥着重要的作用。要做好高校的工作，处级干部是一支重要的力量。他们的素质、能力如何，直接影响到学校确定的战略目标的实现程度。近年来，随着我国高等教育改革和学校内部治理体制改革的不断深化，各种新情况、新问题、新矛盾不断出现，迫切需要提高干部的治理能力和领导水平。高校处级干部中存在的各种问题，也需要通过加强对处级干部的培养教育予以克服和纠正。

近年来，高等教育事业发展迅速，许多年轻教师走上了学校中层管理工作岗位。大多数中层管理干部具有高学历、高职称。他们有严谨的治学、治教作风，善于思考、较少盲从、勇进取、不守旧。但他们在处级干部岗位上的工作经历短，缺乏经验和历练。因此，有必要通过加强培养教育来提高他们的管理水平和领导能力。

从国家经济社会飞速发展背景下的高校办学情况看，从高校改革发展中面临的各种矛盾、问题及其复杂性看，高校也必须加强对干部的培养教育，依靠他们的智慧，发挥他们的积极性、主动性和创造性，提高他们的政治意识、大局意识、责任意识、团队意识、法纪意识、创新意识和服务意识，增强他们的开放观念、发展观念、效能观念和人本观念。

对高校处级干部要进行上岗前的培训，要着重进行民主集中制原则教育，使他们懂得作为领导干部必须遵守的党内制度和规章，以及进行奉献精神、创新精神、务实精神、合作精神等方面的教育，使其走上领导岗位后能够恪尽职守，正确履行自己的职责，成为一名优秀的高校领导干部。

对高校处级干部竞聘中的成功者和落聘者要进行有的放矢的谈话。学校要本着以人为本的理念及时同竞聘者谈话。对竞聘成功者要认真严肃地指出其存在的缺点与不足，激励其发扬成绩、谦虚谨慎、克服缺点、努力进取、不负众望。对落聘者要给予鼓励，保持自信、正视不足，激励他们为今后的发展继续不懈努力。

要坚持高校处级干部的培训学习常态化，坚持高校处级干部的学习制度。学校党委要有明确的学习要求、学习计划，要注重学习形式的多样化，用理论指导实际工作、启发思路，推动工作上水平，使学习取得应有的效果。要坚持抓好处级干部的集中培训。学校党委及组织部门要精心设计培训的内容和方式，抓好培训的实施和管理，使其取得应有的效果。

学校领导和组织部门要及时了解和关注处级干部的工作、学习等各种情况。要关心他们，帮助他们，支持他们，鼓励他们。在他们遇到困难时要给予帮助、鼓励和支持。在干部中出现某些问题时，要及时提醒，及时批评指正。对新任的干部要在信心、方法上多给予指导。校党委特别是校级领导对所有的处级干部都要公平、公正、平等相待，既严格要求，又关心体贴，使他们人人皆能信心百倍、全身心投入学校的工作之中。

要坚持并完善高校处级干部的考核制度。对高校处级干部的考核是干部队伍建设的重要环节，也是对干部进行培养教育的重要内容。考核包括年度考核、试用期考核、届中考核和届满考核，以年度考核和届满考核为主。考核要有合理的程序和标准，原则上应突出重点，宜简不宜繁，考核体系一定要合情合理，充分注重考核的目的和结果。

"党的执政能力建设关系党的建设和中国特色社会主义事业的全局，必须把提高领导水平和执政能力作为各级领导班子建设的核心内容抓紧抓好。"高校处级干部的聘用和培养事关学校的发展，事关党的教育事业，是一件应该高度重视的大事。

参考文献：

[1] 田建国.警惕和克服精神懈怠的危险[J].中国高等教育，2011（18）.
[2] 张秉永，于立国.建立和完善高校中层干部选拔聘用机制[J].承德石油高等专科学校学报，2004（4）.
[3] 安身健.高校中层干部选任机制的创新实践[J].南阳理工学院学报，2009（1）.

高校干部应该增强的几种意识

习近平总书记在党的十九大报告中指出,"建设教育强国是中华民族伟大复兴的基础工程"。在全国教育大会上,习总书记进一步提出了"加快推进教育现代化、建设教育强国"的新要求。高校作为培养拔尖创新人才的"摇篮"和知识创新的"基地",如何把习近平总书记的指示精神运用到高校的改革和发展中去,运用到高校日常治理工作的实际中去,是需要高校领导干部认真思考和回答的重大实践课题。高校要实践"教育强国"的精神,需要高校广大师生员工的共同努力,更需要高校干部不断增强与之相适应的思想意识。

一、增强使命意识

什么是大学的使命?耶鲁大学的使命是:"为国家和世界培养领袖。"耶鲁培养了布什父子、克林顿等五六位美国总统。还为墨西哥、德国培养过总统,为韩国培养过总理。

加州理工学院的使命是:"通过教学与科研相结合,扩充人类知识与造福社会。"该校2005年教师和研究人员共386人,大学生、研究生共2172人。规模比大多国内高校要小。但它得过32个诺贝尔奖,不仅为美国、为世界培养了大批杰出人才,而且也为我们中国培养了周培源、钱学森等杰出人才。小学校,做大学问,就是它的特色。

清华大学则把"自强不息,厚德载物"作为使命。

我国的古人对大学的使命有过非常精辟的论述。《四书》之首的《大学》开宗明义就讲:"大学之道,在明明德,在亲民,在止于至善。"明德就是培养学生光明的德行。亲民就是要担当起为人民、为社会服务的责任,要为民造福。止于至善,就是要努力追求最高境界。

唐代文学家、思想家韩愈也说:"师者,传道、授业、解惑也。"韩愈讲的也是教育的三重使命。

在今天,我们一般把大学的使命归结为四个方面:人才培养、科学研究、社会服务、文化传承。这些使命与古人先辈们倡导的使命是一脉相承的。

在新的历史条件下，高校干部更应有使命意识，争做有使命感的人，在继承和发扬传统的大学精神的基础上，充分发挥自身的优势和特色，培养好学生，服务好社会，为国家的建设与发展做出贡献。这样的理念，这样的使命意识就是高校干部的定位、胸襟和格局。大学不是自娱自乐，而是要引领社会。

提倡使命意识绝对不是唱高调。一个人做好自己每一个人生阶段中应该做好的事，把自己喜欢做的事尽可能做到极致，愿意为自己热爱的职业努力一生，就是一个具有使命感的人。只有具有强烈事业心、使命感的人，才会激发工作热情，才会享受在工作中克服困难、迎接挑战、改革创新的快乐。有没有使命感，就像身上有没有热血，如果没有，就不可能有激情和担当。

加快教育强国建设是建设社会主义现代化强国和实现中华民族伟大复兴中国梦的必然要求，是时代赋予高校的崇高使命，对我国高等教育工作提出了新的更高要求。实践证明，综合国力依托于一定的教育和科学技术，大学竞争力是一个国家国际竞争力的重要支柱之一，国家综合竞争力的提高离不开大学竞争力的增强。伴随着现代科学技术的深入发展，世界各国的竞争愈演愈烈，竞争的焦点越来越明显地集中在科技和人才的竞争上。高校既担负着培养人才的重任，又担负着发展科技的重任。这是推动产业进步和经济社会发展的关键要素。我国提出全面建设社会主义现代化强国，要求全民族的思想文化素质、科学文化素质和身心健康素质明显提高，要全面推进素质教育，造就数以亿计的高素质劳动大军，数以千万计的专门人才和一大批拔尖创新人才。高校要在总书记指示精神的指引下，着力构建有利于优秀人才脱颖而出的体制机制，最大限度地激发科技人员的创新激情和活力，强化主动参与经济建设和社会发展的能力，把人才培养、科学研究、服务社会、文化传承与国家和区域的产业结构调整紧密结合起来，与建设资源节约型、环境友好型社会有机结合起来，与建设人力资源强国和创新型国家的重大需求密切结合起来，造就一批敢于担当、敢于进取、敢于独立思考、敢于想象与判断的科技领军人物，努力提升吸收创新能力、集成创新能力和原始创新能力。面对这样的重任，高校干部只有增强使命意识，才能担得起。

二、增强责任意识

责任意识是一种自觉意识，也是一种传统美德。责任是一种能力，是一种精神，更是一种品格。

责任是使命的召唤、是能力的体现、是制度的执行。只有能够承担责任、善于承担责任、勇于承担责任的人才是可以信赖的人。决定一个人成功的重要因素不是智商、领导力、沟通技巧等，而是责任——一种努力行动，使事情的结果变得更积极的意识。

责任两字重如泰山。高校干部的责任是什么？就是要建设好学校，创建学校的特色，学校的质量，学校的品牌，学校的形象，学校的声誉，学校的社会影响力。要达到这样一种办学目标，每一位高校干部必须清楚：当你处于某一岗位时，你首先要明确这个岗位的职责，考虑如何履行好这份职责，才能真正做到对学校负责、对师生员工负责，同时，也对自己负责。

责任是一种使命，也是一种精神，它既是上级组织和本单位群众的要求，也应是我们每一个高校干部的主观追求和良心上的自律。高校干部应尽心尽力、尽职尽责地把应做的事做好，努力为学校的发展起到推动的作用，而不是滞后的作用。即使添不了彩，起码不要添乱。

其实靠谱就是一种责任意识，就是一种负责精神。"凡事有交代，件件有着落，事事有回音"就是靠谱。一个人是否靠谱，闭环很重要。闭环思维强调的是：如果别人发起一件事，你不管做得如何，最后都要闭环到这个发起者。领导交给你一件事，你最终给他个反馈，这就是闭环。

只要高校干部们把一件件小事做好，把一个个项目完成好，把一个个活动做成经典，高校的口碑自然会越来越好，高等教育事业也一定会发展得越来越好。

高校是教育强国的领头羊，能否承担起时代和社会赋予的重大责任和光荣使命，是需要高校干部认真考虑的实践课题。目前，我国高校的国际竞争力和科技创新力还不高，人才培养质量还不能满足用人单位的期望，高校的改革与发展依然任重道远。高校如何进一步发展壮大，如何办出特色，如何提升国际竞争力等，应该成为高校干部不懈探索的命题。高校干部要从贯彻落实"教育强国"指示精神的高度出发，认清形势，进一步认识提升学校教育教学质量的意义，增强做好学校治理工作的责任意识，树立强烈的事业心和责任感，真正做到对组织负责、对事业负责、对人民负责、对自己负责。高校干部要在职务面前勤思义务，在权力面前多想责任，进一步强化责权对称意识和爱岗敬业精神，着力转变不适应时代发展的思想观念、处事方式、工作作风，努力破解影响和制约本部门工作发展的难点问题，力求不断提高促进学校科学发展的本领，用更加开放的思路指导实践、推动工作。

三、增强学习意识

作为一名高校干部，有两件事情非常重要：一是养成并保持学习的能力，二是养成合作的习惯。学习首先是为了更好地认识世界，理解世界。人的一生只有不断地增强学习意识和学习能力，才能不落后于时代。

高校的工作，尤其是教学工作，需要不断地开拓创新，不断地适应社会的需要和形势的变化。高校干部要善于学习，不断进取，经常检查自己的不足，及时纠正自己的缺点和错误，在学习中、在行动中、在实践中不断总结、不断提高。

当今时代，是一个竞争激烈的时代，也是一个相互学习的时代。一个人学习掌握的知识越多，境界就会越高远，眼界就会越开阔，工作就会越出色。因此，虽然大家学历都很高，智商情商都很高，各方面都很优秀，但还是要进一步增强学习意识，树立终身学习的理念。

学习不只是学习书本知识，不只是网络上碎片化的学习，更指在工作中学习、在实践中学习。要当好一名高校的干部，首先自身要过硬，业务要过硬，能力要过硬，品德要过硬，要撑得起，叫得响，走得出去，亮得出来。出门开会不能只带耳朵不带嘴，不能靠边坐，靠后坐，而是要积极参与，争取主动，展示自己。

党中央提出要建设全民学习、终身学习的学习型社会，并将其提升到加快推进以改善民生为重点的社会建设的新高度。学习型社会是以促进人的全面发展为社会发展的根本目标，以提高人的素质为社会发展的根本途径。建设学习型社会离不开学习型组织建设，而个体成员是构成学习型组织的基本单元。伴随着科学技术的日新月异，知识更新与传播以空前的广度、深度和速度进行，高校作为探究学问和追求真理的神圣殿堂，作为各种先进文化和新思潮的汇聚地，必然要成为建设学习型社会的领跑者。高校这种特殊的知识品性决定了高等教育治理不同于一般意义上的行政管理。高校干部在全面推进"教育强国"战略的过程中，担负着重要职责，唯有不断加强学习，才能适应瞬息万变的外部环境，才能始终站在时代的最前列，才能始终保持与时俱进的精神状态。高校干部要进一步增强学习意识，树立终身学习的理念，树立创新学习的理念，树立工作学习一体化的理念。一是要加强政治理论学习，特别是要深入学习习近平新时代中国特色社会主义思想，深刻领会其精神实质，不断增强政治鉴别力、政治敏锐力，牢固树立全心全意为人民服务的宗旨意识。二要加强专业知识的学习，系统全面地学习有关高等教育管理的理论知识，尤其要重视对高校管理科学和管理创新的研究。三是要加强向他人或其他单位学习，从中发现自己的差距，通过互相学习，把他人和其他单位在工作中取得的好经验、好做法合理运用到自己、本单位的工作中，取长补短，推动各项工作不断向前发展。

四、增强创新意识

创新是一个民族进步的灵魂，是国家兴旺发达的不竭动力，同时也是一名高校干部必须具备的素质。能否求真务实、开拓创新，是衡量一位干部能否胜任本职工作、能否有所作为的重要标志之一。

一是要增强思想观念的创新，坚持解放思想、实事求是、与时俱进，善于突破陈规旧习、思维定式，敢于突破各种障碍，勇于超越前人、超越过去，攀登新的高峰。要创新，先要有意识，有愿望，有动力。

二是要善于抓住工作中的"瓶颈"问题，解决影响工作顺利进行的突出矛盾，创新工作机制，努力创造一流的工作业绩，推动工作有新进展、新局面、新气象。

三是要增强工作方法的创新，要开动脑筋思考，力求把复杂的问题简单化，而不是把简单的事情复杂化，力争投入最小的成本，获得最大的效益。高校的每一位干部都应积极为本单位、为本校的发展献计献策，积极出主意、想办法，给学校带来新的生气和活力，为学校的发展增光添彩，提供正能量。

改革创新是当代时代精神的核心。中国特色社会主义事业就是改革创新的事业。高校干部要站在时代前列带领师生员工不断开创教育事业发展的新局面，就必须以改革创新的精神加强自身建设。高校要想在日趋激烈的国际竞争中占据主动地位，最主要的就是要坚持改革、坚持创新。以培养高素质创新型人才为己任的高校干部必须具备创新精神、创新意识和创新思维，要摒弃那种以固有的理论、经验、方法和手段来面对新情况的思维定式。能否求真务实、开拓创新，是衡量一位干部能否胜任本职工作、能否有所作为的重要标志之一。高校干部要以强烈的事业心和责任感，以锐意改革、勇于创新的精神，创造性地开展工作，要以改革的思路寻求解决问题的新途径，以创新的精神健全和完善各项管理制度，使我国高等教育改革事业越走越宽广。

五、增强务实意识

求真务实是我们党的思想路线的核心内容，是党的优良传统和共产党人应该具备的政治品格。我国高等教育迎来了全面建设、全面提升的战略机遇期，进入了以优化办学结构、提高质量效益、走内涵式发展道路的新阶段。高校干部要站在建设社会主义现代化强国的高度，进一步深化对高校坚持求真务实必要性和重要性的认识，把求真务实的工作作风落实到教学、科研和管理的各项工作中去。贯彻落实教育强国思想，要大兴求真务实之风。高校干部要紧密联系学校建设和发展的客观实际，不断求高等教育发展规律之真，务坚持科学发展之实；求学校在前进道路上遇到的困难和挑战之真，务全校上下艰苦奋斗之实；求学校党政领导干部治校理教能力建设之真，务党政管理干部队伍建设之实，不断增强管理工作的科学性，预见性和主动性，坚持重实际、说实话、务实事、求实效，不图虚名、不务虚功，扎扎实实做好本职工作。具体而言，一是在制订计划时，要认真研究分析本单位现状和存在的问题，提出切合实际的目标，避免好高骛远。二是开展工作时，要脚踏实地，将工作任务进行细化和分解，逐项研究，逐件落实，逐步推进。三是总结检查时，要实事求是，既不虚报、夸大成绩，也不掩盖问题和不足。

六、增强团队意识

事业的发展，内部和谐是关键。干群之间的和谐体贴，员工之间的理解互助，各院系之间的团结协作、教学单位与其他部门之间的信任沟通都是至关重要的。

团队是一种力量。一个人的思想力量或许微不足道，而一个群体的思想就能汇集共同的智慧，产生长远的群体影响力。作为一名高校干部，与上级、与同事、与部门都要力求团结协调，不断增强团队意识。

首先，必须服从上级领导，要重规矩、懂规矩、讲规矩，按规矩办事。其次，要在本部门内部加强团结协作，增强本部门的凝聚力和战斗力。最后，要加强与其他部门之间的协调与配合，着力营造风清气正、同舟共济的良好氛围，从而在全校上下形成思想和谐、工作和谐、心灵和谐、整体和谐的局面。

高校干部要珍惜在一起共事这种缘分，对己严一点，对人宽一点，多做点换位思考，就会多一分和谐。扯皮、折腾对谁都没有好处。我们要学习牛的精神，力大无穷、任劳任怨，却不逞强。

学校里的许多工作都牵涉到多个部门。机关一个部门要面对全校，院系一个单位要面对机关各个部门。这里就有信任、理解、支持、合作的问题。这方面总有些抱怨，如机关认为院系自由主义，不按规定办理，总是提意见、发牢骚。院系认为机关刁难、管、卡、压，死心眼，缺乏灵活性。机关与院系都有相互信任、相互理解、相互支持、共同合作的问题。

团队意识、协作精神是衡量和考验执行力的重要内容。高校干部要多体谅，多协商，多配合，多支持，尽量做个开心果，而不是刺儿头。

中央要求全党："一定要加强团结、顾全大局，自觉维护全党的团结统一，保持党同人民群众的血肉联系，巩固全国各族人民的大团结，加强海内外中华儿女的大团结，促进中国人民同世界各国人民的大团结，为战胜一切艰难险阻、推动党和人民事业取得新的更大胜利提供强大力量。"哈佛大学荣誉校长陆登庭教授曾说："一所优秀大学的领导责任，在很大程度上取决于校长、学院院长及其同事的能力。他们以团队方式开展工作，不是以'命令'的方式要求其他人去完成学校的教学和科研任务，而是采取一些措施，调动教师的积极性，与教师通力合作，为他们提供广泛的学术领导并指明奋斗的方向。"大学治理不依赖于大学中的某个成员，而是体现在大学组织及其所有成员的团结合作之中。高校干部要按照党中央的要求，把团结同事、凝聚人心的工作摆在更加突出的位置,在上下级之间,在本部门内部,在本部门与其他部门之间都要讲团结合作,协调配合。

七、增强担当意识

勇于担当是一种气魄,就是敢于触及矛盾,善于解决问题。担当就是"要干事"的雄心,"能干事"的信心,"干成事"的决心。

高校是一个缩小了的社会,是一个复杂的群体。高校干部在日常工作中会面临各种复杂的问题、不同形式和程度的困难。所以,高校干部必须敢于担当,不畏困难,敢于承担任务,敢于克服困难。

担当也意味着奉献。高校的工作需要有大量时间、精力和体力上的投入。高校干部要有奉献精神。个人业务的发展、家庭的照顾等方面都可能需要做出一定的牺牲。

要办成事,就要有一批想办事、肯办事、敢办事、会办事的人。想办事是愿望,肯办事是热情,敢办事是勇气,会办事是本领。高校的建设发展需要想办事、肯办事、敢办事、会办事的有担当的干部。

高校干部要自觉树立大局思想,增强政治意识和纪律意识,找准服务大局、服务发展的着力点,切实做到在大局下思考,在大局下行动,对有利于破解工作难题、激活发展要素、创造发展空间的事情,要主动、积极、自觉去做。要正确处理好个人、集体和学校整体利益的关系,做到以学校的整体利益为重,小集体和个人的利益服从学校的整体利益。

高校干部要树立管理就是服务的理念,始终把服务放在首位,自觉地把工作精力集中到办好事办实事、解决师生困难、提供优质服务上来。要积极主动为广大师生员工着想,及时为他们排忧解难,对广大师生员工反映的问题要认真调查了解,及时解决,对暂时不能解决的或无法解决的问题要给予说明。

高校干部既要自觉做好本职、本部门的工作,又要自觉加强对学校重大问题的协调协同,相互理解、积极配合,坚决克服各自为政、内耗掣肘的现象;遇到问题要主动沟通、加强磋商,对涉及两个部门以上的工作,不允许推诿扯皮、议而不决,不能无限期搁置、贻误工作。

八、增强自律意识

自律就是要有敬畏之心。古人说:"治常生于敬畏,乱常起于骄纵。"做人要学会敬畏,人生才能有所成就。人活一辈子,既要敬天地,也要敬众生。有的人吃饭毫无节制,吃不完就随意浪费,用水大手大脚,让淡水资源白白流失,既不知感恩自然的恩赐，也不知敬畏天地的威严。敬畏是发自内心的修养，是一种智慧。心有所向，行有所止，就是一个人的敬畏和底线。

自律是很容易的，因为它完全是自己的事，没有外部因素，完全由自己做主。自律是很难的，因为战胜自我不是件容易的事。面对各种诱惑，面对各种利益，我们能否自律，是一种考验。工作的安排、课时的多少、职称的评定、项目的申报、经费的使用、出国的机会、奖金的计算等许多方面都会体现出是否自律的问题。其实一个人的修养、素质、德行、口碑等都与自律有关。我们不反对享有个人的权利，不反对每个人都有权坚持自己的基本要求和利益。但是我们也提倡奉献，更提倡用法律法规、用社会的道德标准约束自己。

干部的才是显性的，德是隐性的，有德无才难成事，有才无德会败事。高校干部应该严格要求自己，清清白白做事，堂堂正正做人。

自律的程度，决定人生的高度。人生最可怕的事情，是一边生活一边懊悔。那么如何避免这种状态呢？就是要自律，要让自己具备"时间管理、任务管理、情绪管理"的能力。具体而言，可以从三个方面做些尝试：

一是减少抱怨。没有谁的生活是一帆风顺的，但你可以选择笑对风雨。不要习惯性地去抱怨身边的人，抱怨是最负能量的行为。也不要总是后悔曾经做出的决定。人生不存在完美的选择，每种生活都有它的优势与弊端。但只要坚定内心的想法，勇敢做出选择并且能够承担其可能带来的结果，便是最好的结局。保持良好的心态，积极向上、笑对生活，才能拥抱更加美好的人生。

二是提升能力。机会总是留给有准备的人。比如年轻时觉得外语不好学，学了一半就放弃，后来遇到一个需要用到外语的工作机会，就只能懊悔自己当年错过了学习外语的最好时机。但只要你想开始，就永远不晚。不要担心怀才不遇，你要知道，只要是锥子，哪怕装在口袋里，年长日久，也会冒出尖儿来。

三是学会反思。人因思考而强大。反思，是为了更好地总结当下的工作和生活，从而更加明确以后的目标。只有对自己的现状和能力有一定了解，才能去考虑改变和未来。人生中多一些自律，就会多一些安康，少一些后悔。

作为高校干部，能否按照党章的规定要求自己，按照廉洁从政的标准约束自己，不仅是对自己党性的考验，也是对自己能否担当重任的考验。

清正廉洁、严于律己是对党员干部的基本要求。我们的权力是人民给的，对领导干部而言，权力只意味着义务和责任。权力越大，责任越重。我们党提倡"干干净净为国家和人民工作"。在新的历史条件下，面对新情况新考验，高校干部一定要加强党性修养，始终做到秉公用权，不以权谋私；依法用权，不假公济私；廉洁用权，不贪污腐败；始终保持共产党人的政治本色。高校干部要从维护党的形象、巩固党的执政基础、珍惜个人政治生命的高度出发，不断强化正确的权利观、利益观，不忘初心，牢记使命。要切实增强廉洁自律意识，带头遵守中央有关廉洁自律的各项规定，始终做到自重、自省、自警、自励，自觉树立社会主义荣辱观，做一名为民、开拓、务实、清廉的干部。

我国已进入加快推进社会主义现代化建设的新阶段，改革、创新、发展成为时代的主旋律。高等教育迎来了可以大有作为的重要战略机遇期。高校干部要进一步增强使命感和责任感，自觉投身于教育兴国、教育强国的伟大实践，不断提升和丰富正确的思想意识和政治素养，为教育事业的发展而努力奋斗。

传承人文精神　营造幸福校园

大学是培养人才的圣地，是科学研究的炼炉，是有别于其他地方的特殊场所。进入大学校园的青年学子有四到十年的时间要在这里度过。大学的教师、干部、职工更是一辈子都工作、生活在这里。让广大教职员工和学生在校园里感到轻松、快乐、自由、充实应该是幸福校园建设的主要目标。

一、让学生感受到校园的圣洁与温馨

中国的大学生都是带着对美好未来的无限向往，带着家长和亲友们的无限希望，带着社会对他们的极大期盼来到大学校园的。所以大学应尽可能为他们创造良好的学习、生活环境和氛围。

作为一名大学生，首先应该是健康快乐的，应该像早晨八九点钟的太阳那样朝气蓬勃，特别是心理健康，对青年学生的成长十分关键。大学一定要高度重视和关注学生的心理问题，要尽可能地让每一位学生都健健康康地生活，快快乐乐地学习。

在整个青年学生的培养过程中，大学都要抓住一个"情"字，寓理于情，以情感人。无论是道德的教化，还是知识的传播都要怀着对学生深厚的感情，用心去讲，用情去传。要坚持以人为本，激发学生的情感，坚持教育、引导、激励学生与尊重、关心、理解学生相结合。尊重学生的主体地位，发挥学生的主体作用，以学生成长成才为中心，不断满足学生各个方面的合理需求。要加强师生之间的情感互动，强调人情味和感应性。大学的教师和管理者要善于发现并有效缓解学生的焦虑情绪，针对学生焦虑的深层原因，采取有效措施，以缓解学生的心理压力和生理不适。要注意了解学生不同的性格特征，区别对待不同性格类型的学生。对学生要尊重、要理解、要帮助、要引导，要充分维护和尊重学生的自尊心，注意避免使用简单粗暴的方式方法，以真诚和爱心去激励学生，去引导学生正面的情感反应，让学生在积极向上的健康文化的熏陶中，在充满爱心的教师和员工的影响下，亲其师而信其道，敬而受教。

大学的灵魂是把年轻人培养成对社会负责的人，对社会有用的人。这也是我们强调素质教育的目的之所在。我们强调大学的德行，教师之德、员工之德、学生之德；

我们强调大爱，关爱每一位学生的健康成长。

大学应点燃学生心智的火焰。培养有思想灵魂的心智型人才是现代大学的智育特色。大学教育的基本元素是知识，根本内核是思想，大学是传授知识的场所。我们的大学老师要发扬农夫精神，像培育每一棵禾苗那样培育每一位学生。既要培养尖子和精英，也要关心所有学生的成长、发展。大学要提倡创新，要鼓励个性化学习、个性化发展，要致力于学生乐学，教师善教。对青年学生，永远不能忘记激励的力量。

大学应该拨亮学生人格的光芒。教育的根本是人格的养成。教育的起点和归宿都是爱，都是人格的完善和提升。培养有价值、有品位的人才，是现代大学的德育特色。大学存在的理由是探索真理，承受的期望是社会良心。所以，大学是教书的场所，更是育人的熔炉。大学应该通过自身的努力，让青年学子在四年乃至更长的学习时间里具有高尚和健全的人格，远大的理想信念，勇于承担责任，遵循公序良俗，恪守法纪，乐于与人友好相处，善于与人合作共事，义利分明，宠辱不惊，举止文明。总之，大学应该让学生不仅身心健康，学业优秀，而且活动能力强，思想品质好，综合素质高。在细微而具体的教育、培养、服务和关爱中，在先进校园文化的营造和大学人的感召中，让学生们真正感受到校园的圣洁与温馨。

二、让教师感受到育人的尊严与快乐

教师是学校的主体。庙破不要紧，只要菩萨灵。有了好的教师，才能培养优秀的人才，才能出高水平的科研成果，才能为社会提供优质的服务。高校的领导，不仅要当好上级方针政策的执行者，更要成为教师幸福快乐的创导者。自古至今，中国的知识分子，有的是太多的禁锢和束缚，缺的是太多的自由和宽松。所以大学应该让教师们充分感受到精神上的独立，学术上的自由，感受到教书育人是受人尊重的有尊严的幸福快乐的事业。

幸福是人的一种主观的、发自内心的感受。幸福就是干自己喜欢的事，结果得到大家认同，社会认同。人有两种精神，一种是职业精神，敬业爱岗。还有一种精神，比职业精神更高一个层次，是志业精神。立志终身从事这项事业，始终有一种自我成就感、自我满足感、自我实现感。职业精神是一种外在的岗位要求，但志业精神是一种内在的自觉追求。大学在倡导民主治校的同时，要积极倡导和实施教授治教，教授治学；充分尊重、相信和依靠广大教师，让绝大多数教师不仅有职业精神，更有志业精神，在大学里有归属感，主人翁感。

大学要注意充分调动激发广大教师的积极性、主动性和自觉性。只把考核、评估、检查作为一种次要的手段。以往，大学总是强调教师的自律、人格、奉献，很少关注教师的发展提高、个人诉求。我们往往容易把个人诉求和自私自利结合在一起。其实，教师也是一个有生活感、生命感、价值感的人，而不只是一台掌握知识、传授知识的机器。一提到教师，人们想到的好像只是"春蚕到死丝方尽，蜡炬成灰泪始干"；好像教师这个职业，就是这么一种只有他人、没有自己的凄苦的职业。幸福的内涵和价值并不是恒定不变的。在不同的社会历史条件下，人们往往会形成不同的幸福观，一个社会的文明进步不能缺少一种正确的人生幸福观的引导。在提倡以人为本的今天，我们不能，也不该再让教师成为蜡烛、磨刀石。笔者曾在全校教师大会上提出：教师们不要当蜡烛，而要当纳米灯泡，既更好地照亮别人，又善于保护自己。

大学要使教师具有幸福感，首先要让教师保持健康的身心，树立良好的理想和信念。身体的健康是幸福的基础，心理健康是打开幸福之门的钥匙。理想和信念是个体强大精神力量的源泉。最后就是要让教师获得一定的物质财富，使他的幸福建立在坚实的物质基础之上。再次就是让教师善于感悟和发现幸福。幸福感的体验离不开一颗善于感悟幸福的心灵，一双善于发现幸福的眼睛。真正的幸福源于对生活、对生命、对事业的热爱，必然与真、善、美等价值追求相联系。良好的道德修养使人心胸开阔，让人从内心体验到人生的价值和意义，体验到愉快、满足和幸福。

在不断强调教师的自律、人格、奉献的同时，要特别提倡尊重人、理解人、发展人、提高人、温暖人、体贴人。要让教师真正体验到自己的职业是一种幸福的、快乐的、受人尊重的职业。只有自己幸福快乐，教师才能教出幸福快乐的学生。学生的幸福感是教师给的。教师的幸福感是学校给的。大学只有不断提升教师职业生涯幸福感，教师的教育教学行为才会充满深情、饱含热情、喷洒激情，才会充满智慧的火花。

教师生活在群体中，工作的合作性很强。人际关系是影响教师幸福感、快乐感的重要因素。对于高校教师来说，一般都面临三种关系：一是和同事的关系，二是和学生的关系，三是和领导的关系。教师对这三种关系的关注度依次为：与同事融洽的人际关系；得到学生的认可和尊重；领导对自己工作的认可和赏识。大学要根据教师对这种人际关系的需求，建立和优化高校教师激励机制，制定适当的规章制度，以实现教师的最优配置，达到学校利益和个人利益的高度一致，实现教师与学校的同步发展。

大学首先应逐步完善有效的薪酬激励机制。要确定合理的工作量和科研考核机制，打破论资排辈、学术垄断等不合理现象；要实行"按需设岗、按岗聘任、择优上岗"的岗位聘任制，允许试行淘汰机制；要采取按劳取酬、优劳优酬等灵活多样的薪酬管理制度和激励模式。只有这样，才能让教师在公平、公正、合情、合理的环境中展示自己的风采、发展自己的事业、做出自己的贡献。

大学还应该构建人性化的情感激励机制，注意激发教师的主观能动作用。学校在工作中要不断提高教师参与决策的程度与水平。教师参与管理和决策应遵循四个原则：一是要尊重教师的知情权；二是要增强教师的参与意识；三是要给教师提供参与的条件和机会；四是要提高教师参与的能力和水平。学校应注意尊重教师特有的专业地位，让所有的学科都健康发展，让所有的教师都有机会和平台。要引导每一位教师做好自己的职业生涯规划，让每一位教师都有奋斗目标和方向。学校应为教师构建和谐的工作环境，民主的工作氛围，给教师足够的空间，让他们充分体验独立的大学精神和自由的学术思想，让他们快乐而有尊严地学习、工作和生活。

三、让职工感受到服务的重要与高尚

大学里除了作为主体的教师和学生外，还有一个重要的群体——管理和服务人员。没有学生和教师不成其为学校。在当代中国的大学，如果没有管理和服务人员，那么它照样无法正常运转。这个群体不仅关系到学校的管理水平、教学质量、社会声誉，更关系到学校的改革与发展、和谐与稳定；关系到广大师生的学习与工作、幸福与快乐。幸福校园的营造离不开这个群体；人文精神的关怀不能忽视这个群体。就像学生与教师那样，大学也要让广大干部职工感受到服务的重要与高尚。

大学首先应该为广大干部职工营造幸福的服务场。在充分肯定教师、学生的主体作用的同时，也要充分肯定管理和服务工作的重要性。要尊重每一个员工，尊重每一项工作，平等地对待每一位大学人。要引导教师特别是学生尊重安保人员，尊重清洁工，尊重宿舍管理人员，尊重食堂师傅，尊重一切为师生的工作学习提供服务、提供方便的员工。要引导我们的干部和职工尊重教师，尊重学生，提倡和谐相处，相互理解，相互支持，相互依存，不分三六九等，不分贫贱尊卑。让每一位干部职工都在服务中感受到尊重，感受到成功，感受到快乐。

大学的干部职工应该调整心态，摆正位置，承认大学里教师、学生是主体这种现实。对教师要体谅要关心，对学生要教育要爱护。同时也要珍视自己，从心底里意识到管理与服务工作的重要和崇高。要爱岗敬业，努力用自己高质量的管理、人性化的服务赢得师生的尊敬和爱戴；用自己高尚的人格魅力、高超的服务和管理水平去感染、熏陶学生，真正以行动体现管理育人、服务育人。事实上，优秀的管理人员、优秀的服务人员总是被学生们深深地印在心里，牢牢地记在心中，不仅毕业时会一次次提起，就是毕业后，也会常常以各种方式表达对这些员工的思念与敬意。

大学应高度重视校园文化的育人作用，应该从知识传授本位转向素质教育的全面开发；应高度重视实践能力、创新精神、道德品质、综合素质的培养。这一切不只是教师的事情。大学生受教育不仅仅是通过在教室里听老师讲课来完成，受教育的过程

无处不在、无时不有。我们的干部职工在这方面正在发挥着不可替代的作用。我们有许多父母，自己并没有多少文化，但在培养教育孩子方面都非常成功。这里体现的就是素质教育，就是人格的力量、榜样的力量、德育的力量。

大学还应切实加强大学精神的涵养和内化。大学有精神，大学必须保持自己独立的精神。有人认为现在中国高校处于精神虚脱、精神荒芜的状态中。这种说法也许有些极端，但目前高校中确实存在着学术腐败、行为不检、急功近利、浮化浮躁，甚至贪污犯罪等不良现象。这种现象确实影响了大学精神的弘扬，影响了健康育人环境的培育，也严重影响学生、教师乃至广大干部的正常学习、工作和生活。

针对这种情况，大学应该积极应对，既高度重视，采取行之有效的措施予以克服解决，又要沉得下心、沉得住气、踏踏实实地干分内之事，真真切切地把精力放在育人上。大学精神需要涵养；需要内化到教学、科研和服务中；需要转化为全校师生员工为统一的目标共同奋斗的动力。大学要真正做到有容乃大、兼容并蓄，还需要培养合作文化，加强和深化校园中各群体内和各群体间的合作、互信和支持。

大学精神需要坚守基本的人文关怀。大学应该不断注意用人文精神去营造幸福的校园，去关心、理解、信任、支持、激励广大师生员工，从而使他们人尽其才，爱岗敬业，快乐而有尊严地学习、工作和生活，在各自的岗位上努力工作、教书育人、管理育人、服务育人，为国家的教育事业做出各自应有的贡献。

参考文献：

[1] 田建国.增强教师职业幸福感[J].中国高等教育，2010（20）.

[2] 石亚军.深化改革着力点：培养学生的心智和人格[J].中国高等教育，2010（21）.

[3] 何沐蓉，黎莉.高校教师激励机制探讨[J].中国高等教育，2010（22）.

以创新精神加强高校党建工作

在新的历史时期,在新的形势下,高校应以创新精神不断加强党建工作,使各级党组织和全体党员重新认识自己,努力提高自己,认真研究和解决自身建设中出现的新矛盾、新问题,从而加强党对高校的领导,促进高校的改革与发展。

一、提高认识,增强做好高校党建工作的自觉性

高等学校肩负着培养社会主义事业建设者和接班人的重任,要培养和造就具有创新精神和实践能力的高素质社会主义现代化事业的建设者和接班人,就要抓好高校的党建工作。高校承担着人才培养、科学研究、社会服务、文化传承的重要任务,在加强党的执政能力和治理能力建设中肩负着重大责任。各级党委要以高度的使命感和求真务实的精神,推动高校党的建设和各项工作不断取得新的进步。加强党建工作是历史赋予高校的使命,是党对高校的希望与要求,高校必须不断提高认识,增强做好党建工作的自觉性。

1. 抓好高校党建是巩固党的重要思想阵地的需要

高校是培养人才、传承文明、弘扬先进文化的重要场所,是先进思想的发祥地,是知识分子相对集中的地方。高校历来是我们党的重要思想阵地,这是由高校的特殊地位所决定的。教育是一个民族最根本的事业,而高等教育在教育事业中又具有举足轻重的地位。坚持党对高校的领导,坚持社会主义办学方向,既是历史赋予高校党组织的职责和义务,也是始终践行党的先进性的基本要求。这要求高校的党务工作者,从大局着眼,进一步增强党的建设的主动性,带领党员和广大师生员工树立正确的世界观、人生观和价值观,坚持和巩固马克思主义的指导地位,坚定共产主义信仰,坚定对社会主义的信念,自觉抓好高校的党建工作。

2. 抓好高校党建是高校发展的需要

高校发展、党建先行。一切先进的政党,不仅为适应时代的需要而产生,而且其存在的全部意义和价值也在于解决时代提出的课题,肩负起历史赋予的使命。一个政党要保持先进性,最根本的是要与其所处时代的发展步伐相一致,真正引领时代的潮

流。在大力倡导科教兴国的今天，高校承担着培养高级人才，创新科技文化的重要使命，正处于历史上前所未有的发展时期。高校的发展离不开党的领导，离不开各级党组织的保证作用，离不开广大党员的先锋模范作用。在这样的形势下，加强高校的党建工作，更体现出其深刻的历史意义和现实意义。

3. 抓好高校党建是适应新形势，解决新问题的需要

全面建成小康社会、加快推进社会主义现代化，对高校人才培养提出了新要求；现代科学技术的深入发展，特别是信息化、数字化的飞速发展，对高校、党建和思想政治工作带来了新的挑战；高等教育深化内部体制机制改革、提升办学质量、强调立德树人，都对高校党建和思想政治工作提出了新课题。高校要重视这些新问题，加强分析研究，积极主动应对。这一切也充分体现了加强高校党建的重要性和紧迫性。

4. 抓好高校党建是维护高校稳定的需要

稳定事关社会主义现代化建设的大局，是压倒一切的大事。高校是社会的重要组成部分，而且是最敏感、最活跃的部分。维护高校稳定，既是高校自身改革与发展的需要，更是维护国家稳定、实现我国现代化建设宏伟目标这个大局的需要。当前，我国高等教育进入到一个新的历史发展阶段，高校面临新形势和新挑战。高校的稳定工作更是面临着许多新情况和新问题，并呈现出多样化和复杂化的特点。高校党组织要居安思危，增强忧患意识，提高执政能力，特别是要提高化解矛盾、解决疑难问题、处理突发事件的能力，把高校稳定这件大事抓细、抓实、抓好。维护校园稳定无疑是高校各级党组织的重要职责。高校只有抓好党建，才能保证这一职责的落实，才能维护高校稳定的局面。

5. 抓好高校党建是构建和谐校园的需要

全国高校第十七次党建会议已经明确提出了进一步加强高校党的建设、努力建设社会主义和谐校园的主题。这一主题把党的建设和和谐校园建设紧密地联系在一起。这说明构建和谐校园关键在党，在于党内和谐。党内和谐就是全党同志基于共同的理想信念、严格的组织纪律、自觉的道德追求之上的紧密团结，是建立在恪守党章要求和关于党内政治生活若干准则基础上的彼此信任、平等融洽、相互关爱与和谐相处，是对以习近平同志为核心的党中央的坚决拥护。这实际上也正是党建的重要内容。这也说明建设社会主义和谐校园是高校党建工作的一项重要任务，是与党建工作密不可分的。以党内和谐促进校园和谐，以党的建设推动和谐校园建设正是抓高校党建的重要现实意义之所在。因此，高校的各级党组织必须不断提高认识，努力增强做好党建工作的主动性和自觉性，使党组织成为社会主义和谐校园建设的领导者、组织者和推动者。

二、迎接挑战，增强做好党建工作的紧迫感

随着改革开放的不断深化和社会主义现代化建设事业的发展，随着高校内部管理体制和运行机制的新变化，随着学生培养模式和校内外生活空间的新变化，随着高等教育进入大众化阶段后校园规模和人数的新变化，随着高科技发展而带来的媒体的新变化，高校党建工作面临许多新情况、新问题和新挑战。

1. 国际国内大环境带来的挑战

面对百年未有之大变局，我们所处的国内外环境已发生了广泛而深刻的变化。就国际来说，国际经济竞争和综合国力较量日趋激烈。我们不但面临发达国家在经济和科技领域的封锁与打压，而且面临单边主义与强权政治的霸凌与干涉。高校始终是国内外敌对势力进行政治颠覆和思想文化渗透的重点。西方势力也确实一直没有忘记在高校这块思想文化阵地的渗透和争夺。

就国内来说，随着改革开放的深入和社会主义市场经济的发展，社会中的经济成分、利益主体、组织形式和生活方式日益多样化；改革和发展过程中出现的某些暂时问题、社会矛盾以及各种社会思潮、价值观念都反映到高校；各种思想文化的交融甚至冲突在高校日益增多。这一切都对党的组织建设、思想建设和作风建设形成新的考验。

2. 人们思想意识变化带来的挑战

随着改革开放的不断深入，信息技术的不断发展，人们的思想日趋活跃。但与此同时，西方一些不良思想和观念也乘虚而入，对高校师生的思想观念产生冲击。有些党员甚至对社会主义本质和前途命运认识模糊，对共产主义理想信念产生动摇。由于我们国家有几千年的封建制度历史，因而封建主义残余思想还会在一定时期内长期存在，一些封建迷信和愚昧落后的思想观念在新的历史条件下也会沉渣泛起。我们有些党员干部深受这些落后思想观念的影响，忘记了初心，忘记了使命。

经济利益的多元化也使高校滋生了拜金主义。一段时期以来，在部分党员中，共产主义的理想和为人民服务的宗旨淡忘了，个人主义膨胀，拜金主义盛行。他们因盲目追求物质利益而忘记了自己是一名共产党员，并逐渐形成了一种物欲化的心理倾向。他们千方百计地追求"实权、实惠"，甚至堕落成为经济犯罪分子。高校党员干部中产生的腐败现象损害了党的形象与威信，增大了党建工作的重要性与迫切性。

3. 党建工作本身带来的挑战

近年来，高校各级党组织面对各种复杂的矛盾和问题，就如何在新形势下加强党的建设做了许多有益的探索，取得了较好的效果。但从整体上看，高校党建工作还存

在一些不适应。

首先是思想上不适应党建工作的要求。由于对"以教学科研为中心"的片面理解，一些从事党务和政工工作的党员对本职工作产生了怀疑、迷惘和失落感。他们认为，学校是重教学科研、轻党务行政的部门。在学校从事党务工作理不直气不壮，好像党务是没本事的人才干的事，既没威信又没地位，更不实惠。所以，这些人信心不足、动力不足、干劲不足，缺乏自觉性、主动性和创新精神，在工作中求稳妥、图安全，不愿求发展、不想担风险，影响了党建工作作用的正常发挥。

其次是组织上不适应党建工作的要求。高校各级党的领导班子建设，是加强高校党的建设，推动高校改革和发展的关键。但必须清醒地看到高校各级领导班子建设还存在一些亟待解决的问题。从校级领导班子看，某些高校党政一把手不和，党政关系不顺，工作不够协调，配合不够默契，开拓精神不足，改革力度不大，发展步子不快，凝聚力不强等现象均不同程度地存在。从中层领导班子看，能力参差不齐，有的党政领导不是很和谐，有的党总支书记替代了院系主任的工作，而自己应抓的大事却没有抓好；有的党总支只是当当配角，没有发挥应有的作用；有的院系主任处事不够公正，难以获得他人的信任与支持等现象也有所存在。从基层支部看，作用不突出，开展活动少，特别是主动开展工作和活动少；在有些院系，党支部的作用远远不如学科组、教研组，甚至存在被边缘化的倾向。

最后是方式方法不适应党建工作的要求。形势在不断地变化，人们的思想观念也在不断地变化，教学科研更是在不断地创新。相对而言，高校党建工作在方式方法上的创新还存在差距。高校基层组织的活动方式基本没有多大改变，仅仅限于一般的组织生活和理论学习。无论是听一个同志念学习材料，还是大家坐在一起自学，效果都很差。这种一般化的学习不仅起不到作用，而且造成党员同志对参加组织生活的积极性和兴趣的丧失，甚至产生逆反情绪。有些部门的政治理论学习会议，党的组织生活会议出现被行政或业务会议替代的现象。在党员的发展问题上，特别是在教职工党员发展的问题上缺乏有效的培养教育机制和行之有效的方式方法。值得指出的是，在基层党组织中，普遍存在入党前的教育和入党后的教育不和谐的情况。一般是入党前的发展阶段有重要的考察和层层的教育，但发展后的教育却不被重视。这种"重入党前的发展，轻入党后的再教育"的现象，不仅影响党员先锋模范作用的发挥，而且导致一些党员思想上麻痹，行动上松懈，甚至出现一些违法违纪现象，对党的形象造成损害。

三、大胆创新，切实做好高校党建工作

面对新的形势、新的挑战，高校党建工作必须与时俱进，大胆创新，勇于突破。高校党委要切实抓好思想建设，领导班子建设、基建党组织建设和作风建设，真正为我国高等教育事业的健康发展提供思想和组织保证。

1. 加强思想建设是高校党建工作的头等大事

把党的思想建设放在首位，是搞好党的各项建设的需要。党的思想建设、组织建设和作风建设是党的建设的根本任务，它们相辅相成，互为条件，不可偏废。但就整个党的建设而言，思想建设是党的各项建设的基础。党的组织建设的目的是使党的组织始终保持纯洁，纪律严明，具有坚强的战斗力，而要达到这个目的，归根到底还是要靠从思想上启发和提高党员的觉悟。党的作风建设更是与思想建设直接相联系。党风实质上就是党员世界观的具体表现。要加强党的建设，必须首先抓好党的思想建设。

加强党的思想建设，要从学习着手，牢牢抓住用习近平新时代中国特色社会主义思想武装广大党员的头脑这一根本。通过学习提高，使我们的党员干部具有创新意识，跟得上时代精神，永葆先进性；在中华民族的伟大复兴事业中肩负重担。

加强党的思想建设，要抓好理想信念教育。理想，是人们在一定的世界观支配下向往、追求并为之奋斗的目标；信念，是人们自己认为正确而坚定不移的看法。一个共产党员只有树立了远大的理想和坚定的信念，才能对党无限忠诚，对党的事业无限热爱，对党交给的工作认真负责；才能在自己的工作岗位上不计名利，勤勉务实，艰苦奋斗、无私奉献。

加强党的思想建设，要抓好人生观、价值观教育。在目前错综复杂、瞬息万变的国际形势下，在形形色色的思想浪潮的冲击下，在不同的物质利益的诱惑下，党员的人生观、价值观面临冲击和挑战；传统观念与现代意识发生着激烈的碰撞；先进道德与某些社会现实出现强烈反差。这一切无不剧烈地改变着党员的思维方式、生活方式和工作方式。这也需要通过各种渠道的宣传教育，引导党员在比较与区别中分清是非、辨别主次，掌握思想武器，提高政治敏锐性和识别能力，牢固树立无产阶级的人生观、价值观，增强抵制各种错误思想侵蚀的能力，保证党在思想上的统一和政治上的稳固，从而不断提高党组织的号召力、凝聚力和战斗力。

2. 加强领导班子建设是高校党建工作的关键

高校领导班子是高校改革发展的领导者、组织者、推动者。高校党建必须以领导班子建设为核心，不断提高高校领导班子和领导干部的思想理论水平及推进高校改革发展的能力，不断完善党委领导下的校长负责制，不断增强高校领导班子和领导干部

拒腐防变的能力，真正把高校领导班子建设成为坚持社会主义办学方向、积极推进学校改革与发展的坚强领导集体。

高校领导班子建设必须着眼于领导班子的内部和谐。高校的发展关键在党，在于党内的和谐。高校领导班子只有内部团结和谐，才能不断增强凝聚力、号召力和战斗力。高校的党委书记和校长对加强领导班子建设负有主要责任，对学校的改革和发展起着至关重要的作用，要按照"坚持原则、把握大局、团结同志、加强修养"的要求，在领导班子建设中起表率作用。高校领导班子的内部和谐首先是党政一把手之间的和谐。党委领导下的校长负责制不是"党委领导"与"校长负责"的简单相加。党委与行政，既是领导与被领导的关系，又是分工与合作的关系。党委书记、校长是同级同志关系和平等合作关系，而不是一定要由哪个人说了算。高校领导班子成员之间要相互尊重、相互理解、团结一心、共同配合。要按照党政职能分工的原则科学划分职责范围。在日常工作中既要各自负责，又要相互照应。班子内部必须坚持民主集中制原则。凡涉及学校改革发展中的重大问题，必须经集体讨论，按少数服从多数的原则决定。决策前，及时沟通，广泛听取意见；决策后，按照分工，各自落实。班子的每一个成员都应有大局观念，既发扬民主，又善于集中，使领导班子真正成为推动改革发展的坚强领导集体。

高校领导班子建设必须着眼于提高领导班子的执政能力。高校领导班子是高校的领导核心。高校领导班子必须不断加强自身建设，全面提高综合素质，切实提高执政能力。第一要注意提高领导班子推动改革发展的能力。对于高校来说，发展也是硬道理，学校的一切工作都要围绕"集中精力抓教学科研，一心一意谋改革发展"这个中心。高校领导班子必须实事求是，与时俱进，勤奋实干，为学校的改革发展提供政治保障和组织保障。第二要注意提高领导班子驾驭全局、科学决策的能力。能否科学决策关系到学校的生存发展，关系到学校功能的正常发挥，关系到广大师生员工的切身利益；能否正确把握客观形势，统筹兼顾，做出科学决策，是检验高校领导班子驾驭全局能力的重要标准。第三要注意提高领导班子治理学校的能力。在 21 世纪的今天，社会在变化，人们的思想观念在变化，学校的办学模式等方方面面也在变化。高校领导班子必须及时适应这种变化，及时改进领导方式和方法，切实贯彻落实科学治校、民主治校、依法治校的理念，不断提高管理学校的能力。第四要注意提高领导班子应对复杂局面和处理突发事件的能力。高校领导班子要科学分析国际国内形势的变化可能给高校带来的影响，妥善处理高校改革发展中出现的各种矛盾和问题，处变不惊、临危不乱、冷静应对、未雨绸缪，确保校园的和谐与稳定。

高校领导班子建设必须着眼于提高领导班子拒腐防变的能力。腐败是人民群众反映最为强烈的社会问题之一。在市场经济大潮的冲击下,高校这块净土也出现了不同程度的腐败现象。它不仅严重损害高校党组织和领导班子的形象,而且成为影响高校改革、发展、稳定的因素。因此,高校领导班子建设要着眼于提高领导班子拒腐防变的能力。领导班子要加强党风廉政建设;领导干部要廉洁自律,自觉抵制不良思想的侵蚀,率先垂范,自觉接受群众的监督,使领导班子真正成为领导放心、群众信任的领导集体。

3. 加强基层党组织建设是做好高校党建工作的根本保证

"支部建在连上",是我们党在革命斗争实践中总结出的优秀建党经验。高校的院系就是高校的基层连队。高校的党建一定要高度重视基层党组织建设,充分发挥院系党总支的政治核心作用、党支部的战斗堡垒作用和党员的先锋模范作用。

院系党总支是院系的政治核心。院系党总支要明确自己的定位,履行自己的职责,既要保证、监督党和国家的方针政策、学校的各项决定得以贯彻落实,又要与行政负责人共同承担教学、科研、行政管理等工作,还要具体指导党支部工作,起着承上启下的重要作用。如何发挥院系党总支的政治核心作用,关键是要理顺党总支和院系行政的工作关系,明确各自职责,使组织建设和学科建设相互促进、共同发展。

党支部是高校党组织系统中的基本细胞,是党联系师生员工的桥梁和纽带。党支部要充分发挥战斗堡垒作用,树立党建工作服务于中心工作的大局意识,组织党员积极参与教学、科研和院系的各项工作;带领广大党员充分发挥先锋模范作用;要坚持以人为本,着力帮助师生员工解决一些实际问题;要着力培养广大党员的合作精神和团队意识,通过支部学习、组织生活、批评和自我批评等方式统一广大党员的思想,提高他们的思想觉悟,从而为学校的改革、发展、稳定做贡献。

提高党员的整体素质,是加强基层党组织建设的基础性工作。由于党内腐败等问题的影响,有些党员对党缺乏信心,对自己缺乏自信,不敢大胆发扬先锋模范作用。因此,对党员的培养教育是个长期的问题,必须让每一位党员都确立"党员无功便是过,平平淡淡便是错"的表率意识,要求他们理直气壮地做党员,自觉地发挥先锋模范作用,以实际行动体现党的先进性。无论是教工党员还是学生党员首先都应完成好本职工作和专业学习,并且在工作、学习、生活等方面起表率带头作用,在实践为人民服务的宗旨的过程中体现自身价值。

4. 加强作风建设是做好高校党建工作的坚强支撑

形势的发展对高校党建工作提出了一系列新的课题和更高的要求。高校各级党组织要充分认识高校党建工作面临的新形势,进一步增强做好高校党建工作的紧迫感和责任感,突出作风建设,以良好的党风推动高校的党建工作。

高校党建要把作风建设放在突出的位置。要大力发扬求真务实、勇于创新的精神；要密切联系群众，坚持党的群众路线，加强党风廉政建设；要发挥各级领导干部的表率作用，以好的领导班子带动高校党的作风建设。要坚持"党要管党"的原则，强化责任分解，理顺工作关系，形成一级抓一级，一级带一级，层层抓落实，一级对一级负责的工作格局。

要加强制度建设，制定和完善党务工作的各种规章制度，如中心组学习制度、党员组织生活制度、联系人考核制度、党员理论学习制度、思想汇报制度、廉洁自律制度、民主评议制度等，使党建工作有章可依，规范科学。

要以创新精神不断改进高校党建的方式与方法。时代在进步，高校的党建工作也应与时俱进，改革单一的说教方式和死板僵硬的老套路。要积极探索高校党建工作的新思路、新方法、新渠道，大胆借鉴和吸取人类社会创造的一切文明成果，包括传统党建理论的精华和现代党建理论及技术，不断丰富新时期高校党建工作的理论和实践。

高校党建要求真务实。在新形势下，高校党建要取得实实在在的效果，单靠一般号召、形式主义的做法是不行的，必须抓热点、办实事、讲实效，使高校的党建工作更贴近生活，更贴近实际，更贴近时代。要运用柔性管理模式，激发广大党员工作、学习的积极性，增强其"自我控制"的自觉性，从而激励党员自我学习、自我教育、自我管理。

高校党建要不断拓展新领域。新时期高校党建工作要准确把握当代中国社会前进的脉搏，不断丰富载体，拓展空间，探索新领域。要大力开展党建主题实践活动，不断赋予党建工作新内容。要注重文化品位、科技含量和娱乐要素，组织既面向社会又面向校园的主题实践活动。要注重研究新的党员教育理念，使党建工作密切与高校的实际相结合，化解高校改革发展中的矛盾。要重视网络手段，建立党员信息网络化管理系统和党建网站，充分发挥现代化媒体在党建中的作用。

加强高校党建工作，是社会主义大学的性质和地位所决定的。开展高校党建工作是一项长期的任务。随着高校地位的提高和功能的扩展，高校将承担更为繁重的任务，高校的党建工作也将更加任重而道远。